DE LA

DESTINATION

DU

PÈRE DE FAMILLE

PAR

Jacques LATREILLE

CONSEILLER A LA COUR D'APPEL DE TOULOUSE
MEMBRE DE L'ACADÉMIE DE LÉGISLATION

PARIS
CHEVALIER-MARESCQ, LIBRAIRE-ÉDITEUR
20, RUE SOUFFLOT, 20

1885

DE LA

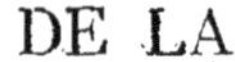

DESTINATION

DU

PÈRE DE FAMILLE

PAR

Jacques LATREILLE

CONSEILLER A LA COUR D'APPEL DE TOULOUSE
MEMBRE DE L'ACADÉMIE DE LÉGISLATION

PARIS
CHEVALIER-MARESCQ, LIBRAIRE-ÉDITEUR
20, RUE SOUFFLOT, 20

1885

DE LA

DESTINATION

DU

PÈRE DE FAMILLE

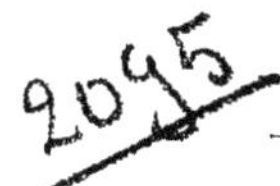

TOULOUSE. — IMPRIMERIE A. CHAUVIN ET FILS, RUE DES SALENQUES, 28.

DE LA

DESTINATION

DU

PÈRE DE FAMILLE

PAR

Jacques LATREILLE

CONSEILLER A LA COUR D'APPEL DE TOULOUSE
MEMBRE DE L'ACADÉMIE DE LÉGISLATION

PARIS
CHEVALIER-MARESCQ, LIBRAIRE-ÉDITEUR
20, RUE SOUFFLOT, 20

1885

J'essaie, après bien d'autres, et peut-être sans plus de succès, de concilier les art. 692 et 694 du Code civil, et de donner à la destination du père de famille sa véritable théorie.

Mon excuse est dans l'emploi d'une méthode différente et de moyens nouveaux.

On a cherché jusqu'ici la solution de la difficulté, soit dans le texte, soit dans les travaux préparatoires, sans se préoccuper assez, ce me semble, des périodes antérieures de notre droit national.

Albisson avait pourtant déclaré, dans son rapport au tribunat, que la nouvelle législation se bornait à fixer, sur deux points, les variations de l'ancienne jurisprudence et à combler, par l'art. 694, une lacune regrettable.

Il était, dès lors, indiqué qu'en reprenant nos anciennes coutumes, en les précisant sur les deux points signalés, et en étudiant la lacune comblée par l'art. 694, on ressaisirait la pensée du législateur.

C'est ce travail que j'ai voulu accomplir.

Puisse-t-il répondre à mon attente, et contribuer à fixer les incertitudes persistantes de la doctrine, sur un des points les plus usuels et les plus obscurs de notre droit français.

DE LA

DESTINATION DU PÈRE DE FAMILLE

PRÉLIMINAIRES.

SOMMAIRE.

1. — Définitions.
2. — Fondement de la théorie de la destination du père de famille.
3. — Présomption légale, fondée sur l'apparence.
4. — Extinction incomplète des servitudes par la confusion.
5. — Texte du code civil.
6. — Contradiction entre les art. 692 et 694.
7. — Systèmes nombreux proposés pour les concilier.
8. — Nécessité de chercher cette conciliation dans le droit des coutumes.
9. — Plan suivi pour cette recherche.

I. — Lorsque plusieurs cohéritiers partagent entre eux les immeubles qui appartenaient à leur auteur, chaque lot conserve les avantages antérieurement acquis, et supporte, en retour, les charges qui le grevaient dans les mains du précédent propriétaire; en telle sorte que les héritiers jouissent de chaque partie comme en jouissait l'auteur commun. Si, par exemple, une maison avait des ouvertures sur un jardin, ou si un pré s'arrosait avec les eaux d'une source ou d'un ruisseau, la maison conservera sa vue, alors même que le jardin serait dévolu à un héritier autre que celui qui a obtenu le bâtiment, et toutes les parties du pré, en quelque mains qu'elles viennent, continueront à profiter de l'arrosage et des aqueducs établis. Des servitudes, qui n'existaient pas à l'époque où le tout était réuni sous un même maître, parce que *nemini res sua servit*, naissent ainsi, au moment de la division, et prennent leur origine dans l'état des lieux créé ou conservé par l'auteur commun. On dit alors qu'elles sont établies par la destination du père de famille.

Ce n'est pas seulement par l'effet des partages que les biens se divisent, après avoir été réunis. La vente ou la donation d'une partie d'un immeuble peuvent produire des résultats analogues ; et comme le donataire ou l'acquéreur devront posséder leur nouvel immeuble de la même manière que l'ancien propriétaire, des servitudes naîtront aussi de la division opérée, et on dira encore, en conservant l'expression consacrée, bien qu'elle soit, dans ce cas, peu exacte, qu'elles résultent de la destination du père de famille.

Il en sera de même quand le détenteur de deux immeubles voisins, de deux maisons, par exemple, aliénera l'une d'elles et retiendra l'autre. D'une manière générale, il y a destination toutes les fois que deux fonds, actuellement divisés ou séparés, ont appartenu au même propriétaire, et que c'est par lui que les choses ont été mises dans l'état duquel résulte la servitude.

2. — Si nous nous demandons sur quel fondement reposent ces servitudes nouvelles, qui naissent ainsi au moment de la division ou de la séparation des

héritages, sans qu'aucune convention ait légitimé leur existence, nous constatons que la loi les fait résulter de consentements présumés. Ces servitudes, en effet, trouvent bien leur origine dans les arrangements opérés par le père de famille ou par le propriétaire primitif; mais la volonté de ces derniers seuls serait impuissante, pour imposer à leurs héritiers, ou à leurs acquéreurs, des charges qu'ils n'auraient pas eux-mêmes consenties. L'accord doit se faire entre ceux qui prennent part aux contrats de division ou de séparation.

Un père de famille possède une prairie arrosée en entier par une source qui émerge de son propre fonds. A son décès, quatre héritiers partagent l'immeuble entre eux, sans faire aucune mention de l'arrosage. Des servitudes actives et passives résulteront de l'état des lieux, et du silence des copartageants. Le lot sur lequel jaillira la source sera grevé au profit des autres, et ceux-ci jouiront, à son encontre, d'une servitude de prise d'eau. Or, quels seront les consentements présumés qui auront formé le contrat tacite? Ceux des copartageants, et non celui du père de famille. Ce dernier a créé le service dont la prairie entière profite; l'origine de la servitude remontera jusqu'à lui : ce sera sa destination qui l'aura mise en situation de naître; mais la volonté seule des copartageants lui aura donné l'existence légale.

L'établissement des servitudes par la destination du père de famille repose donc sur une double base, à savoir : une destination effectuée par le propriétaire primitif, et une promesse tacite des contractants de laisser les choses en l'état, après la division ou la séparation.

3. — De quelles circonstances fera-t-on dépendre cette promesse tacite? De l'apparence de la servitude. Toutes les fois que les copartageants auront vu une fenêtre ouverte d'une maison sur l'autre, ou des rigoles d'arrosage sillonnant un pré dans tous les sens, pour le couvrir des eaux d'une source ou d'un ruisseau, ils sauront, à n'en pas douter, que des services anciens existent, et que ces services visibles vont devenir des servitudes, s'ils ne les éteignent; car, à défaut de convention contraire, les choses devront rester en l'état, et l'intégrité des lots devra être respectée. L'apparence de la charge ne laisse aucune place à l'erreur; quand les lieux parlent d'eux-mêmes, le titre peut rester muet.

Comme on le voit par la définition même, l'établissement des servitudes par la destination du père de famille est, en quelque sorte, un chapitre détaché de la grande théorie des consentements tacites et des engagements qui se forment sans convention. *Eadem vis est taciti atque expressi consensûs*, disait un ancien adage; les conventions tacites ont la même force que les conventions formelles, quand elles sont aussi certaines; et, dans la matière des anciennes destinations, la connaissance que les parties ont eue des charges apparentes, au moment où elles ont traité, ne laisse aucun doute sur l'intention qu'on leur prête d'avoir voulu les maintenir.

4. — Il importe peu que les charges à conserver aient été établies par le père de famille lui-même, ou aient existé, à l'état de servitudes, avant la réunion des deux fonds dans son patrimoine; car, en ce dernier cas, ces servitudes ont été éteintes par confusion. Les fonds qui reconnaissent un même maître ne peu-

vent se rien devoir. Le code civil pose cette règle dans l'art. 637, quand il exige que l'héritage dominant et l'héritage servant n'appartiennent pas au même propriétaire, et il la confirme dans l'art. 705, ainsi conçu : « Toute servitude est éteinte, lorsque le fonds à qui elle est due et le fonds qui la doit sont réunis dans la même main. » Le droit romain disait plus énergiquement, avec le jurisconsulte Paul : *nulli res sua servit* (1).

Il importe cependant de tenir ce principe dans ses justes limites.

Lorsque deux fonds, qui appartenaient à deux propriétaires différents, sont réunis sous un seul, les services que l'un de ces fonds empruntait à l'autre ne sont pas supprimés. Les vues, par exemple, ne sont pas fermées; les balcons en saillie ne sont pas abattus; les conduites d'eau ne sont pas enlevées; tout demeure en l'état, et l'immeuble qui primitivement servait continue à rendre à son voisin les mêmes services. Ce n'est donc pas en ce sens que l'on peut considérer les servitudes anciennes comme éteintes par confusion.

On doit même remarquer que les servitudes sont réelles et dues par un héritage à un autre héritage sans considération pour la personne du propriétaire; à ce point de vue encore, aucune extinction n'est acquise, car la réunion des deux fonds ne change rien à leur situation respective.

Les services fonciers existent entre immeubles appartenant à un même propriétaire; mais ces services ne sont pas des servitudes dans le véritable sens du

(1) D., *De servit. præd. urb.*, 26.

mot, et ne donnent pas lieu à des droits réels spéciaux, démembrés du droit de propriété. Ce dernier droit demeure entier sur la tête d'un seul.

La servitude proprement dite exige un service d'un immeuble envers un autre immeuble, et un démembrement de la pleine propriété de l'un au profit de l'autre. Quand le second de ces éléments disparaît par la réunion des deux fonds dans la même main, il n'y a plus servitude, parce que le droit de propriété ne subit aucune atteinte et que tous les démembrements anciens se confondent en lui.

C'est en ce sens seulement que les servitudes s'éteignent par la réunion du fonds dominant et du fonds servant dans le même patrimoine.

5. — Quand nos législateurs ont voulu traduire en articles de loi la doctrine dont nous venons d'esquisser les premiers traits, ils nous ont dit :

Les servitudes s'établissent par titre, par prescription et par destination du père de famille.

Le titre est le mode primordial, le mode par excellence, et, sauf les deux exceptions qui vont suivre, on peut affirmer que l'ancienne règle du droit romain et du droit coutumier : *Nulle servitude sans titre*, n'a rien perdu de son énergie.

La prescriptibilité des servitudes est une première dérogation à ce principe général. Quand les charges sont continues et apparentes, elles s'acquièrent par une possession de trente ans. Les servitudes continues non apparentes, et les servitudes discontinues, apparentes ou non, ne s'établissent que par titre : la possession, même immémoriale, ne suffit pas pour les légitimer.

La destination du père de famille apporte une seconde exception à la règle : *Nulle servitude sans titre*, et cette exception demeure ainsi réglementée :

Art. 692. — La destination du père de famille vaut titre, à l'égard des servitudes continues et apparentes.

Art. 693. — Il n'y a destination du père de famille que lorsqu'il est prouvé que les deux fonds actuellement divisés ont appartenu au même propriétaire, et que c'est par lui que les choses ont été mises dans l'état duquel résulte la servitude.

Art. 694. — Si le propriétaire de deux héritages, entre lesquels il existe un signe apparent de servitude, dispose de l'un des héritages, sans que le contrat contienne aucune convention relative à la servitude, elle continue d'exister activement ou passivement en faveur du fonds aliéné ou sur le fonds aliéné.

6. — A première vue, on relève dans ces articles une contradiction flagrante. L'art. 694 applique la destination à toutes les servitudes apparentes, tandis que l'art. 692 la restreint à celles qui sont à la fois apparentes et continues.

Les rédacteurs du code civil n'ont pourtant pas voulu se contredire, et l'opposition que nous signalons n'a pas pu leur échapper à si courte distance.

Comment expliquer ces deux dispositions ?

7. — Nous dirons plus loin tous les efforts que la doctrine et la jurisprudence ont faits pour concilier ces deux articles 692 et 694, et nous compterons jusqu'à sept systèmes qui ont été tour à tour élevés et renversés. La Cour de cassation, à des époques diverses, les a sanctionnés tous, ou presque tous ; et la seule opinion générale qui semble se dégager au-

jourd'hui de ces tentatives infructueuses, c'est qu'on n'arrivera jamais à concilier deux articles inconciliables.

La pratique, néanmoins, n'a pas le droit de s'en tenir à une négation. Les auteurs peuvent se taire : les tribunaux ne le peuvent pas. Les procès naissent d'autant plus nombreux qu'ils sont plus incertains, et il faut les vider.

Ceux qui ont été appelés à voir de près les solutions ordinairement données à ces sortes de litiges savent que, trop souvent, l'équité seule choisit entre les deux articles réputés contradictoires.

Un pareil état de choses est déplorable, car il tend à introduire l'arbitraire dans la loi, et on est conduit à se demander s'il faut l'accepter comme le dernier mot de la science, si tout a été fait pour découvrir la pensée du législateur.

8. — Les travaux préparatoires du Code, et notamment le rapport du tribun Albisson (1), démontrent qu'on n'a renoncé à aucun des progrès réalisés par notre ancien droit, et que l'œuvre des rédacteurs modernes s'est bornée à introduire deux améliorations de détail sur deux points particuliers et à résoudre un cas nouveau. Les deux améliorations consistent : 1° en ce qu'on a supprimé la preuve par écrit; 2° en ce qu'on a restreint les effets de la destination du père de famille aux servitudes apparentes et continues. Le nouveau cas auquel on a voulu donner une solution, et qui formait une lacune dans l'ancien droit, est celui où le propriétaire de deux héritages dispose de l'un d'eux.

(1) Voir chap. IV, n° 98.

Si l'on retranche ces trois innovations de la doctrine du Code, on doit reproduire le droit coutumier; ou, mieux encore, si l'on rétablissait le droit des coutumes au moyen des monuments qu'il nous a laissés, il suffirait de lui faire subir les trois modifications que nous venons d'indiquer pour connaître la pensée de nos législateurs.

Nous allons essayer d'accomplir ce travail et de rechercher quelle fut la doctrine coutumière en matière de destinations.

9. — Nous trouverons d'abord, dans le droit romain, quelques textes épars qui introduiront, à diverses époques, de rares exceptions au principe général de la confusion des servitudes, par la réunion du fonds dominant et du fonds servant dans la même main, et de l'obligation de les réserver formellement, au moment de la séparation, pour les faire revivre. Encore ces dispositions seront-elles justifiées par la nécessité, et n'auront-elles presque rien de commun avec nos destinations.

Ces exceptions peu nombreuses se multiplieront, sous les investigations des glossateurs, au moyen de cas supposés, et une première doctrine sortira des synthèses de Bartole, pendant que, des obscures profondeurs de nos usages anciens, émergera la destination du père de famille, armée de toutes pièces, et n'ayant à peu près rien emprunté à la théorie de l'école romaniste.

De ces deux courants parallèles, le second conservera son impulsion propre et se développera seul, tandis que le premier se bornera à lui prêter son appui. La destination du père de famille sera ainsi d'origine coutumière, et elle gardera, jusque dans le code civil, la formule concise que la coutume de Paris lui aura donnée : « Destination du père de famille vaut titre. »

De longues discussions s'élèveront à propos de la continuité ou de la discontinuité des servitudes à conserver, et le débat, ouvert encore, recevra sa solution dans une innovation du code civil.

La preuve par écrit, que la coutume réformée de Paris croira devoir exiger, donnera lieu à de vives protestations : les voix les plus autorisées en demanderont la suppression, et le code civil l'accordera.

Mais la question la plus importante, celle qui absorbera toute l'attention des praticiens et des parlements, aura trait à la création d'une destination nouvelle, différente de celle du père de famille, bien que fondée sur une présomption de même nature. L'unanimité se fera dans le sens de l'établissement de la servitude, et le Parlement de Paris ira jusqu'à annuler la vente pour cause de dol, quand le vendeur ne voudra pas subir cette destination qu'il aura lui-même créée. Les textes néanmoins lui seront contraires, et l'on essaiera tantôt de les modifier ou de les compléter, comme le président de Lamoignon, tantôt de les tourner, comme Pothier, pour arriver à son admission. Le code civil trouvera les choses en cet état, et après avoir consacré les articles 692 et 693 à la destination du père de famille de l'ancien droit, modifiée sur deux points, il rédigera l'art. 694 en vue de la seconde destination, que le tribun Gillet appellera, comme autrefois le président de Lamoignon : destination du propriétaire primitif.

L'étude des anciens textes et de leurs commentateurs nous apprendra que la première destination, après s'être restreinte aux divisions d'immeubles opérées par voie de partage, s'est étendue à toutes les divisions, même à celles qui s'opèrent par la vente d'une partie d'un fonds ; tandis que la seconde, appliquée d'abord aux séparations d'immeubles distincts, effectuées par des aliénations, a régi bientôt toutes les séparations, même celles qui sont la conséquence d'un partage.

Notre ancien droit français nous conduira ainsi à cette conclusion : que les articles 692 et 693 s'appliquent aux divisions d'un même immeuble et veulent que, dans toute division, les servitudes soient à la fois apparentes et continues; tandis que l'art. 694 ne réglemente que les séparations d'immeubles distincts, un moment réunis, sans pourtant se confondre, dans la main du même propriétaire, et se contente de l'apparence, sans exiger la continuité.

Les servitudes qui marquent leur empreinte sur une ligne divisoire tracée, quand le fonds dominant et le fonds servant ont une existence distincte, sont plus expressives et parlent plus clairement que celles qui ne sont en présence ni d'un fonds dominant, ni d'un fonds servant, ni d'une limite, tout étant confondu en un seul immeuble. En ce dernier cas, la continuité doit se joindre à l'apparence, qui ne serait pas, à elle seule, un témoignage suffisant de la volonté des parties. Les divisions, en outre, changent la manière de jouir, d'habiter, de cultiver du père de famille, et enlèvent à ses arrangements une partie de leur autorité. Les cohéritiers doivent dire s'ils veulent conserver aux divers lots les services que leur auteur n'avait établis que pour l'ensemble, à moins que ces services soient continus, fassent corps avec l'immeuble et se divisent, en quelque sorte, en même temps que lui. Ajoutons, avec Basnage, que les lots se forment sur ce qui est permanent, et que tout fait de l'homme, survenant après le partage, serait une innovation qui romprait l'égalité des lots et donnerait naissance à une action en garantie, contrairement à l'intention qu'il faut présumer chez les copartageants.

Rappelons d'abord les textes du droit romain sur lesquels les glossateurs et Bartole se sont appuyés pour édifier leur théorie.

CHAPITRE PREMIER.

DROIT ROMAIN.

SOMMAIRE.

10. — Le droit romain ne connut pas la destination du père de famille.
11. — Textes établissant, en principe, la nécessité d'une réserve formelle.
12. — Exceptions successivement apportées à ce principe.
13. — Loi *Tria prædia*.
14. — Loi *Qui duas tabernas*.
15. — Loi *Binas quis ædes*.
16. — Loi *Testatrix*.
17. — Loi *Binas ædes*.
18. — Causes qui rendaient ces exceptions rares. — Clauses *uti possedi*, *sicut est*, *uti nunc est*, *uti maximus optimusque est*, etc.
19. — L'emploi ou l'omission de ces clauses ne laissait plus à juger qu'une question de fait.
20. — Secours qu'une théorie des destinations pouvait trouver : 1° Dans la détermination des accessoires qui doivent suivre la chose vendue ou léguée ;
21. — 2° Dans le maintien des servitudes entre les immeubles légués et les immeubles propres de l'héritier ;
22. — 3° Dans le legs d'un usufruit qui ne peut pas être exercé sans une servitude.
23. — Résumé.
24. — Origine romaine de l'expression *destination du père de famille*.

10. — Il est généralement admis que le droit romain n'a pas connu la destination du père de famille.

« Les Romains, » dit M. Demolombe, « avaient sévèrement observé la règle que toute servitude devait être formellement stipulée et il ne paraît pas qu'ils aient admis, en principe, la destination du père de famille comme mode d'établissement des servitudes. »

Il est certain cependant, et nous démontrerons bientôt, que nos anciens jurisconsultes trouvèrent dans le droit romain le germe de leur doctrine et prirent pour point de départ de leur théorie divers passages du Digeste.

11. — Plusieurs textes d'abord établissent nettement le principe de la confusion des servitudes par la réunion du fonds dominant et du fonds servant dans la même main, et de la nécessité d'une réserve expresse pour les faire revivre au moment de la séparation.

La loi 30, par exemple, au titre *De servit. præd. urb.*, qui emprunte le langage du jurisconsulte Paul, est ainsi conçue : *Si quis ædes, quæ suis ædibus servirent, cùm emisset, traditas sibi accepit; confusa sublataque servitus est. Et, si rursùs vendere vult, nominatim imponenda servitus est; alioquin liberæ væneunt.* » Si le propriétaire d'une maison achète la maison voisine sur laquelle la sienne avait une servitude, cette servitude est éteinte par confusion, et, s'il revend la maison achetée, il doit se réserver expressément la servitude, s'il ne veut pas que l'immeuble devienne libre.

La loi 10, au titre *Communia prædiorum*, proclame le même principe : *Quidquid venditor servitutis nomine sibi recipere vult, nominatim recipi oportet. Nam illa generalis exceptio : quibus est servitus, utique est, ad extraneos pertinet : ipsi nihil prospicit vendi-*

tori ad jura ejus conservanda. Nulla enim habuit, quia nemo ipse sibi servitutem debet. Quinimo etsi debita fuit servitus, deinde dominium rei servientis pervenit ad me, consequenter dicitur extingui servitutem. Quand le propriétaire de deux immeubles veut conserver une servitude sur celui qu'il aliène, au profit de celui qu'il retient, il doit la réserver expressément, sans quoi la servitude, qui n'existait pas au temps où les deux fonds étaient réunis dans la même main, n'existera pas davantage après leur séparation. Il ne suffira même pas de dire que l'immeuble est vendu tel qu'il est, avec ses servitudes, car ces expressions ne pourraient s'entendre que des servitudes concernant des fonds étrangers.

La loi 7 du même titre exprime la même pensée en d'autres termes : *In tradendis unis ædibus ab eo qui binas habet, species servitutis exprimenda est : ne, si generaliter servire dictum erit, aut nihil valeat quia incertum sit quæ servitus excepta sit, aut omnis servitus imponi debeat.* La servitude que l'on veut réserver doit être spécifiée; une clause conçue en termes généraux ne pourrait produire aucun effet.

12. — Il serait facile de multiplier les exemples et de montrer qu'au cas de division ou de séparation des héritages, la loi romaine, en principe, exigeait une réserve formelle, un titre explicite, pour la conservation des services existants. Mais ce sont surtout les exceptions qui doivent nous préoccuper, et nous allons voir que les jurisconsultes latins se trouvèrent plus d'une fois en présence des nécessités de raison et de droit qui ont amené les règles de la destination du père de famille.

13. — La loi 31, au titre *De servit. præd. rust.*, est

ainsi conçue : *Tria prædia continua trium dominorum adjecta erant : imi prædii dominus ex summo fundo, imo fundo servitutem aquæ adquisierat, et per medium fundum, domino concedente, in suum agrum ducebat : postea idem summum fundum emit; deinde imum fundum, in quem aquam induxerat, vendidit. Quæsitum est, num imus fundus id jus aquæ amisisset? quia, cùm utraque prædia ejusdem domini facta essent, ipsa sibi servire non potuissent. Negavit amisisse servitutem; quia prædium per quod aqua ducebatur, alterius fuisset. Et quemadmodum servitus summo fundo ut in imum fundum aqua veniret, imponi aliter non potuisset quàm ut per medium quoque fundum duceretur, sic eadem servitus ejusdem fundi amitti aliter non posset, nisi eodem tempore etiam per medium fundum aqua duci desiisset, aut omnium tria simul prædia unius domini facta essent.*

Trois fonds sont superposés et appartiennent à trois propriétaires différents. Sur le fonds le plus élevé naît une source, et le propriétaire inférieur voulant arroser, achète, à la fois, l'eau au fonds supérieur et une servitude d'aqueduc au fonds intermédiaire. Plus tard, il acquiert le champ supérieur en pleine propriété et réunit ainsi sur sa tête les deux parcelles extrêmes. Plus tard encore, il aliène le champ inférieur, sans mentionner aucune servitude. Ce champ inférieur conservera-t-il le droit de prendre l'eau ? Non, évidemment, si nous appliquons les principes généraux dans toute leur rigueur, puisque la servitude de prise d'eau a été éteinte par confusion, au moment où les deux héritages ont été réunis dans la même main, et qu'aucune réserve n'a été formulée au moment de la séparation. La servitude d'aqueduc subsistera seule sur le fonds intermédiaire. Notre texte décide néanmoins que la prise d'eau sur le fonds supérieur sera maintenue au profit du fonds inférieur, à cause du droit d'aqueduc établi sur la parcelle qui les sépare. On s'explique cette décision parce que l'équité exige qu'en ce cas une exception soit apportée à la règle générale et que la servitude de prise d'eau soit considérée comme comprise dans la vente; mais on se demande comment l'aqueduc établi sur le fonds intermédiaire peut modifier le droit au profit ou au détriment des deux autres héritages, et conserver une servitude différente de celle que ce fonds intermédiaire subit. Julianus invoque une sorte d'indivisibilité qui veut que les deux charges, n'ayant pu s'établir l'une sans l'autre, ne puissent être supprimées qu'en même temps. Pothier s'appuie sur cette règle, que la servitude due à un fonds par plusieurs autres ne s'éteint point par la réunion de l'un de ces derniers fonds à l'héritage dominant.

Ces explications, néanmoins, sont-elles complètement satisfaisantes? Quand l'un des fonds servants se réunit au fonds dominant, la charge se conserve sur les autres dont la condition n'est pas modifiée, mais elle s'éteint sur l'immeuble incorporé. Pothier cite lui-même un passage de Javolenus qui nous l'enseigne : *Si, quum servitus mihi per plures fundos deberetur, medium fundum acquisivi, manere servitutem puto, quia toties servitus confunditur, quoties uti eâ is ad quem pertinet non potest. Medio autem fundo acquisito, potest consistere ut per primum et ultimum iter debeatur* (1). D'un autre côté, la règle

(1) D. 50, *Quemadmodum servit. amitt.*

qu'invoque Pothier se comprend quand plusieurs héritages supportent le même service, mais elle ne saurait s'appliquer au cas où chacun d'eux est grevé, comme dans notre espèce, d'une charge différente. Aussi Julianus nous paraît-il mieux inspiré quand il se fonde sur l'indivisibilité de la servitude d'arrosage.

Cette indivisibilité est-elle bien démontrée? Elle ne résulte certainement pas des conventions des parties, car le propriétaire inférieur a traité séparément avec ses deux voisins. Son champ possède, en réalité, deux servitudes, bien qu'elles concourent l'une et l'autre au même but. Chacun des deux propriétaires supérieurs n'a grevé son fonds que de la charge spéciale qui le concerne; on peut d'autant moins étendre son engagement, qu'il est purement passif, et ne l'oblige qu'à laisser faire. Aucun des deux n'a garanti la jouissance du droit cédé par l'autre. Le premier fournit l'eau, mais n'est nullement associé à l'obligation du second. Celui-ci, de son côté, a promis le passage, mais n'est en aucune façon tenu à la fourniture de l'eau. Il y a deux droits, deux traités portant sur deux services différents, bien qu'ils concourent au même but; et, si l'on invoque ce concours nécessaire des deux charges, cette unité de résultat, pour fonder l'indivisibilité sur la nature des choses, n'a-t-on pas à craindre qu'elle persiste pendant la réunion des deux fonds extrêmes, au mépris de la maxime : *Nemini res sua servit?*

Au fond, à ne considérer que le résultat, la décision de Julianus se rapproche beaucoup de la destination du père de famille, et on est amené à se demander si le droit romain ne commençait pas à pressentir le motif qui inspire aujourd'hui notre législation. Le propriétaire qui vendait la parcelle inférieure, après l'avoir possédée conjointement avec la plus élevée, et n'avoir conservé, pendant toute la durée de cette possession, qu'un droit d'aqueduc sur le terrain intermédiaire, était présumé s'être engagé implicitement à laisser les choses en l'état. La nécessité du concours des deux services, pour atteindre le but poursuivi et réaliser l'irrigation, l'inutilité que l'un aurait présentée sans l'autre, l'unité et l'indivisibilité du but, ne laissaient aucun doute sur cet engagement tacite, et si le motif allégué par Julianus ne justifiait pas directement le maintien des deux servitudes, il faisait présumer du moins, d'une manière irréfragable, l'intention qu'avaient eue les parties de les conserver. La démonstration avait trois termes : l'indivisibilité prouvait l'intention, l'intention justifiait le maintien ; en sous-entendant le terme intermédiaire, qui devait devenir plus tard le terme essentiel, il était vrai de dire que l'indivisibilité justifiait le maintien des deux servitudes.

Nous ne devons pas oublier que Julianus vivait sous le règne d'Adrien, tout à fait au commencement du second siècle de notre ère ; qu'il commentait les écrits de Minucius, qui l'avait précédé, et que les grands jurisconsultes dont les décisions firent loi ne vinrent que cent ans plus tard. Le texte qui nous occupe marque donc l'une des premières atteintes que reçurent les principes généraux posés dans les passages précédents.

14. — La voie semble ouverte, et la nécessité de maintenir l'état de choses existant va s'imposer de jour en jour avec plus d'autorité. Salvius Julianus lui-même est amené, par les opinions qu'avait précé-

ment exprimées Minucius, à faire un nouveau pas en avant, dans le paragraphe qui a formé la loi I, au titre : *De servitute legatâ*. Ce paragraphe est ainsi conçu : *Qui duas tabernas conjunctas habebat, eas singulas duobus legavit. Quæsitum est, si quid ex superiore tabernâ in inferiorem inædificatum esset, num inferior oneri ferendo in superioris tabernæ legato contineretur? Respondit servitutem impositam videri. Julianus notat : Videamus ne hoc ita verum sit, si aut nominatim hæc servitus imposita est; aut ita legatum datum est, tabernam meâm uti nunc est do, lego.*

Un propriétaire bâtit deux maisons juxtaposées, et appuie la plus haute sur la plus basse. Il transmet ensuite ces deux immeubles à deux légataires différents. La servitude *oneris ferendi* existe-t-elle au profit de la maison supérieure, et l'autre en est-elle grevée? Oui, répond Minucius, la servitude existe et se trouve implicitement contenue dans le legs. Julianus ajoute : elle existerait surtout si elle avait été expressément réservée, ou si les deux maisons avaient été léguées dans l'état où elles se trouvaient avec la clause *uti nunc est.*

Ce dernier jurisconsulte ne peut échapper encore à l'influence des principes, et rappelle que tout est mieux quand la volonté du testateur est exprimée ; mais ce qu'il nous importe de constater ici, c'est l'opinion de Minucius, qui déclare la servitude implicitement comprise dans le legs. Cette servitude n'existait pas quand les deux bâtiments dépendaient du même maître ; aucune réserve n'est insérée dans le testament, et néanmoins la servitude naît au moment de la séparation, parce que l'état des lieux s'impose et que le silence du disposant s'interprète dans ce sens.

Servitus legato continetur : la servitude est contenue dans le legs ; elle est imposée, *impositam*, par la volonté présumée du testateur. Ne se croirait-on pas en présence d'une véritable destination ?

15. — Un passage de Papinien, formant la loi 36, au titre *De servit. præd. urb.*, nous fournit un argument analogue : *Binas quis ædes habebat una contignatione tectas ; utrasque diversis legavit. Dixi : quia magis placeat tignum posse duorum esse, ita ut certæ partes cujusque sint contignationis ; ex regione cujusque domini fore tigna, nec ullam invicem habituros actionem jus non esse immissum habere. Nec interest purè utrisque, an sub conditione alteri, ædes legatæ sint.*

Un propriétaire a deux maisons couvertes par une même toiture ; une seule charpente a été construite pour les deux, et les poutres passent de l'une à l'autre. Si ces deux maisons sont attribuées à deux légataires différents, chacun d'eux deviendra propriétaire de la partie de la toiture et de la partie des poutres qui se trouveront sur son lot, et jouira, à l'encontre de son colégataire, de la servitude *tigni immittendi*. Dans ce cas encore, comme dans le précédent, la séparation des deux immeubles, et l'intention présumée du testateur donnent naissance à une servitude qui n'existait pas quand les deux maisons appartenaient au même maître.

Après avoir rapporté cette décision de Papinien, le Digeste rappelle, dans la loi suivante, que, d'après l'opinion de Salvius Julianus, il en serait de même si les deux maisons avaient été vendues et non léguées : *Idemque esse et si duobus ædes cesserint.*

16. — On admettait même le maintien des services créés de fonds urbain à fonds rural, ainsi que l'at-

teste le passage suivant de Scœvola, qui est devenu la loi 20, au Digeste, titre *De servit. vind.* : « *Testatrix fundo quem legaverat, casas junctas habuit. Quæsitum est, si hæ fundo legato non cederent, eumque legatarius vindicasset, an iste fundus aliquam servitutem casis deberet ? Aut, si ex fideicommissi causâ eum sibi dari legatarius desideraret, heredis servitutem aliquam casis excipere deberent ? Respondit debere.*

Une maison a son entrée sur un champ, sur un jardin, sur une cour. Par testament, cette cour, ce jardin ou ce champ sont légués à titre particulier, tandis que la maison est dévolue à l'héritier légitime. Cet héritier conservera-t-il le passage par la cour ou le jardin légués pour entrer chez lui, ou bien la charge sera-t-elle supprimée ? Elle sera maintenue, dit notre texte, et le terrain demeurera grevé au profit du bâtiment : *Fundus servitutem casis debet.*

17. — Citons un dernier texte, dont l'importance ne peut être contestée : c'est une réponse de Marcellus, qui forme la loi 10, au Digeste : *De servit. urb. præd.* Nous verrons plus tard les glossateurs s'appuyer principalement sur ce passage pour édifier la théorie de la destination du père de famille, et Bartole nous dira que cette loi est *clavis hujus materiæ* (Bartole, D., 1, *De servit. leg.*).

On sait, d'ailleurs, que Marcellus, contemporain de Marc-Aurèle, s'appliqua à critiquer les opinions de Salvius Julianus, en annotant ses ouvrages, et que Ulpien, qui vint après eux, considérait une solution comme hors de controverse quand il pouvait dire : Julianus et Marcellus sont d'accord sur ce point : *De hac re Julianum et Marcellum consentire.* C'est en ces termes, par exemple, que s'exprime Ulpien dans la loi 27, § 3, *ad leg. Aquil.* On comprend, en conséquence, quelle est la valeur de cette décision de Marcellus, venant après celles de Julianus, que nous avons déjà rapportées. Elle est ainsi conçue : « *Binas ædes habeo, alteras tibi lego. Heres ædes alteras altiùs tollit, et luminibus tuis officit. Quid cum illo agere potes? Et an interesse putes, suas ædes altiùs tollat, an hereditarias? Et de illo quæro, an per alienas ædes accessum ad eam rem quæ legatur præstare debet : sicut solet quæri, quum ususfructus loci legatus est, ad quem locum accedi nisi per alienum non potest.* » *Marcellus respondit :* « *Qui binas ædes habebat, si alteras legavit ; non dubium est quin heres alias possit altiùs tollendo obscurare lumina legatarum ædium. Idem dicendum est, si alteri ædes, alteri aliarum usumfructum legaverit. Non autem semper simile est itineris argumentum : quia sine accessu nullum est fructus legatum ; habitare autem potest et ædibus obscuratis. Cæterùm usufructu loci legato, etiam accessus dandus est : quia et haustu relicto, iter quoque ad hauriendum præstaretur. Sed ita officere luminibus et obscurare legatas ædes conceditur, ut non penitùs lumen recludatur, sed tantum reliquatur quantum sufficit habitantibus in usûs diurni moderatione.* »

J'ai deux maisons : je vous en lègue une par mon testament, et mon héritier recueille l'autre. Celui-ci aura-t-il le droit d'élever la sienne et de fermer les jours que vous avez dans le mur de séparation ou dans un mur voisin ? Non, répond Marcellus. Il sera permis à l'héritier de réduire la servitude à ce qui sera strictement nécessaire pour éclairer votre maison, mais non de la supprimer entièrement et de vous mettre dans l'obscurité. Il en est de ce cas comme de celui où un usufruitier ne pourrait pas aboutir à l'immeuble soumis à son usufruit sans passer sur un fonds dépendant de l'hérédité. L'usufruit ne peut s'exercer sans passage ; la maison est inhabitable sans jour. Le testateur a voulu que le legs fût efficace, et dès lors on doit présumer qu'il a voulu la servitude, sans laquelle il ne saurait exister.

18. — Comme on le voit, nous retrouvons dans les monuments de la jurisprudence romaine des décisions semblables à celles qu'amène chez nous la destination du père de famille ; mais nous ne rencontrons nulle part, explicitement énoncés, les motifs de ces décisions. Minucius, qui paraît s'être occupé spécialement de ces questions, nous dit bien, comme nous l'avons remarqué, que la servitude est contenue dans le legs, et que l'intention de la maintenir se présume chez le testateur; mais il y a loin de cette indication, quelque précieuse qu'elle puisse être, à un corps de doctrine comparable à celui de notre code civil ou à celui de notre ancien droit.

Comment expliquer un semblable état de choses?

Plusieurs causes, croyons-nous, amenèrent ce résultat : la plus importante se trouve dans l'habitude qu'avaient prise les Romains d'ajouter à leurs contrats une foule de clauses, qui prévoyaient tous les cas et ne laissaient presque plus de place aux présomptions. L'usage des formules sacramentelles, dans les conventions et dans les actes judiciaires, les avait accoutumés à une précision, à une exactitude qui les mettait à l'abri de l'imprévu.

Dans les ventes, en effet, comme dans les donations et les legs, des clauses particulières indiquaient à peu près toujours l'intention des parties. Dans les formules employées, (et nous savons que les Romains ne s'en écartaient guère), entraient des expressions comme celles-ci : *uti possedi, sicut est, uti nunc est, quo jure quâque conditione ea prædia hodie sunt, uti maximus optimusque est*, etc.

La loi 52, § 3, D. *De act. empt.*, nous enseigne quelle est la valeur de la première de ces clauses : *ante domum mari junctam, molibus jactis, ripam constituit. Et, uti ab eo possessa domus fuit, Gaïo Seïo vendidit. Quœro an ripa que ab auctore domui conjuncta erat, ad emptorem quoque jure emptionis pertineat? Respondit; eodem jure fore venditam domum, quo fuisset priusquam vœniret.* Une maison est construite au bord de la mer. Les flots sapent les fondations, et mettent l'édifice en péril. Le propriétaire alarmé construit une digue, et consolide ainsi son immeuble. Il le vend ensuite avec cette précision : *uti ab eo possessa domùs fuit.* La digue et les autres travaux de consolidation, bien qu'ils ne fassent point partie de l'édifice, sont-ils compris dans la vente? Oui, répond Scœvola, qui a fourni au Digeste le texte de la loi dont nous parlons, parce que la maison est vendue telle que la possédait le vendeur au moment de l'aliénation, c'est-à-dire avec l'appui et la garantie des travanx confortatifs ou défensifs.

La loi 81, § 1, du même titre, nous montre également que la clause *quo jure quaque conditione est* fait passer un immeuble aux mains de l'acquéreur avec toutes les charges qui le grevaient dans celles du vendeur, sauf cette précision, néanmoins, que la règle est restreinte aux charges réelles, et ne s'étend pas aux obligations attachées à la personne : *Lucius Titius promisit de fundo suo centum millia modiorum frumenti annua præstare prædiis Gaii Seii. Postea Lucius Titius vendidit fundum, additis verbis his, quo jure quaque conditione ea prædia Lucii Titii hodie sunt, ita vœneunt, itaque habebuntur. Quæro an emptor Gaïo Seïo ad præstationem frumenti sit obnoxius? Respondit : emptorem Gaïo Seïo, secundum ea quæ proponerentur, obligatum non esse.* Titius s'engage à prélever tous les ans un certain nombre de mesures de blé sur la récolte de son champ, au profit du propriétaire de l'héritage voisin. Il vend ensuite son immeuble, avec la clause *quo jure quâque conditione* : l'acquéreur est-il tenu d'effectuer, tous les ans, la même prestation? Non, répond Scœvola, parce qu'il s'agit d'une obligation personnelle au vendeur, et non d'une charge réelle imposée à l'immeuble. Mais s'il était question d'une charge de cette nature, l'acquéreur devrait la supporter, conformément à la convention.

Toutes les fois donc qu'une vente ou une donation étaient faites avec l'une des deux clauses dont nous venons de parler, ou avec toute autre clause équivalente, la situation de l'acquéreur devenait exactement la même que celle du vendeur; et si l'aliénation portait sur une partie divise d'un héritage, ou sur l'un des deux immeubles voisins appartenant au même maître, les droits réels et les charges réelles suivaient la chose achetée dans les mains de l'acquéreur. Ces droits n'étaient pas des servitudes avant le contrat, parce que *nemini res sua servit,* mais ils n'en constituaient pas moins des avantages ou des charges, pour les portions qui en profitaient ou qui en souffraient. Or, l'acquéreur devant, par convention formelle, jouir comme le vendeur, la portion qu'il acquérait entrait dans son domaine avec ces mêmes droits et ces mêmes services, qui deviennent des servitudes, du moment où deux propriétaires différents se trouvent en présence. Il n'y a donc pas lieu de recourir, dans ce cas, à l'intention présumée des parties, puisque leur volonté a été formellement exprimée dans le contrat. Et comme les clauses dont nous parlons étaient d'un usage général, on n'avait presque jamais besoin de recourir à la présomption qui, chez nous, sert de base à la destination du père de famille.

D'un autre côté, une formule spéciale était mise, par la loi romaine, à la disposition des acquéreurs qui ne voulaient souffrir aucun service sur le fonds par eux acquis. La loi 90, D., *De verb. signif.*, le constate en ces termes : *Qui uti optimæ maximæque sunt ædes tradit; non hoc dicit, servitutem illis deberi; sed illud solum, ipsas ædes liberas esse; hoc est nulli servire.* Celui qui vend une maison avec la clause *uti optima maximaque* n'attribue pas des droits à cette maison sur les immeubles voisins; il se borne à la déclarer libre de toutes charges et à l'affranchir de toutes servitudes.

La loi 19, du même titre, étend les effets de la formule dont nous parlons aux testaments, aux stipulations et à tous les contrats translatifs de propriété : *Non tantum in traditionibus, sed et in emptionibus et stipulationibus et testamentis, adjectio hæc uti maximus optimusque est hoc significat; ut liberum præstetur prædium, non ut etiam servitutes ei debeantur.*

Ce n'était pas seulement une faculté que la loi romaine ouvrait ainsi aux acquéreurs, pour leur permettre de se créer une situation plus nette : l'omission de la clause *uti optimus maximusque* était considérée comme volontaire, et celui qui ne l'employait pas était présumé, en quelque sorte, avoir consenti à recevoir l'immeuble en l'état. La loi 59, D., *De contrah. empt.*, nous l'enseigne en ces termes : *Quum venderes fundum, non dixisti ita ut optimus maximusque. Verum est quod Q. Mucio placebat; non liberum, sed qualis esset, fundum præstari oportere. Idem et in urbanis prædiis dicendum est.* Si l'acquéreur néglige d'insérer dans la vente la formule *uti optimus maximusque*, il n'a pas le droit d'exiger que le vendeur lui transmette le fond libre de toutes charges : il s'expose à le recevoir tel qu'il est.

Il fallait que l'usage de ces pactes se fût bien généralisé, pour qu'on arrivât à considérer leur omission comme intentionnelle et à déduire des conséquences juridiques de cette intention.

19. — Les questions à résoudre, dans les diverses circonstances qui pouvaient se présenter, étaient dès lors des questions de fait et d'appréciation, et non des questions de droit. Quand on voulait savoir si une servitude avait été concédée ou réservée, on interrogeait les pactes et les termes du titre; on recherchait, dans les expressions employées ou dans les omissions commises, l'accord des parties, en un mot on interprétait l'acte ; mais ni l'état des lieux, ni les anciennes destinations n'entraient en ligne de compte. La loi n'intervenait pas pour suppléer aux lacunes de la convention, sous le prétexte d'une intention commune, manifestée par l'état apparent des immeubles vendus ou légués, et ce qui n'avait pas été explicitement ou implicitement exprimé n'existait pas. C'est ce que plusieurs textes nous indiquent.

La loi 20, § 9, par exemple, D., *De instruct. vel instrum. leg.*, est ainsi conçue : *Quod adjecit testator uti possedi, an hoc significet sicut instructa in diem mortis habuit ; id est cum mancipiis, pecoribus, instrumento rustico ? Respondit : Non de jure quæritur.* Si le propriétaire d'un domaine rural l'a légué avec la clause *uti possedi*, les esclaves, les troupeaux, les instruments aratoires, etc., sont-ils compris dans la libéralité ? Le jurisconsulte Scœvola répond, avec raison : C'est une question de fait et d'interprétation, et non une question de droit.

Dans un autre passage, qui a formé la loi 93, § 4, D., au titre *De legatis*, III, le même jurisconsulte répondait à une interrogation de la même nature : *Non rectè peti quod legatum non esset.* On ne peut demander la délivrance que des objets compris dans le legs, en telle sorte qu'on doit toujours, en pareil cas, se poser la question de savoir si, étant donnés les termes du testament, les objets réclamés sont compris ou ne sont pas compris dans la libéralité : pure difficulté de fait, pour la solution de laquelle il faut recourir au testament, non à la loi.

Les pactes usités dans les contrats et dans les testaments s'opposèrent ainsi au développement de la doctrine qui devait rechercher la volonté présumée des parties dans l'état apparent des lieux.

20. — Mais de divers autres côtés s'imposaient des nécessités que l'interprétation des titres était impuissante à satisfaire, et, sous la pression de besoins impérieux, les jurisconsultes étaient amenés à rechercher, en diverses circonstances, l'intention du disposant ou des contractants, dans la manière d'être

des immeubles et dans les arrangements que le propriétaire primitif y avait pratiqués.

Il en était ainsi, par exemple, dans la question des accessoires qui doivent suivre la chose vendue ou léguée. On sait qu'en pareil cas la vente et le legs comprennent, non seulement l'immeuble qui a fait l'objet du contrat ou de la libéralité, mais encore tous les objets que le maître avait attachés à cet immeuble à perpétuelle demeure. La destination du précédent propriétaire devient alors le motif déterminant, ou plutôt le signe le plus certain de la volonté du disposant ou des contractants, et la doctrine juridique fait ainsi un pas dans la voie qui doit la conduire à la théorie de la destination du père de famille.

On comprend, en effet, quelle étroite connexité rattache cette question à celle que nous essayons de résoudre. Les servitudes sont aussi des accessoires des immeubles, et si elles n'existent pas encore légalement, quand le fonds dominant et le fonds servant sont réunis, les services de fait qui les précèdent, les déterminent et s'identifient ensuite avec elles, les annexent aux héritages avant leur division ou leur séparation. Une fenêtre, un balcon, un stillicide font partie d'une maison avant, comme après la vente qui en est consentie, et peuvent être considérés, à ce point de vue, comme des accessoires de l'édifice.

A la vérité, les jurisconsultes romains ne perdirent pas de vue la différence que les principes du droit établissaient entre les deux situations, et ils ne se méprirent jamais sur le véritable caractère de ces prétendus accessoires, qui naissaient du testament ou de l'aliénation, et n'existaient pas auparavant. La destination du père de famille, qui crée une servitude nouvelle au moment de la division des héritages, ne peut être confondue avec les transmissions d'accessoires ou de droits antérieurement établis. Mais les règles qui attachaient aux immeubles leurs dépendances n'en exercèrent pas moins une influence considérable sur le développement de la théorie que nous étudions. Le champ d'investigation était le même : dans l'un comme dans l'autre cas, il s'agissait de déterminer l'intention des contractants ou du disposant, manifestée par l'état des lieux, dans le silence du titre; les raisons de décider ne différaient pas.

21. — Sous un autre rapport, la doctrine de l'établissement des servitudes par la destination du père de famille trouvait encore une analogie dans celle de leur maintien entre les immeubles légués et les immeubles propres de l'héritier, en dépit de la confusion qui les avait éteintes au moment de l'adition d'hérédité.

Papinien avait posé la règle suivante : *In omnibus servitutibus quæ aditione confusæ sunt, responsum est doli exceptionem nocituram legatario, si non patiatur eas iterum imponi.* — Lorsqu'un fonds légué sera asservi à un autre fonds appartenant à l'héritier, les servitudes s'éteindront par confusion à l'instant où ce dernier sera investi de toute l'hérédité, en telle sorte que ces servitudes, désormais éteintes, seront perdues pour l'héritier à partir de la délivrance du legs. Ainsi le veulent les principes rigoureux du droit en matière de confusion; mais telle n'a pu être l'intention du disposant : aussi le légataire sera-t-il soumis à l'exception de dol s'il s'oppose au rétablissement des servitudes anciennes.

Le jurisconsulte Florentinus est plus explicite encore : *Fundus legatus talis dari debet qualis relictus est. Itaque sive ipse fundo heredis servitutem debuit, sive ei fundus heredis, licet confusione dominii servitus extincta sit, pristinum jus restituendum est. Et nisi legatarius imponi servitutem patiatur, petenti ei legatum exceptio doli mali opponetur; si vero fundo legato servitus non restituatur, actio ex testamento superest.* — Un fonds légué doit être délivré dans l'état où il se trouve au décès du testateur. En conséquence, si ce fonds doit une servitude à un autre fonds propre à l'héritier, ou réciproquement, les choses sont remises dans l'ancien état quand s'effectue la délivrance, malgré la confusion qui a éteint la servitude au moment de l'adition d'hérédité. Si le légataire résiste, l'héritier a contre lui l'exception de dol; si ce dernier, au contraire, s'oppose au rétablissement de la servitude, le légataire tire une action du testament, qui est présumé contenir, malgré son silence, l'expression de la volonté du testateur.

Ce dernier point de la doctrine de Papinien et de Florentinus, cette action puisée dans les sous-entendus du testament, cette présomption de l'intention que le testateur n'a pas explicitement manifestée, mais que l'on fait résulter de l'état des lieux, contiennent en germe toute notre théorie, si nous les appliquons à l'établissement des servitudes par la destination du père de famille; il ne manque au droit romain, pour arriver sur ce point à la perfection du code civil, que l'extension des exceptions et leur classification dans un système méthodique et doctrinal, substituant des principes généraux à des motifs d'occasion et à des considérations accidentelles d'équité.

C'est l'œuvre que commenceront les glossateurs, que notre ancien droit développera, et que les rédacteurs de notre législation consacreront en la revêtant de sa formule définitive.

22. — Sur un autre point encore, l'intention présumée des contractants ou du testateur avait produit dans la jurisprudence romaine des conséquences qu'il importe de noter.

Quand un usufruit était constitué au profit d'un légataire ou d'un donataire, il était manifeste, malgré le silence du titre, que le disposant avait entendu imposer à son successeur toutes les charges, et attribuer à l'usufruitier tous les droits sans lesquels ce dernier n'aurait pu profiter de la libéralité. Si l'objet légué, par exemple, était un fonds enclavé, qui eût besoin d'un passage sur d'autres biens dépendants de la succession pour aboutir à la voie publique, il devait être légalement présumé que le testateur avait voulu comprendre ce passage dans sa disposition, car il n'était pas admissible qu'en léguant l'usufruit d'un immeuble, il eût voulu en interdire l'accès ou la culture. *Si medii loci*, disait le jurisconsulte Nératius, *ususfructus legetur iter quoque sequitur quatenus est ad fruendum necessarium. Namque sciendum est iter quod fruendi gratiâ fructuario præstatur non esse servitutem, neque enim potest soli fructuario servitus deberi; sed si fundo debeatur, et ipse fructuarius eâ utetur.* — Si le fonds dont l'usufruit est légué se trouve entouré de plusieurs autres appartenant au *de cujus*, le passage nécessaire pour aboutir à ce fonds est compris dans le legs. Ce passage, basé sur la nécessité d'assurer son effet à la disposition, ne sera pas une servitude, car un droit de cette nature ne saurait appartenir en propre à l'usufruitier, qui n'a qu'un bénéfice temporaire; mais il n'en constitue pas moins une charge spéciale imposée à l'héritier par la volonté présumée du testateur.

Marcellus étend cette même présomption au cas où le passage doit être pris sur une parcelle attribuée à un autre légataire : *Qui duos fundos habebat, unum legavit, et alterius fundi usumfructum alii legavit. Quæro si fructuarius ad fundum aliunde viam non habebat quam per illum fundum qui legatus est, an fructuario servitus debeatur? Respondit : Quemadmodum si in hereditate esset fundus per quem fructuario potest præstari via, secundum voluntatem defuncti videtur id exigere ab herede, ita et in hac specie non aliter concedendum esse legatario fundum vindicare, nisi prius jus transeundi usufructuario præstet : ut hæc forma in agris servetur quæ vivo testatore obtinuerit, sive donec ususfructus permanet, sive dum ad suam proprietatem redierit.* — Si le fonds sur lequel le passage doit être exercé n'avait pas fait l'objet d'une disposition particulière et était demeuré dans la succession, l'héritier n'aurait pu refuser cette charge, parce qu'il aurait dû exécuter la volonté sous-entendue du défunt. Le légataire ne le pourra pas non plus et ne sera pas moins obligé de se soumettre à cette même volonté : sa demande en délivrance devra contenir l'engagement d'accorder le passage et de respecter l'état de choses établi par le testateur de son vivant.

Deux expressions surtout doivent être relevées dans ce texte. La première : *secundum voluntatem defuncti*, indique bien que la volonté présumée du disposant est la base du droit établi au profit de l'usufruitier. La seconde : *ut hæc forma in agris servetur quæ vivo testatore obtinuerit*, nous rapproche de la destination du père de famille et nous en donne en quelque sorte la formule. La théorie que nous étudions trouve donc, dans ce fragment de Marcellus, les deux éléments qui la constituent, c'est-à-dire l'établissement d'un certain état des lieux du vivant du testateur et l'intention présumée de celui-ci de le maintenir, quand rien ne vient démontrer une volonté contraire.

Ainsi, la présomption qui sert de base à la doctrine de l'établissement des servitudes par la destination du père de famille s'affirmait et se développait de divers côtés, tantôt pour corriger une conséquence abusive de la loi en matière de saisine héréditaire, tantôt, sous la pression de la nécessité la plus irrésistible, pour ne pas enlever toute efficacité au legs d'un usufruit, pendant que l'exagération de certains principes en matière de servitudes entravait théoriquement son essor.

23. — Si nous résumons les citations et les considérations qui précèdent, nous apercevons clairement le point de départ, et nous suivons pas à pas les premiers développements de la doctrine des intentions présumées d'après l'état des lieux.

A l'origine, le grand principe de l'extinction des servitudes par la confusion et la maxime : *Nemini res sua servit*, exercent dans le droit de Rome un empire absolu. Les contractants et les testateurs qui séparent ou divisent des héritages sont obligés de déclarer les droits et les charges qu'ils entendent imposer ou réserver.

D'abord, cette déclaration doit être explicite et précise : *Nominatim recipi oportet, species servitutis exprimenda est ;* mais, avec le temps, les réserves plus générales admises en d'autres matières exercent une influence sur cette partie de la législation : les clauses *uti possedi*, *sicut est*, etc., sont considérées comme manifestant d'une manière suffisamment explicite l'intention des parties.

On arrive même, dans des cas favorables, à tenir ces clauses pour sous-entendues. Quoi de plus naturel, en effet, et de plus vrai à la fois, que de présumer la clause *sicut est* entre deux contractants qui n'apportent aucune modification à l'état de choses existant ? Un testateur qui lègue un fonds, sans explications ni réserves, n'entend-il pas le transmettre tel qu'il est ? Si la maison léguée a des jours ouverts sur un autre immeuble, si ces jours lui sont indispensables, est-il admissible que le disposant ait laissé à son héritier la faculté de les fermer ? Si deux édifices légués séparément s'appuient l'un sur l'autre, le testateur a-t-il pu vouloir que l'appui cessât et que l'un des bâtiments fût ainsi détruit ?

Néanmoins, ces cas exceptionnels sont rares. L'usage très répandu des clauses dont nous avons parlé amène les parties à manifester plus ou moins explicitement leur volonté dans le plus grand nombre des cas, et laisse rarement au jurisconsulte le soin de rechercher une intention non exprimée. Cette recherche demeure ainsi exceptionnelle et n'arrive pas à former l'objet d'une doctrine.

En revanche, la détermination de cette intention s'impose dans certaines circonstances qui ne sont pas sans analogie avec notre sujet, et la base se développe et s'affermit sans que la théorie s'affirme. Telle est l'œuvre du droit romain.

24. — Il importe de constater que si l'on ne trouve, dans les monuments de la jurisprudence latine, ni l'expression *destination du père de famille*, ni aucune autre semblable, il est cependant question d'une destination dans les textes qui se rapportent aux accessoires des choses vendues ou léguées. C'est ainsi, par exemple, qu'on lit dans la loi 12, § 14, du titre *De instructo vel instrumento legato : Si quis eodem instrumento in plurimis agris utatur, cujus agri sit instrumentum quæritur ? Et ego arbitror : Si quidem apparet* VOLUNTAS PATRISFAMILIÆ, *cui potius agro* DESTINAVERAT, *ejus esse instrumentum : cæteri enim agri ab hoc agro veluti mutuantur. Si non appareat, nullius instrumento cedet : Neque enim pro parte dividemus instrumentum.* En ce sens, l'expression a été conservée et nous est parvenue, puisque nous avons, dans notre droit, des immeubles par destination. Elle est même rapprochée, dans le texte, du mot *patrisfamiliæ voluntas*, qui prête à l'illusion; mais il ne s'agit nullement de ce que nous appelons aujourd'hui la destination du père de famille, puisqu'il n'est pas question de servitudes.

C'est néanmoins de cette donnée, par une déviation dont nous suivrons la trace, que sortira plus tard le nom de notre théorie.

CHAPITRE II.

ANCIEN DROIT FRANÇAIS.

25. — Trois époques sont à noter dans l'histoire de la destination du père de famille sous notre ancienne législation.

La première commence avec les glossateurs et se termine avec Bartole, qui a mis en ordre leurs observations et a tiré des textes romains déjà cités, par une puissante synthèse, une remarquable doctrine.

La seconde, sans liens apparents avec la précédente, se développant en quelque sorte parallèlement, s'ouvre avec la rédaction des coutumes, et arrive à une théorie de la destination du père de famille qui semble originale et ne porte aucunement l'empreinte du droit romain.

La troisième comprend les longs et pénibles efforts auxquels les praticiens et les tribunaux durent se livrer pour corriger les idées premières et créer, à côté de la destination du père de famille, une seconde destination que les arrêtés du président de Lamoignon essayèrent de réglementer, et dont les commentateurs de nos lois civiles semblent avoir perdu la trace.

Ces trois époques doivent être étudiées séparément.

I

PREMIÈRE PÉRIODE.

Glossateurs et bartolistes.

SOMMAIRE.

26. — Renaissance du droit romain au douzième siècle.
27. — Gloses. Recueils de cas.
28. — Les anciennes formules *sicut est*, *uti possedi*, etc., ont perdu leur force.
29. — Les gloses prennent le pas sur les textes.
30. — Les gloses posent en principe l'intention présumée du disposant de léguer les choses en l'état.
31. — Synthèse de Bartole. — Sa théorie, dans le commentaire de la loi *Qui duas tabernas*. — Intention présumée d'après l'état des lieux.
32. — Distinction entre les servitudes continues et les servitudes discontinues. — Entre les ventes et les legs.
33. — Effets du signe apparent.
34. — Confirmation de la même théorie, dans le commentaire de la loi *Binas ædes*.
35. — Première mention des partages et divisions.
36. — Nouvelle confirmation dans le commentaire des lois *Quod conclave*, et *Quidquid venditor*.
37. — Opinion conforme de Paul de Castro.
38. — Opinion conforme de Duaren.
39. — Opinion conforme de Cæpolla.
40. — Ecole romaniste du seizième siècle.
41. — Résumé.

26. — On sait dans quelles conditions s'effectua la renaissance du droit romain, vers le milieu du douzième siècle.

Sur le sol de la Gaule, divers peuples et par suite diverses législations s'étaient superposés. Au Nord dominait le droit germanique, avec les races qui l'avaient apporté ; tandis que le Midi, plus longtemps et plus directement soumis à la domination latine, conservait plus profondément l'empreinte des compilations impériales. Les ténèbres du moyen âge étaient venues ensuite et avaient tout éteint. Les *leges Barbarum*, tombées en désuétude et modifiées en même temps que les mœurs, étaient devenues des coutumes non écrites sur lesquelles le droit romain, le droit canonique et le droit féodal avaient exercé leur influence. Les pays de droit écrit eux-mêmes avaient payé leur tribut aux transformations sociales et avaient admis des usages locaux sous la pression de nouveaux besoins, auxquels les lois de la société romaine ne répondaient plus. La multiplication et l'autonomie des seigneuries féodales amenèrent la localisation et la diversité des coutumes. C'était le chaos, surtout en l'absence de textes écrits, et, s'il paraissait difficile de réaliser l'unité politique en réunissant toutes les provinces sous un même pouvoir, il semblait plus difficile encore de fonder l'unité civile en ramenant tous les habitants sous la même loi.

Au douzième siècle, la lumière renaît. Quelques précurseurs l'avaient annoncée ; on avait vu paraître le *Brachilogus* et le *Petri exceptiones*. Irnerius la rendit éclatante dans son école de Bologne : la Vulgate fut rédigée, et l'ère des glossateurs s'ouvrit.

27. — Pendant cent cinquante ans, des jurisconsultes d'un incontestable mérite chargèrent les textes de notes interprétatives ou explicatives ; et il faut bien reconnaître que, le droit étant avant tout une science pratique, toujours dirigée dans le sens de l'utilité commune et actuelle, les commentaires durent être rédigés en vue des besoins du moment et

s'inspirer des institutions nouvelles, bien différentes de celles de Rome. Nous savons d'ailleurs qu'alors parurent des recueils de cas, c'est-à-dire des énumérations d'espèces inédites, auxquelles on appliquait les solutions des lois romaines. Ces cas étaient-ils vrais ou supposés? Qu'importe? les suppositions facilitaient l'œuvre des théoriciens, et c'est de la naissance d'une théorie que nous nous occupons.

La multiplicité des espèces ainsi rattachées aux textes que nous avons cités, et notamment aux lois *Binas ædes, Qui duas tabernas, In tradendis*, etc., compléta l'œuvre de la législation romaine sur la question de l'établissement des servitudes par la volonté présumée du disposant ou des contractants. Nous avons vu que le Digeste s'était borné à opposer quelques rares exceptions au principe qui obligeait le vendeur ou le testateur à réserver expressément les charges qu'il désirait maintenir après la division ou la séparation des héritages. De ces trop rares exceptions, une théorie coordonnée n'avait pu naître; mais le champ des espèces particulières s'agrandissant sous la pression de nécessités nouvelles et sous les investigations des glossateurs, la doctrine allait trouver ses règles, la destination du père de famille allait s'établir.

28. — D'un autre côté, les clauses usitées à Rome dans les testaments et les contrats avaient perdu toute leur force et ne formaient plus obstacle au développement des solutions basées sur l'intention présumée des parties. Sans doute, ces clauses étaient restées, et on les employait encore. De cette époque, en effet, datent des formules dont nous continuons à nous servir aujourd'hui. On vend, par exemple,

une maison *telle qu'elle se poursuit et comporte*, comme on la vendait autrefois avec les pactes *uti possedi*, ou *sicut est*, ou *quo jure, quâque conditione est.* La clause *franc et quitte* ou *franc et libre* correspond à celle que les Romains exprimaient par ces mots : *uti optimus maximusque est.* Mais leur importance n'est plus la même. Leur usage n'est pas général et étendu à ce point que leur omission soit considérée comme une manifestation certaine de l'intention d'y renoncer. Les idées se sont modifiées sur la valeur des formules ; loin de prêter à une expression devenue de style ou à une omission le plus souvent involontaire une portée qu'elles n'ont pas, on a trouvé plus exact et plus juste d'ouvrir la voie aux présomptions et de rechercher la véritable intention des contractants. De ce courant d'idées est née la destination du père de famille.

29. — Une troisième circonstance concourut à faciliter l'éclosion de cette théorie.

Les gloses, qui avaient l'avantage de se trouver en harmonie avec la nouvelle organisation sociale, obtinrent bientôt plus d'autorité que les textes eux-mêmes, et les praticiens établirent ce dicton, qui a soulevé, à tort, tant de critiques dans les écoles plus modernes : *malo pro me glossam quam textum.* Il y eut certainement abus dans la dialectique et la casuistique des bartholistes, qui occupèrent la scène pendant deux cents ans, entre les glossateurs et Alciat. La méthode scolastique ouvrit la porte à toutes les subtilités et à toutes les obscurités ; mais il faut savoir reconnaître, dans l'abandon du texte pour la glose, et dans les investigations les plus exagérées, les impérieuses exigences d'une situation modifiée, et l'enfantement laborieux de principes nouveaux. Dans ce tourbillon d'idées auxquelles les compilations romaines avaient servi de point de départ et de prétexte, la destination du père de famille devait trouver sa voie, et ce n'est pas sans quelque étonnement qu'on la voit sortir des écrits trop négligés peut-être de Bartole, encore un peu confuse, sans doute, mais déjà revêtue des caractères essentiels que le code civil devait mettre en pleine lumière. Qu'on en juge par le commentaire de la loi *Qui duas tabernas*, que nous avons rapportée au nº 14.

30. — Déjà on pouvait lire dans les gloses des observations comme celle-ci : *Aut ego nominatim in testamento meo imposui dictam servitutem, aut ita legavi* UT NUNC EST. *Quod quidem semper est* PRÆSUMENDUM *nisi contrarium sit liquidum.* — PRÆSUMITUR *quisque fundum uti tunc est, quum legatur, legare : hoc est, cum suis servitutibus, nisi contrarium probetur.* La présomption qui devait servir de fondement à la destination du père de famille était donc née de l'étude des textes latins. Bartole édifia sur cette base la doctrine qu'expose, en trois paragraphes, le commentaire suivant :

SOMMAIRE.

31. — 1º *Domus, si sustineat actum servitutis habentis causam continuam et permanentem, et alienetur, in dubio servitus videtur imposita.*

2º *Domus, si vendatur, videtur imposita servitus, ut sustineat onera permanentia quæ ipso actu sustinebat, si contrahentes sciebant.*

3º *Fundo legato vel vendito an debeatur servitus quâ*

legans vel vendens utebatur, et quid quando legatus est usus fructus.

COMMENTAIRE.

1° *Si domus una sustineat actum servitutis habentis causam continuam et permanentem, et alienetur, in dubio servitus videtur imposita. Hoc dicit ista lex. — Oppositio : — Dicitur hic quod servitus videtur imposita; contra imo debet imponi per heredem : ut supra l. damnas, § 1, et l. testatrix, in principio. — Solutio : Ibi loquitur in servitute viæ vel itineris, quæ causam continuam non habebat : ideo non videtur imposita per testatorem, licet posset agi ut imponatur. Hic vero loquitur de domo sustinente onus servitutis habentis causam continuam : unde testator videtur imponere quod habeat causam permanentem.*

2° *Et idem crederem in venditione domûs, ut videatur imposita servitus, ut sustineat onera permanentia, quæ ipso actu sustinebat : maximè si contrahentes hoc sciebant : ut l. venditori, in tit. De act. empt. et l. quod conclave, in tit. De damm. inf. — Non obstat l. in vendendo, supra, De contrah. empt. quâ loquitur in servitute quæ non habebat causam continuam.*

3° — *Quæro quum legatur fundus, vel usus fructus fundi; utrum illi fundo debeatur servitus viæ, vel itineris, vel alia servitus, sicut vendens et legans utebatur. Glossa quæ est in l. si loci, determinat quod servitus non debetur legatâ proprietate. Tu autem clarius dic : quum quæritur an rei venditæ vel legatæ debeatur servitus illius actus qui erat apud alienantem ex aliâ re alienantis, sic distingue : aut ille erat actus servitutis habentis causam continuam et permanentem, et servitus videtur imposita. Casus est hic. Ita intellige l. quod conclave, ut supra dixi. — Aut habebat causam discontinuam et non permanentem, et tunc servitus non videtur imposita, sed poterit agi ut imponatur secundum distinctionem infra scriptam ut leges allegatæ probabunt. — An autem possit agi ut imponatur sic, dic : aut fuit legatus usus fructus, aut proprietas. Primo casu, potest agi ut imponatur illa servitus, si alias ususfructus esset inutilis : ut l. damnas, et l. binas. — Aut legatur proprietas, et tunc quæris utrum a legatario debeat pæstari servitus heredi et sine dubio debit præstari : ut l. testatrix, in principio. — Si vero quæris an debeat præstari ab herede ipsi legatario, vel ab uno legatario alii legatario, tunc glossa disputat in l. si loci. Tamen quidquid illa glossa dicat, credo quod debet præstari, ut l. binas, ubi dicitur quod non potest heres lumina obscurare in totum rei cujus proprietas est legata. Eadem ratione debet iter præstare, quia minus malè posset habitare luminibus obscuratis in ædibus, quam uti sine itinere. Et ita debet intelligi lex binas, quæ est clavis hujus materiæ. — Prædicta sunt vera quando proprietas legatur : secus si inter vivos constituatur, quia hæc servitus quæ habet causam momentaneam, non debet constitui, nisi expressè hoc agatur.*

La rubrique nous apprend, dès le début, que la doctrine est complète, et que ses divisions sont formées. Il ne s'agit plus maintenant de quelques espèces particulières, empruntant une solution exceptionnelle à des motifs de circonstance. On a généralisé, et tous les cas sont compris dans les trois catégories que Bartole précise.

Les deux premières se rapportent aux servitudes qui grèvent l'immeuble aliéné et distinguent la vente des autres modes d'aliénation ; la dernière, au contraire, a trait aux charges que supporte l'immeuble retenu par le vendeur ou le testateur.

Si, sur une maison, dit le premier paragraphe, pèse un service foncier correspondant à une servitude continue, l'aliénation de cette maison par testament, sans qu'aucune précision soit formulée, laissera subsister la servitude. On pourrait objecter que les lois *damnas* et *testatrix* en décident autrement ; mais Bartole observe que ces deux lois parlent de la servitude de passage, qui n'est pas continue, et qu'elles ne sont pas, dès lors, applicables à l'espèce.

Au cas particulier d'une vente, dit le second alinéa, la maison vendue doit également conserver les charges permanentes, surtout si elles sont apparentes au moment de la convention, et si les contractants n'ont pu les ignorer.

Le troisième paragraphe, destiné aux servitudes que peut avoir à supporter l'immeuble conservé dans les mains du testateur ou du vendeur, nous fait assister à l'achèvement de l'œuvre entreprise par les glossateurs. Bartole y met la dernière main, et dégage, en quelque sorte, le cas spécial du legs d'un usufruit, que ses prédécesseurs avaient englobé dans leurs commentaires.

Il faut distinguer d'abord, dit notre auteur, entre les servitudes continues et les servitudes discontinues. Les premières sont conservées, même dans le silence de l'acte, au profit du fonds aliéné : c'est la règle générale. Pour les secondes, il faut établir une distinction entre les ventes et les legs.

S'il s'agit d'une vente, d'un contrat entre deux personnes vivantes, les servitudes discontinues ne peuvent être maintenues qu'au moyen d'une stipulation formelle insérée dans le titre. A défaut d'une semblable disposition, elles s'éteignent.

Si, au contraire, l'immeuble est légué, la situation est plus favorable et on interprète plus largement les intentions du testateur. On distingue alors entre le legs de l'usufruit et le legs de la propriété.

Dans le premier cas, on accorde la servitude discontinue, c'est-à-dire le passage sans lequel l'usufruit deviendrait inutile.

Dans le second, l'héritier devra-t-il fournir aussi le passage au légataire? Les légataires, en outre, seront-ils tenus les uns à l'égard des autres ? *Tunc glossa disputat* : on n'était pas d'accord. Bartole tranche la difficulté, en s'appuyant sur la loi *Binas ædes*, et décide que le passage doit être fourni dans tous les cas, parce que la culture n'est pas possible sans passage, et que le disposant a nécessairement eu l'intention de faire arriver le légataire au fonds légué. Puisqu'il n'est pas permis à l'héritier de fermer les jours ouverts sur sa propriété, il lui est, à plus forte raison, interdit de s'opposer au passage dans le cas d'enclave, car la possession d'une maison sans accès serait plus inutile encore que celle d'une maison obscure.

Ainsi doit être entendue, dit Bartole, la loi *Binas ædes*, qui est la clé de cette matière : c'est dans la volonté présumée du disposant ou des contractants qu'il faut chercher les motifs de la conservation ou de l'extinction des charges qui grèvent le fonds aliéné ou le fonds retenu. Cet auteur, néanmoins, fait immédiatement observer que la solution qu'il vient d'indiquer pour le passage doit être restreinte à la matière des legs, et que, dans les transactions entre personnes vivantes, toute servitude discontinue doit être expressément réservée.

32. — Deux grandes distinctions sont posées dans ce texte :

La première a trait aux servitudes continues et aux servitudes discontinues. Ces dernières sont formellement exclues du bénéfice de la loi romaine ; les charges permanentes sont seules conservées après la séparation des deux fonds.

La seconde, que nous verrons se reproduire dans une foule d'autres textes, se rapporte aux conventions entre personnes vivantes, et aux dispositions de dernière volonté ; celles-ci s'interprètent d'une manière plus large, et conservent quelquefois des servitudes discontinues, quand ces servitudes sont indispensables pour que le but du legs soit atteint ; tandis que les contrats n'agissent que sur les charges continues.

On ne met aucune différence entre le fonds aliéné et le fonds retenu ; l'un et l'autre conservent et supportent les servitudes permanentes, mais on commence à reconnaître les effets de l'apparence.

33. — Si la maison est vendue, dit Bartole dans le second paragraphe, les charges continues subsistent, comme dans le cas où elle est léguée, bien que les legs soient vus par la loi d'un œil plus favorable ; et il ajoute : il en est surtout ainsi quand les contractants ont connu ces charges au moment de la convention : *maximè si contrahentes hoc sciebant*, c'est-à-dire quand elles ont été signalées, ou quand elles sont apparentes.

34. — Dans son commentaire de la loi *Binas ædes*, Bartole revient sur cette question et s'exprime de la

manière suivante : *Prima quæstio est, si hæres altius ædificando obscurat lumina ædium legatarum : utrum legatarius possit cum illo agere ? Et jurisconsultus respondet quod potest obscurare, non tamen in totum ; si enim in totum obscuraret, posset cum illo agi.*

Secunda questio est : quid si ædes proprias altius tolleret hæres, utrum possit ? Jurisconsultus non respondet. Ad istam glossam responde quod hoc potest indistinctè.

Tertia questio fuit an per alias ædes debeat hæres præstare accessum. Ad istam non respondet jurisconsultus. Glossa respondet quod non tenetur dare. Probat per l. via, § fin. in tit. De contrah. empt., et l. in vendendo. Alibi, scilicet in l. si loci, glossa dubitat. Hic puto quod hæc determinatio non sit vera. Primo per rationem hujus legis hæres non potest obscurare lumina in totum : ergo eadem ratione non potest prohibere accessum, quia per hoc nullus fructus est ædium, ut hic dicitur in textu. Propterea habeo leges quæ expressè dicunt quod legatarius debet præstare aditum hæredi, si sibi expedit : ut l. si fundum sub conditione, § qui fundum, in tit. De legatis, et l. testatrix. Non obstat l. via, et l. in vendendo, quia ibi res erant translatæ ad alium PER CONTRACTUM INTER VIVOS, *scilicet* DIVIDENDO *vel vendendo ; hic* IN ULTIMIS VOLUNTATIBUS, *ubi latior sit interpretatio. Sis ergo cautus, quando fiunt venditiones vel* DIVISIONES *ut fiat specialis mentio de istis itineribus ; et sic apponitur hodie in instrumentis : cum accessibus et egressibus suis usque ad viam publicam.*

Prædicta vera in his servitutibus de quibus hic loquitur, sed si esset servitus tigni immittendi, vel oneris ferendi et similia, tunc eo ipso quod res sic venditur vel legatur, videtur transferri cum ipso onere.

C'est toujours la même doctrine : s'il s'agit d'un passage, c'est-à-dire d'une servitude discontinue, on l'accorde dans les legs, quand il est indispensable, mais non dans les ventes et les partages, parce que la volonté des testateurs se présume plus largement; s'il s'agit, au contraire, d'une charge continue, il n'en est plus de même; il importe peu que la transmission se soit opérée par une vente, par un partage ou par un legs : la servitude subsiste dans tous les cas, par cela seul que l'immeuble était dans cet état au moment de l'aliénation : *eo ipso quod res sic venditur vel legatur.*

35. — Nous devons remarquer, dans ce passage, la mention spéciale qui est accordée aux partages, à côté des ventes et des legs. Comme il ne s'agit, pour le moment, que de distinguer les dispositions de dernière volonté, *ultimæ voluntates,* des contrats entre personnes vivantes, *contractus inter vivos,* on les range, avec les ventes, dans cette dernière catégorie, *quando fiunt venditiones vel divisiones.* Mais déjà on ne les passe plus sous silence. Un examen plus approfondi, en présence d'espèces plus nombreuses et plus variées, leur a fait une place à part. Bientôt, le progrès de la législation leur attribuera des règles spéciales.

36. — Les mêmes distinctions sont reproduites dans de nombreux passages de Bartole, de Paul de Castro, de Duaren, de Cœpolla et des autres romanistes de cette époque.

En commentant, par exemple, la loi *Quod conclave,* Bartole s'exprime ainsi : *Hoc intellige quando esset vendita domus pacto apposito quod cœnaculum remaneat penes venditorem. Sed in ultimâ voluntate non est necesse quod exprimatur, si testator utebatur cœnaculo ad servitium aliarum ædium. — Domus vendita debet intelligi vendita libera nisi servitus imponatur. Idem in domo quæ retinetur. In ultimis voluntatibus in dubio videtur legari domus et imponi servitus.* — Une clause est nécessaire, dans la vente, pour que la petite annexe appelée *cœnaculum* passe à l'acquéreur avec la maison vendue. Dans les dispositions de dernière volonté, au contraire, une semblable réserve n'a pas besoin d'être exprimée : il suffit que le testateur eût destiné le *cœnaculum* à la maison léguée.

A propos de la loi *Quidquid venditor*, le même auteur revient sur la distinction à établir entre les servitudes continues et les servitudes discontinues. Les premières sont conservées après l'aliénation ; les secondes n'existent pas, si elles n'ont pas été réservées : *Venditor rei venditæ debet nominatim servitutem imponere, nec valet exceptio generalis. Prædicta vera, nisi in servitute tigni immitendi, vel oneris ferendi in quâ licet non sit proprie servitus, donec utræque ædes sint ejusdem domini; tamen quum altera alienatur, videtur agi ut servitutes sint secundum quod tigna jacent.*

37. — Paul de Castro a dit de même : *Si vendidi tibi prædium meum ad quod non poterat transiri nisi per aliud medium prædium, non videtur actum ut illud debeat tibi servitutem, nisi illud fuerit dictum expresse. — Secus si legavi quum favorabilior est ultima voluntas.* La doctrine des romanistes voit toujours d'un œil plus favorable les dispositions de dernière volonté.

38. — Duaren écrit encore : *Testator qui legat ædes vel ædium usumfructum alicui, videtur gravare hæredem suum ut alias hæreditarias ædes, quæ vicinæ sunt, non ita extollat ut illas omnino obscuret et inutiles reddat. Itaque hic casus excipitur a cap. præced., ut servetur testatoris voluntas, quem inutile legatum relinquere voluisse credibile non est. Itaque idem de omnibus aliis servitutibus est dicendum, sine quibus nullus rei legatæ usus esset. — In contractu autem venditionis et aliis ejusmodi, locum non habet quod hic dicitur, nec fundo vendito iter aut via debetur, tametsi fundus absque ea servitute nullam emptori utilitatem afferat. Nam defunctorum voluntates plenius interpretantur.* Le testateur qui lègue la propriété ou l'usufruit d'une maison est présumé avoir imposé à son héritier l'obligation de ne pas élever les autres bâtiments dépendant de la succession, si par cet exhaussement ils doivent obstruer complètement des jours nécessaires à l'immeuble légué, et rendre impossible la jouissance de cet immeuble. Ce cas apporte une exception aux règles précédentes, qui veulent que toute servitude soit expressément réservée; mais cette dérogation au principe est imposée par le respect de la volonté du testateur, qui n'a pas voulu faire un legs inutile. On ne peut pas lui prêter raisonnablement une telle intention, et, dès lors, cette exception doit s'étendre à toutes les servitudes sans lesquelles le légataire ne pourrait jouir pleinement de la libéralité. Il n'en est pas de même dans la vente et dans les autres contrats passés entre personnes vivantes : le passage n'est pas dû au fonds ainsi aliéné, quand même l'acheteur ne pourrait, sans ce passage, utiliser son acquisition. Les volontés des

défunts s'interprètent plus largement que celles des contractants.

C'est toujours la doctrine des glossateurs et de Bartole, qui ne fait plus aucun progrès et qui a dit son dernier mot.

39. — Cœpolla lui-même, qui écrivait un traité *De servitutibus*, et qui devait, par suite, s'occuper plus spécialement de l'établissement des servitudes par la volonté présumée du disposant ou des contractants, considéra le sujet comme épuisé, et se contenta de rappeler en ces termes les travaux de ses devanciers : *An autem rei legatæ, vel vinditæ, vel divisæ servitus debeatur, vide plenius per Bartol. in l.* 1, *De servitut. leg., et in l. binas ædes et per Paul., De Castr. in l. in tradendis, etc.*

Or, Barthélemy de Cœpolla vivait plus de cent ans après Bartole, et mourut en 1477. Pendant ce siècle, aucun progrès ne fut réalisé par les romanistes sur le point qui nous occupe, parce que ces jurisconsultes se bornèrent à chercher la lumière dans les textes latins, et que ces textes n'avaient plus rien à leur révéler. La pratique des affaires pouvait seule ouvrir de nouveaux horizons et solliciter des investigations plus étendues ou plus approfondies. Aussi l'étoile des glossateurs et des bartolistes commençait-elle à pâlir. Ils avaient rempli leur mission : les textes latins étaient fouillés et commentés. De nouveaux besoins amenaient de nouvelles tendances : pendant que le droit coutumier se développait et prenait un corps pour répondre aux exigences de la pratique, les compilations de Justinien, débarrassées des gloses, qui dérobaient la vue du texte, furent reprises sous le rapport de l'histoire et de la philologie.

40. — Avec le seizième siècle, en effet, commence une réaction violente contre les subtilités et la casuistique de la vieille école. A trente ans de distance, Alciat et Cujas, nés, le premier en 1492, le second en 1522, marquent l'apogée de cette brillante renaissance. L'érudition détrône la scolastique. De nouvelles sources sont découvertes; la langue grecque n'est plus négligée; les textes s'épurent, et l'invention de l'imprimerie prête son puissant concours au mouvement intellectuel. C'est le grand siècle pour l'école française; mais il n'a pour nous, en ce moment, aucun intérêt : la théorie de la destination du père de famille n'est pas, à cette heure, œuvre savante; ce n'est pas dans le passé, mais dans les progrès de chaque jour qu'il faut la saisir. Elle est à l'état de formation, comme nous l'avons vu dans les paragraphes précédents, et c'est dans le milieu où les théories juridiques naissent et se forment, c'est-à-dire dans la pratique des affaires et dans le développement des coutumes, que nous devons la chercher. Le droit usuel a subi l'influence des doctrines exhumées, agrandies et complétées par l'école bartoliste; la destination du père de famille, amenée par un autre courant, est ainsi entrée dans les usages des diverses provinces et y a subi des vicissitudes diverses, tantot prêtant son aide aux textes romains, tantôt empruntant leur concours. Notre étude, commencée dans les gloses, doit se continuer dans le droit coutumier.

41. — Mais avant d'aborder les coutumes, résumons et précisons la doctrine de l'école romaniste, afin de nous rendre exactement compte des variations qui vont se produire.

Tout d'abord, nous constatons que la présomption fondamentale s'est affirmée dès les premiers jours, et que l'état des lieux a été considéré, dans le silence du titre, comme une manifestation suffisante de l'intention du disposant ou des contractants. Cette présomption n'est plus, comme autrefois dans la doctrine romaine, une rare exception, justifiée par des circonstances anormales : c'est une règle générale, applicable à tous les immeubles qui ont été séparés, après avoir été réunis sur la même tête. Ce principe ne pouvait pas varier sans que toute la théorie des anciennes destinations en fût ébranlée.

En second lieu, on distingue les servitudes continues des servitudes discontinues, et on applique aux premières seules la présomption dont nous venons de parler. Bartole indique avec soin les textes sur lesquels cette distinction se fonde; mais, en dépit de ces précisions, elle sera discutée pendant les deux périodes suivantes et n'entrera définitivement dans la législation qu'avec le code civil.

D'un autre côté, l'apparence des servitudes prend une certaine importance : on enseigne, en thèse générale, et sans autrement préciser, que l'intention des contractants se présume surtout quand les charges foncières ont été connues d'eux. Cette première notion se développera et deviendra un des éléments essentiels de la destination du propriétaire primitif.

L'école romaniste ne se borna pas à distinguer les servitudes continues des servitudes discontinues, et les servitudes apparentes des servitudes occultes. Elle retint, en outre, les différences que les anciens textes avaient établies entre les contrats et les dispositions de dernière volonté. Les legs reçurent une interprétation plus favorable, et souvent on leur permit de conserver des servitudes discontinues, tandis qu'on refusa toujours cette faveur aux actes entre-vifs. Cette distinction ne franchira pas les bornes du droit romain, et ne sera reçue, ni dans notre ancien droit français, ni dans le droit moderne.

En revanche, on ne distingue nullement entre les divers modes d'aliénation : les partages, que l'on commence à peine à mentionner, sous l'influence des coutumes, sont mis sur la même ligne que les ventes et les échanges. C'est sur ce point surtout que la doctrine va se perfectionner et qu'une distinction fondamentale va s'établir, après de longues hésitations et de nombreux tâtonnements, entre les divisions et les séparations d'immeubles.

Enfin, on n'établit encore aucune différence entre les diverses catégories de personnes qui peuvent se trouver liées par la présomption légale que l'on vient d'établir. Le progrès amènera, sous ce rapport, des précisions importantes, et nous ne tarderons pas à voir séparer la destination du père de famille de celle du propriétaire ancien.

II

DEUXIÈME PÉRIODE.

Rédaction des coutumes. — Destination du père de famille.

SOMMAIRE.

42. — Formation des coutumes.
43. — Grand Coutumier de France.

44. — Coutumes muettes.
45. — Coutume de Paris et autres, contenant la formule : « Destination du père de famille vaut titre. »
46. — Sens de cette formule.
47. — Coutumes de Normandie, de Touraine et de Loudunois, restreignant la destination du père de famille aux partages et divisions.
48. — Sens de cette dernière expression. — Opinion de Basnage.
49. — Doctrine des coutumes.
50. — Comparaison entre cette doctrine et celle de Bartole.
51. — L'intention présumée des parties demeure le fondement de l'une et de l'autre.
52. — Les coutumes empruntent à Bartole ses idées sur la continuité.
53. — Discussions auxquelles donna lieu la distinction des servitudes en continues, quasi-continues et discontinues.
54. — Tendances de la jurisprudence dans le même sens.
55. — Apparence de la servitude.
56. — Preuve par écrit.
57. — Disparition de l'ancien privilège accordé aux legs.
58. — Les romanistes ne s'étaient occupés que des aliénations. — Les coutumes ne s'occupent que des partages et divisions.
59. — Le droit romain pouvait se concilier avec les coutumes.
60. — Développement parallèle des deux doctrines.
61. — Origine de la doctrine coutumière.
62. — La doctrine de Bartole introduira dans les coutumes une seconde destination.
63. — Origine et fondement de l'expression : destination du père de famille.
64. — Formation de l'adage : destination du père de famille vaut titre.
65. — Résumé.

42. — Pendant que s'accomplissait ainsi sur le droit romain le travail dont nous venons de parler, des coutumes, tantôt diverses, tantôt identiques, s'établissaient dans les provinces, utilisant les matériaux fournis par les compilations latines, quand les situations n'avaient pas été modifiées, répondant, au contraire, par des dispositions nouvelles aux besoins nouveaux. Après une longue période d'élaboration,

la nécessité de fixer les usages dans un texte écrit se fit sentir, et l'on vit surgir de toutes parts ces monuments du droit coutumier, qui ont fourni la matière première de nos Codes.

43. — Tout d'abord, le Grand Coutumier de France, rédigé pendant les années qui suivirent la mort de Bartole, essaya de résumer les principes universellement admis. L'auteur inconnu de ce volume ne fut pas heureusement inspiré, car, ainsi que l'ont remarqué MM. Laboulaye et Dareste, il produisit, « non » pas une œuvre originale, non pas même une com- » pilation faite dans un ordre méthodique, mais seu- » lement un recueil fait de toutes mains, et composé » de pièces assemblées au hasard. » Tel qu'il est, néanmoins, cet ouvrage nous fournit un document important, car à la fin du chapitre XXXVIII, livre II, on lit ce qui suit : « Un propriétaire de plusieurs » maisons entre tenans, qui les a acquêtées et as- » semblées en la ville de Paris, de plusieurs pro- » priétaires chargés envers plusieurs censiers de » plusieurs et diverses charges, vend, donne, ou par » aucun titre met hors de ses mains une desdites » maisons, avec toutes ses vues et égouts, ou appar- » tenances qu'elle pourroit ou devroit avoir raison- » nablement selon les usages de la ville de Paris. » Icelles paroles générales ne peuvent ni ne doivent » et ne seront réputées à titre juste ne valable pour » avoir servitude sur les autres maisons qui demeu- » rent au bailleur, de vue, des égouts, et des gla- » çouers, et de semblables choses, et contre les » coutumes ; mais doivent être toujours ramenées » aux usages et coutumes de la ville de Paris, s'il » n'est spécialement, expressément et nommément

» dit et déclaré en faisant le bail de ladite maison, » ou depuis, que lesdites servitudes doivent demeurer » en l'état qu'elles sont au temps du bail; et les » convient expressément nommer et déclarer et mettre » au contrat de bail qu'elles doivent ainsi demeurer » perpétuellement; ou autrement elles ne peuvent, » ne doivent ainsi demeurer au préjudice de celui » qui a baillé la maison généralement, comme il » l'avoit prise, avec vues, égouts et semblables mots » généraux qui n'obligent point, et ne donnent titre » juste ne valable. »

Bien que Bartole ait déjà développé la doctrine que nous connaissons, le grand coutumier ne parle pas des servitudes qui peuvent s'établir par la volonté présumée des contractants. Moins avancé, ce semble, que le droit romain, il s'en tient à la loi *Quidquid venditor*, et veut dans tous les cas, sans exception, une réserve explicite et formelle. Des termes généraux même ne suffisent pas, et la mention vague de servitudes de vue, d'égoût, avec lesquelles la maison serait cédée, ne s'entend que des charges consacrées par des titres. Il faut expressément nommer, déclarer et mettre au contrat celles que l'on veut conserver.

Cette rigueur apparente s'explique par la nécessité de n'insérer dans le Grand Coutumier de France que les principes universellement acceptés. Les usages qui variaient d'une province à l'autre ne pouvaient y trouver place : dans la matière qui nous occupe, on dut se borner à exiger un titre dans toutes les ventes et donations, parce que la destination du père de famille était soumise, suivant les lieux, à des lois diverses, et qu'on ne pouvait pas la mentionner dans un coutumier général.

Les coutumes, à ce point de vue, se divisaient en trois classes :

44. — 1° Les unes étaient muettes et n'avaient pris, en apparence, aucune part au mouvement qui s'était produit dans la pratique, au sujet des destinations anciennes. On appliquait, néanmoins, au besoin, dans les pays qu'elles régissaient, les règles que nous connaissons déjà ; nous devons inférer de leur silence, non point qu'elles avaient repousssé ou ignoré la destination du père de famille, mais plutôt qu'elles avaient considéré la doctrine nouvelle comme trop peu sûre pour faire l'objet d'une réglementation écrite.

45. — 2° D'autres, au contraire, délaissant les théories des romanistes, abordaient nettement la question, et jetaient dans le droit cet adage nouveau : *destination du père de famille vaut titre.* De ce nombre était la coutume de Paris, dont les articles 215 et 216 étaient ainsi conçus :

Art. 215. — « Quand un père de famille met hors » de ses mains partie de sa maison, il doit spécia- » lement déclarer quelles servitudes il retient sur » l'héritage qu'il met hors de ses mains, ou quelles » il constitue sur le sien ; et les faut nommément et » spécialement déclarer, tant pour l'endroit, gran- » deur, hauteur, mesure, qu'espèces de servitudes ; » autrement toutes constitutions générales de servi- » tudes, sans les déclarer comme dessus, ne va- » lent. »

Art. 216. — « Destination du père de famille vaut titre, quand elle est ou a été par écrit et non autrement. »

Les coutumes d'Orléans, de Metz, de Calais, de

Reims, de Sedan, de Melun, de Montfort, d'Etampes et de Dourdan s'expriment à peu près dans les mêmes termes.

46. — Comment faut-il entendre ces dispositions nouvelles ?

Le Grand Coutumier n'avait mentionné que le cas où le propriétaire de deux maisons mettait hors de ses mains l'une d'elles, et ne s'était nullement prononcé sur la division d'un même bâtiment en plusieurs lots. La coutume de Paris, au contraire, n'envisage que cette dernière éventualité, et pose la distinction suivante : Si un père de famille aliène d'une manière quelconque une partie de son immeuble en retenant l'autre, on appliquera la loi du Grand Coutumier, et il en sera de la vente de cette partie, par rapport à l'autre, comme de la vente d'une maison entière par celui qui en possède deux. C'est le cas de l'article 215, qui reproduit à peu près textuellement les expressions du Coutumier général. Mais si, au contraire, le père de famille meurt laissant les choses en l'état et si chacun de ses héritiers reçoit une partie de l'immeuble unique, les services fonciers seront conservés, et deviendront des servitudes, en vertu de la destination du père commun. C'est la règle posée dans l'art. 216.

Le système organisé par la coutume de Paris complète ainsi le principe général inséré dans le grand coutumier, et forme avec lui un ensemble de doctrine qui répond à peu près à tous les besoins de la pratique.

On peut cependant se demander s'il est bien vrai que l'art. 216 ne s'applique qu'aux cohéritiers et ne vise que les partages. La formule employée ne dit pas, en effet, explicitement à qui la destination servira de titre; mais cette destination devant venir d'un père de famille, quels autres que des cohéritiers pourraient l'invoquer? Charondas le Caron disait, dans son commentaire de l'art. 216 : « Pour titre on prend la destination du père de famille, comme, pour exemple, si le père de famille *divise* une maison en deux, en l'une desquelles il laisse des fenêtres et vues regardant sur l'autre; et, après son décès, *ses héritiers partissent* entre eux lesdites maisons sans parler des vues; elles demeureront selon ladite destination, et ne pourra celui en *la part* duquel elles se trouvent être contraint de les condamner ou boucher. » — Tronçon et Tournet disent, de même, « qu'advenant le *partage* de deux maisons, les vues et autres servitudes demeureront selon la destination du père de famille et ne pourra l'un des *copartageants* être tenu de les boucher. »

On peut se demander encore si l'article 216 s'applique au cas où chacun des cohéritiers reçoit dans le partage un immeuble différent, ou s'il doit être restreint à la division d'un immeuble unique; et il faut reconnaître que le texte ne fournit pas le moyen de résoudre cette difficulté. Les commentateurs ne semblent pas non plus avoir eu, sur ce point, un sentiment très net des distinctions et des limites. La doctrine n'en était encore qu'à ses débuts; les investigations n'avaient pas fouillé tous les replis du sujet. Mais nous verrons plus tard dans quel sens et dans quelle mesure cette disposition fut utilisée par la pratique; d'un autre côté, les coutumes de la troisième classe, dont nous allons nous occuper, se prêteront à une interprétation plus facile et plus sûre.

47. — 3° Quelques coutumes, en effet, ne font aucune mention de la destination du père de famille, bien qu'elles l'organisent d'une manière assez complète. Elles présentent la chose sans le nom, et deviennent ainsi plus explicites sur le cas de l'art. 216 de la coutume de Paris, parce qu'elles définissent, en réalité, l'expression *destination du père de famille*, en la remplaçant par des périphrases équivalentes.

L'art. 609 de la coutume de Normandie était ainsi conçu : « En faisant partage et division entre cohé- » ritiers ou personniers de choses communes, dont » l'une partie sert à l'autre, les vues et égouts de- » meurent comme ils sont lors du partage, si, par les » lots et partage, il n'est expressément dit du con- » traire. »

Les coutumes de Touraine et de Loudunois renfermaient des dispositions analogues.

La première, après avoir proscrit la possession, même centenaire, disait, dans son art. 212 : « Sinon » que, par paction faite entre les parties, l'une soit » tenue de porter l'égout ou de souffrir la vue de » l'autre, ou que par partage et division faite d'au- » cunes choses communes, l'une serve à l'autre, ès » quel cas demeureront en leur état, si par ledit par- » tage n'est dit au contraire. »

Dans la seconde, on lisait, à l'art. 1er du chapitre 21 : « Vues et égouts de maisons, par quelque temps » qu'ils aient été maintenus, ne portent point de sai- » sine, sinon que, par paction faite entre les par- » ties, l'une soit tenue de porter l'égout de l'autre, » ou qu'en partage et division faits d'aucunes choses » communes, dont l'une chose sert à l'autre, y a » aucunes vues ou égouts desdites choses partagées ;

» audit cas, lesdites vues et égouts demeurent en » l'état qu'ils étaient au temps desdits partages, si» non qu'expressément soit dit le contraire, en faisant » lesdits partages et divisions. »

Comme on le voit, dans aucune de ces coutumes ne se rencontre l'expression *destination du père de famille*, que la rédaction de Paris avait adoptée et que l'usage a consacrée; mais c'est toujours aux *partages et divisions* seulement que s'appliquent les principes relatifs au maintien des charges anciennes.

Cette idée des partages et divisions a été introduite dans le droit par les coutumes. Nous avons constaté que les textes romains n'en portaient pas la trace, et que Bartole les mentionnait à peu près pour la première fois, à côté des ventes, dans son commentaire de la loi *Binas ædes*, sans leur attribuer aucun avantage particulier. Longtemps après, Cœpolla paraissait les ranger dans une catégorie à part quand il posait la division tripartite dont nous avons parlé; mais c'est tout. Ces mentions sommaires n'étaient certainement que l'écho affaibli des discussions auxquelles les praticiens se livraient pour l'établissement des usages.

On ne saurait en douter quand on voit les coutumes posséder, quelques années après, au moment de leur rédaction, une doctrine complète, logiquement coordonnée, et toute différente de celle des romanistes.

48. — Ici se présente une question importante : comment faut-il entendre les mots *partages* et *divisions*, que l'on rencontre dans les coutumes de Normandie, de Touraine et de Loudunois? Ces expressions deviennent le fondement de la théorie de la

destination du père de famille : comment devons-nous les interpréter? Suffira-t-il, pour le maintien des servitudes, qu'il y ait partage sans division entre plusieurs cohéritiers ou communistes, et que chacun d'eux reçoive un immeuble distinct? Ou bien qu'il y ait division d'un fonds unique sans partage, comme au cas où le propriétaire vend une partie de son fonds? Devra-t-on exiger, au contraire, qu'il y ait à la fois partage et division? En un mot, quel est le *criterium* exact de la destination du père de famille, d'après les coutumes que nous venons de rapporter? Est-ce la division? Est-ce le partage?

Il est à remarquer, tout d'abord, que les textes ne séparent jamais les deux expressions *partages et divisions* et font de leur ensemble une sorte de mot composé. La coutume de Normandie emploie même le mot *lots et partages*, pour indiquer plus nettement qu'il n'est question que des partages qui divisent la chose commune en lots.

D'un autre côté, Basnage, commentant l'art. 609 de cette coutume, s'exprime ainsi : « Cet article est » fort équitable, car si, après les partages, un des » cohéritiers ou des associés prétendait ôter ou dimi- » nuer les vues et les égouts qui sont sur le lot de » son cohéritier ou de son associé, les choses ne se- » raient plus égales et il faudrait procéder à de nou- » veaux partages ; mais l'on présume que les parties » sont demeurées tacitement d'accord que les choses » subsistassent en l'état qu'elles étaient lors de la » division.

» La coutume ne s'étant expliquée que pour les » vues et pour les égouts, il s'ensuit que, pour » les autres servitudes, qui étaient lors du par-

» tage, elles ne subsistent plus en l'état qu'elles » étaient, lorsqu'il n'en est rien exprimé. — Par » exemple, une maison, qui consistait en trois éta- » ges, a été divisée en trois portions, sans aucune » expression de servitude; nonobstant cette omission, » ceux qui possèdent les parties supérieures de la » maison prétendent avoir passage par l'étage infé- » rieur, se fondant sur ce qu'auparavant cette divi- » sion, le propriétaire en usait de cette manière, et » que, suivant cet article, après le partage ou la divi- » sion entre cohéritiers, les servitudes demeurent en » l'état qu'elles étaient; et quoique la coutume n'ait » parlé que de vues et égouts, la raison étant pareille » pour les autres servitudes, il faut suivre sa dispo- » sition pour celles-là comme pour les autres : ce » qui est conforme au droit romain (*binas ædes*). — » Le propriétaire de la partie inférieure allègue, pour » sa défense, que toutes choses sont libres de leur » nature, et que l'on ne peut prétendre de servitude » sur un fonds, si elle n'est exprimée; que la » coutume n'ayant excepté de la règle générale que » les vues et les égouts, elle l'a confirmée pour les » autres servitudes, dont elle n'a point fait mention; » qu'après tout, il y avait grande différence entre la » servitude de vue et d'égout et celle de passage : » la première ne cause, le plus souvent, aucune in- » commodité; et comme elle subsistait lors du par- » tage, on ne pourrait l'ôter sans faire une innova- » tion et sans changer l'état des choses, le droit étant » acquis dès le moment du partage, parce qu'il sub- » sistait déjà; mais un droit de passage est fort in- » commode, parce que l'usage en est presque conti- » nuel; et pour jouir de ce droit de passage, qui ne

» subsistait point lorsqu'on a partagé, il faut innover » et entreprendre de passer sur le fonds d'autrui. » Aussi la loi *Si via constitui*, 21, § *quæcumque* (*De* » *serv. præd. rust.*) décide expressément le contraire.

» Pour résoudre cette question, il faut dire que ce » passage n'est point dû au cohéritier, s'il ne l'a » point retenu, mais qu'il lui doit être accordé en » dédommageant.

» Il faut dire de même du droit de puiser de l'eau » au puits qui servait à toute la maison, auparavant » la division d'icelle.

» Outre les vues et les égouts, qui doivent demeu- » rer comme ils étaient lors du partage, il y a encore » d'autres servitudes qui doivent subsister en l'état » qu'elles étaient lors de la division ; par exemple : » si les sommiers sont portés sur la portion du cohé- » ritier, ce cohéritier n'aura pas d'action pour les » faire ôter. »

Si le maintien des services fonciers a, comme le dit Basnage, pour fondement juridique l'égalité des partages et la garantie des lots, il est manifeste qu'il doit y avoir à la fois partage et lots, c'est-à-dire partage et division.

Supposons, par exemple, que l'un des cohéritiers ou des communistes, ne voulant prendre aucune part aux conditions aléatoires de la répartition, consente à traiter à forfait avec ses coïntéressés, et reçoive à ce titre un immeuble, ou une portion d'immeuble, qu'il retiendra en dépit de toutes les éventualités. Pourra-t-il se prévaloir de l'art. 609 de la coutume de Normandie pour conserver des servitudes sur les autres biens de la succession ou de la communauté? Non, évidemment, car la situation qu'il s'est faite ne lui permet d'invoquer, ni le principe de l'égalité du partage, ni le bénéfice de la garantie des lots. Son contrat est plutôt une vente ou une cession de droits qu'un lotissement. C'est le cas d'appliquer l'art. 215 de la coutume de Paris.

Supposons encore qu'au lieu de morceler la succession en autant de parts qu'il y a d'intéressés, on procède à des licitations : le cohéritier adjudicataire d'un lot pourra-t-il invoquer la destination de l'article 609 ? Non, car l'égalité du partage et la garantie des lots entre cohéritiers ou communistes ne sont pas en cause. Il y a vente, et non partage.

Dans un autre sens, un cohéritier qui achèterait, avant tout partage, à ses cohéritiers réunis, une part quelconque de la succession, ou même d'un des immeubles qui la composent, n'aurait aucune raison pour invoquer la destination dont nous parlons, parce que les motifs indiqués par Basnage seraient sans application. Il y aurait division, cependant, mais il n'y aurait pas partage, et les deux conditions sont indispensables pour le maintien des charges foncières.

Inutile de parler du cas où une portion d'un immeuble ou d'une hérédité passe aux mains d'un étranger par l'effet d'un contrat quelconque. Les coutumes en ont fait l'objet d'un article spécial, et ont exigé une réserve expresse dans le titre. Malgré la division, en effet, la destination du père de famille ne peut pas être invoquée, parce qu'il n'y a pas eu partage.

49. — En deux mots, la destination du père de famille, dans les coutumes de Normandie, de Loudunois et de Touraine, ne s'applique qu'aux lots égaux

ou proportionnels formés entre copartageants; il en est de même dans la coutume de Paris et dans celles qui ont reproduit son adage : *destination du père de famille vaut titre.*

Il ne faudrait pourtant pas exagérer cette restriction et croire que la division d'un immeuble est nécessaire : c'est de la division d'un héritage ou de choses communes qu'il s'agit. Les coutumes dont nous parlons sont très explicites sur ce point. Toute communauté, toute hérédité peut se composer d'un nombre plus ou moins considérable d'immeubles, et si, de ces immeubles on forme autant de parts qu'il y a de cohéritiers ou de communistes, en donnant lieu à l'application du principe de l'égalité des partages et de la garantie des lots, la destination du père de famille maintiendra les servitudes entre les divers lots. Il importera peu même que chacun des copartageants obtienne un objet entier et unique : si l'intégrité de son lot lui est garantie, s'il ne peut perdre une servitude sans que l'égalité soit rompue, cette servitude est acquise. Comme le disait le droit romain, les servitudes permanentes sont des manières d'être des immeubles, et, dans les partages, cette manière d'être ne saurait être modifiée d'une façon dommageable sans qu'une action en garantie fût ouverte. La destination du père de famille s'appliquera donc aussi bien à la division d'un ensemble d'immeubles qu'à la division d'un immeuble unique, toutes les fois que les lots seront égaux ou proportionnels.

50. — La première doctrine des coutumes étant ainsi bien entendue, rapprochons-la de celle de Bartole, et constatons avec soin les ressemblances, les différences, les progrès accomplis.

51. — Tout d'abord, l'intention présumée des copartageants demeure le fondement essentiel de la destination du père de famille. On présume, dit Basnage, que les parties sont demeurées tacitement d'accord que les choses subsisteraient en l'état qu'elles étaient lors de la division. Et comme pour ne laisser aucun doute sur le maintien du principe puisé dans la jurisprudence romaine, cet auteur cite les lois *binas ædes* et *quod conclave*.

Ce que nous avons dit de l'égalité des partages et de la garantie des lots ne fait pas obstacle à cette constatation : le commentaire de Basnage le démontre surabondamment, puisqu'il vise à la fois l'égalité et l'intention présumée. Les partages et divisions, en effet, sont le signe auquel on reconnaît que les règles de la destination du père de famille sont applicables, la condition même, si l'on veut, de cette application, mais non la raison d'être, le fondement juridique de la disposition légale. Si l'on maintient les servitudes, ce n'est pas pour conserver au partage son égalité, et pour éviter les inconvénients des recours en garantie, mais bien parce qu'on prête aux intéressés, dans le silence du contrat, l'intention d'établir cette égalité, et, par suite, de conserver les choses en l'état. La volonté des parties, manifestée par cet état des lieux, est donc le véritable fondement de la destination dù père de famille.

52. — Nous avons vu que l'école romaniste restreignit de bonne heure cette destination aux servitudes continues et permanentes ; nous avons cité les passages dans lesquels Bartole le constate. Les coutumes, au contraire, formulèrent leurs dispositions sans prendre aucun souci de la continuité ou de la

discontinuité des charges dont elles prescrivaient le maintien. Mais il arriva ce qui se produit toujours, lorsque deux courants parallèles tendent au même but : ils exercèrent l'un sur l'autre une mutuelle influence, et de même que nous avons vu l'école romaniste emprunter aux coutumes la mention des partages, de même nous voyons l'école coutumière se plier peu à peu à la théorie romaine sur la continuité, malgré le silence des textes. Du moment où il s'agissait d'interpréter l'intention des parties, et de déterminer les servitudes qu'elles avaient eu la pensée de conserver, il paraissait naturel de ne voir clairement cette intention que dans des manifestations permanentes. Quand une servitude ne s'exerçait que de temps à autre, à des intervalles quelquefois éloignés, pouvait-on être bien sûr qu'elle n'avait pas échappé au regard des copartageants, et que ceux-ci avaient eu la volonté de la conserver? D'un autre côté, quand la manière d'habiter ou de cultiver était changée par le partage, l'utilité des servitudes discontinues, des passages, par exemple, demeurait-elle la même?

Il ne faut pas croire cependant que la restriction de la destination du père de famille aux servitudes continues fût universellement et trop facilement admise. Pesnelle n'en tenait aucun compte, quand il écrivait, dans son commentaire de l'art. 609 de la coutume de Normandie : « Les servitudes de vue et » d'égoût se doivent interpréter, non comme limitatives, mais comme des exemples démonstratifs des » servitudes plus ordinaires et plus connues ; et partant, il faut dire que toutes choses, généralement, » à l'égard des servitudes, demeurent comme elles

» étaient lors du partage, s'il n'est autrement dit et » expressément. » — Basnage (48) nous a conservé la trace des discussions auxquelles cette question donnait lieu. Il indique d'abord les motifs qu'invoquaient ceux qui voulaient, comme Pesnelle, étendre la destination du père de famille à toutes les servitudes; puis les raisons plus concluantes de ceux qui refusaient, au contraire, de l'appliquer à la servitude de passage et aux autres charges discontinues, et il se range parmi ces derniers. A la vérité, il ne prononce pas les mots de *continuité* et de *discontinuité*; mais en repoussant les servitudes de passage et de puisage, pour raison d'innovation, il marque d'une manière suffisante, qu'à son avis l'art. 609 se restreint aux servitudes qu'on n'exerce pas à nouveau, c'est-à-dire aux servitudes permanentes. Les arrêts de cette époque démontrent que telle était la tendance générale.

53. — On s'entendait rarement sur les caractères qui constituent la continuité. On admettait même des servitudes quasi-continues, qu'on pouvait classer arbitrairement dans la première ou dans la seconde catégorie. Des auteurs assez nombreux, Lalaure, notamment, confondaient la continuité avec l'apparence, sous le prétexte que l'apparence est continue. Des divergences, en outre, se produisirent : la servitude d'aqueduc fut continue pour Cœpolla, et quasi-continue pour Lalaure. Ce dernier auteur, comme Merlin l'a remarqué, à quelques lignes seulement de distance, et dans la même page, plaça la servitude *oneris ferendi* au nombre des servitudes continues et des servitudes quasi-continues. Charondas le Caron critiquait vivement cette distinction, et soutenait qu'elle

n'avait pas de raison d'être : « Dont appert, disait-il, » la division que font les vulgaires docteurs des ser- » vitudes en continues et discontinues. Pour le regard » de l'usucapion ou prescription, les docteurs ont » inventé telle distinction, afin de concilier les lois » qui semblent contraires, et ont écrit que les servi- » tudes continues se prescrivent par possession de » dix ans entre présents, et de vingt ans entre » absents. Et donnent exemples du conduit d'eau » qu'on appelle *aquæductus*, de l'esgoust, de vue et » autres semblables. Et les discontinues se prescri- » vent par temps immémorial, comme de la sente, » du chemin, de la voie, de mener et faire boire le » bétail, et autres de pareille qualité. Mais ils ont mal » entendu la sentence des jurisconsultes, laquelle il » convient brièvement éclaircir afin de contenter, » non seulement les amateurs du droit parisien, mais » encore ceux du droit écrit. »

54. — Malgré ces discussions, il importe de le répéter, la pratique admit deux catégories de servitudes, appliqua, d'une manière assez générale, la destination du père de famille aux unes, et en refusa le bénéfice aux autres. Basnage, dans le passage que nous avons cité, résume très exactement l'état de la question, et les motifs qu'il allègue méritent une attention toute particulière. Pour l'extension des règles de la destination du père de famille à toutes les servitudes indistinctement, on invoquait une raison d'analogie et les textes du droit romain, qui ne portaient la trace d'aucune distinction. Mais on répondait victorieusement que l'analogie n'était qu'apparente, et que, si le droit romain ne limitait pas explicitement ses faveurs aux servitudes continues,

il les refusait constamment à celles qui ne présentaient pas ce caractère, et les excluait ainsi implicitement.

Toutes choses sont libres de leur nature, disait-on, et on ne peut prétendre des servitudes sur un fonds qu'autant qu'on les a stipulées. A la vérité, la coutume a excepté de cette règle générale deux servitudes continues : les vues et les égouts ; mais cette exception même prouve le maintien et la confirmation du principe fondamental au regard des autres. Il y a grande différence, d'ailleurs, entre les servitudes continues de vue et d'égout et la servitude discontinue de passage : on ne pourrait ôter les premières, à raison de leur permanence, sans faire une innovation, et sans changer l'état des choses ; tandis que pour jouir d'un droit de passage, « qui ne subsistait point quand on a partagé, il faudrait innover, et entreprendre de passer sur le fonds d'autrui ». Or, la présomption qui servait de base à la destination du père de famille permettait de conserver l'état de choses existant au moment du partage, mais non d'innover après. Elle excluait donc les servitudes discontinues.

Nous verrons, plus tard, le code civil adopter et généraliser la doctrine de Basnage, et déclarer que la destination du père de famille ne s'applique qu'aux servitudes continues, c'est-à-dire à « celles dont » l'usage est ou peut être continuel, sans qu'il soit » besoin du fait actuel de l'homme. »

55. — Il n'en fut pas, pendant la même période, de l'apparence des servitudes, comme de leur continuité. On n'éleva pas de discussions à son sujet ; on la passa sous silence. L'intention de maintenir une

charge ne pouvant se présumer qu'autant qu'elle était connue, c'est-à-dire apparente, et l'apparence ne faisant jamais question, on ne la mentionna même pas ; ni les textes, ni les auteurs ne s'occupaient d'elle.

56. — Le mouvement des idées se portait alors sur ces mots, qui terminaient l'art. 216 de la coutume de Paris : *si elle est ou a été par écrit*. Les coutumes d'Orléans, de Calais et de Metz étaient conçues à peu près dans les mêmes termes, et donnaient à la destination du père de famille la valeur d'un titre, *quand elle était ou avait été par écrit, et non autrement* ; tandis que celles de Reims, de Sedan, de Melun, de Montfort, d'Etampes et de Dourdan se bornaient à déclarer, comme à Paris, lors de la première rédaction de 1510, que la destination du père de famille valait titre, sans se prononcer sur le point de savoir si cette destination devait être prouvée par écrit ou par témoins.

On avait établi, dans l'ancien droit, une grande différence entre ces deux catégories de coutumes, car la question des preuves avait pris une telle importance, que toutes les autres lui étaient en quelque sorte subordonnées, et qu'à un certain moment, on se demandait si l'obligation de prouver la destination par écrit n'aboutirait pas à la suppression de ce mode d'acquérir les servitudes.

C'était pourtant d'une manière fortuite, et sans aucune intention de compliquer la matière, qu'on avait exigé la preuve écrite, dans les quatre premières coutumes que nous avons mentionnées. Leur réformation s'étant effectuée après l'ordonnance de 1566, qui voulait que « de toutes choses excédant

» la valeur de cent livres, il fût passé acte devant » notaire ou sous signature privée, » on crut devoir les mettre en harmonie avec cette ordonnance, sans se douter des difficultés que l'on préparait ainsi à la pratique judiciaire. Les six coutumes de la seconde catégorie, au contraire, avaient été rédigées ou réformées de 1556 à 1566, c'est-à-dire avant l'ordonnance qui prohibait la preuve testimoniale : elles n'avaient pas eu à tenir compte de cette prohibition. Néanmoins on comprend, surtout en présence des complications qui se produisirent, la distinction que firent nos anciens auteurs entre les unes et les autres, dans les discussions auxquelles ils durent se livrer.

Nous n'avons plus aujourd'hui les mêmes raisons pour les séparer; le point de vue auquel nous les envisageons nous permet de les ranger dans une même classe, toute considération relative aux moyens de preuve se trouvant écartée.

57. — Il est également à remarquer que les privilèges accordés par les romanistes aux dispositions de dernière volonté n'existent pas dans la première doctrine des coutumes. On ne les interprète pas d'une manière favorable ; les legs sont aussi impuissants que les contrats à maintenir les charges dont l'acte n'a pas parlé : *Vend, donne, ou par aucun titre met hors de ses mains*, tels sont les termes dont se servent les coutumes, confondant dans une même prohibition les donations et les ventes, les testaments et les échanges, les transactions et les titres de toute nature, par lesquels un propriétaire de plusieurs maisons en met une hors de ses mains. Les partages seuls demeurent étrangers à la formule employée ;

nous savons, en effet, que les textes leur réservent une réglementation spéciale.

Comment expliquer l'abandon des faveurs dont les legs avaient joui dans la doctrine des romanistes ?

Les jurisconsultes de Rome avaient eu raison de voir une différence entre le père de famille qui distribuait ses biens à ceux qui devaient les posséder après lui, et le propriétaire qui, mû par son seul intérêt, et spéculant pour son propre compte, vendait à un étranger. Ils ne pouvaient attribuer à ce dernier que l'intention de donner le moins possible en échange du prix qu'il recevait. Dans le doute, la présomption était qu'il avait voulu retenir ; il n'était pas permis d'interpréter largement sa volonté. Un testateur, au contraire, n'avait pas en vue son intérêt personnel, quand il donnait. Sans doute, il trouvait dans sa libéralité la satisfaction de ses sentiments, de ses affections ; mais il ne spéculait pas ; il n'avait pas pour but de rendre meilleure sa position de fortune ; dès lors on ne pouvait lui prêter l'intention de retenir le plus possible. En réalité, il ne retenait rien, il stipulait pour le temps où il ne serait plus, il formait les parts entre ceux qui devaient lui succéder, et s'il y avait doute sur l'étendue de la chose ou des accessoires qu'il avait voulu faire entrer dans le legs, on prenait cette chose telle qu'elle existait pour lui, avec les accessoires dont il l'avait ornée ou grevée pour sa commodité ou pour son usage. Dans les contrats à titre onéreux, on se demande si le vendeur a voulu céder ou garder l'annexe contestée, et on incline à croire, dans le doute, qu'il a préféré son propre intérêt à celui de son adversaire. Dans les dispositions de dernière volonté, au contraire, il s'agit seulement de savoir si le testateur s'est décidé en faveur de l'un ou de l'autre de ses héritiers ou de ses légataires ; il est certain qu'il n'a pu songer à lui-même.

Il existait donc bien réellement une différence entre les contrats et les dispositions de dernière volonté, au point de vue des intentions à prêter au disposant ou au vendeur ; le droit romain avait soigneusement saisi cette nuance, très sensible quand il s'agissait d'accessoires indépendants.

Mais qu'importait cette différence, quand les aliénations entre-vifs et les actes de dernière volonté se trouvaient également proscrits ? La faveur de la destination du père de famille étant réservée par les coutumes aux partages et divisions, et tous autres titres quelconques ne pouvant se passer d'une réserve expresse, on n'avait plus à distinguer entre les ventes et les legs : les uns et les autres demeuraient indistinctement impuissants.

La science du droit ne reviendra plus sur cette rectification ; le code civil, loin de reconnaître la faculté de passer au légataire seul, à l'exclusion de l'acquéreur, l'accordera indifféremment à l'un et à l'autre, quand les fonds seront enclavés, mais en vertu de principes étrangers à la destination du père de famille.

58. — On ne peut se défendre d'un certain étonnement, quand on voit les divisions et partages faire en quelque sorte irruption dans le droit des coutumes, occuper la scène, et réduire à néant les travaux des romanistes, sans qu'aucun signe précurseur eût fait pressentir leur fortune. Des différences profondes

dans l'état social peuvent seules expliquer cette apparente anomalie.

A Rome, où la propriété était individuelle et libre, et le testament en honneur, les transmissions étaient nombreuses et les partages rares. Dans notre ancienne société française, le régime des terres, les locations perpétuelles et les baux à long terme laissaient peu de place aux aliénations; tandis que les réserves coutumières et les associations agricoles amenaient beaucoup de divisions. Les lois subirent la même transformation que les besoins sociaux; et quand le droit de Rome, après un long sommeil, reparut au milieu de cette organisation nouvelle, le contraste fut frappant.

Les deux législations durent vivre l'une à côté de l'autre, et se préparer à de mutuelles concessions. Les romanistes firent le premier pas : ils repoussèrent la doctrine trop étroite des textes latins en matière de confusion, et arrivèrent à la destination la plus large.

59. — Quand les jurisconsultes romains avaient dit que les servitudes s'éteignaient par confusion, au moment de la réunion du fonds dominant et du fonds servant, ils avaient obéi à cette rectitude, à cette logique de la théorie qui leur était si chère. Leur définition de la servitude étant donnée, l'adage : *res sua nemini servit*, en sortait invinciblement. Nul ne pouvait avoir une servitude sur sa chose, et quand les deux fonds soumis l'un à l'autre tombaient en la possession du même maître, le droit de servitude se fondait dans le droit plus étendu de propriété. La doctrine était irréprochable; mais n'en abusait-on pas un peu dans les conséquences?

De ce que le droit partiel de servitude entre dans le droit général de propriété, on peut bien conclure qu'il n'existe plus à titre spécial, comme auparavant; mais peut-on le déclarer éteint? Ne vit-il pas dans le droit de propriété, quand le maître laisse les choses en l'état et continue à se servir des jours, des vues, des égouts, comme avant la réunion? En fait, rien n'est changé dans la manière d'être des immeubles, et si l'on disait que les mêmes charges subsistent, les principes sans doute en seraient contrariés, mais la vérité et la nature des choses y trouveraient leur compte. On fait sonner bien haut qu'il faut distinguer le droit de la charge, et considérer les servitudes au regard des immeubles et non des propriétaires. Or, quand deux fonds assujettis l'un à l'autre se réunissent dans la même main, ils changent de propriétaire, mais non d'état. Le droit se modifie et se fond dans un droit plus large, quand on le considère au regard du propriétaire, mais la charge demeure la même pour le fonds grevé. Le même immeuble continue à supporter la même servitude de vue, et à recevoir le même égout. La confusion qui s'opère entre le droit de servitude et le droit de propriété n'empêche pas le premier de ces droits de conserver son effet, sa manifestation et son signe, sur l'immeuble assujetti. Or, pendant que cette manifestation et ce signe persistent, si le propriétaire se dessaisit de l'un des deux fonds, n'entend-il pas nécessairement démembrer le droit, comme il a démembré la chose, et régler le droit sur le fait? Les glossateurs l'avaient pensé, mais les coutumes n'acceptèrent pas, en principe, cette innovation : il était plus élémentaire de s'en tenir à des conventions explicites. Une doctrine juridique avancée peut seule réglementer des présomptions; les coutumes n'avaient pas encore atteint un développement suffisant.

60. — Elles laissèrent à l'écart la doctrine de Bartole, et parurent dès l'abord ne tenir aucun compte des travaux accomplis sur les textes latins. Cet éloignement ne doit pas nous surprendre; car les jurisconsultes qui commentaient le Digeste suivaient une autre voie et poursuivaient un autre but que ceux qui s'occupaient des usages. Les premiers, investigateurs dans les gloses, théoriciens avec Bartole, érudits avec Alciat et Cujas, se préoccupaient avant tout de la doctrine juridique et travaillaient pour la science; les seconds, au contraire, tous les jours aux prises avec la pratique judiciaire, n'avaient souci que des questions posées, et des solutions exigées par les besoins du moment. Théoriciens et praticiens suivaient deux directions différentes, avec d'autant plus de raison que les coutumes ne procédaient pas du droit romain, et conservaient une impulsion qui leur était propre. Aussi ne reconnaît-on pas dans le coutumier général la trace des travaux de Bartole.

Les deux écoles qui se partagèrent la connaissance du droit ne succédèrent donc pas l'une à l'autre; et la première ne transmit pas sa doctrine à la seconde. Elles se développèrent parallèlement, appuyées, l'une sur les textes anciens, l'autre sur les besoins nouveaux; et on comprend dès lors, comment la *destination du père de famille*, en matière de partages et divisions, apparut tout à coup, armée de toute pièces, dans la première rédaction des coutumes.

61. — L'explication de cette apparente anomalie se

trouve dans le secret, difficile à pénétrer, de nos origines coutumières. Il faut remonter jusqu'aux partages du clan gaulois et de la *Mark* germanique. Laferrière a très bien démontré que le principe de l'égalité dans les partages était né dans la période gallo-franque. Les Romains, en effet, avaient donné le pas à l'hérédité testamentaire sur l'hérédité légitime, et préféré les agnats aux cognats, tandis que les Germains répudiaient en quelque sorte les testaments, proclamaient la copropriété de la famille naturelle, et divisaient par égales parts entre les membres de la tribu, non seulement l'enclos salique, qui devenait propriété privée, mais encore les terres cultivables soustraites aux pacages communs. Ces terres indivises demeuraient la propriété de la *Mark*; les lots égaux qu'on en formait n'étaient attribués aux communistes que pour un temps assez court, à l'expiration duquel les terres faisaient retour à la communauté, pour être soumises à une nouvelle distribution. Une juridiction spéciale était réservée au conseil de la *Mark* pour les contestations qui s'élevaient à propos de ces partages. Il en était de même dans les successions : les enfants partageaient par tête, sans distinction de sexe, et si, après l'invasion, les mâles furent préférés pour la terre salique et pour les biens du père, l'égalité se maintint tout au moins pour la succession maternelle, les acquêts et les meubles. D'un autre côté, les associations agricoles, derniers débris des clans, que la législation coutumière favorisait parce qu'elles assuraient une culture plus productive, et que les mainmortables multipliaient parce qu'ils y trouvaient une sorte d'affranchissement, amenaient des divisions nombreuses, lorsqu'elles se dissolvaient. On comprend dès lors que nos coutumes aient eu à s'occuper beaucoup de partages et peu d'aliénations; tandis que le droit romain avait été appelé à réglementer beaucoup de transmissions et peu de partages.

62. — Quoi qu'il en soit, les divisions et les partages vinrent seuls, tout d'abord, dans la destination du père de famille organisée par nos coutumes, et les autres modes d'acquisition de la propriété n'y pénétrèrent que plus tard, en s'aidant sans doute du droit romain. Nous verrons bientôt, en effet, une seconde destination venir se placer à côté de celle du père de famille dans le droit des coutumes, et nous reconnaîtrons facilement dans cette innovation l'influence exercée par la doctrine de Bartole.

63. — On ne saurait nier, au reste, l'influence du droit romain sur les coutumes, et, pour en citer un exemple frappant, il suffit de montrer comment s'est formée l'expression : *destination du père de famille.*

Après avoir accepté les bases de la loi romaine, et déclaré, en principe, que toute servitude devait être expressément réservée, les glossateurs avaient étendu le cercle, d'abord étroit, des exceptions relatées au Digeste, et recherché les manifestations implicites de la volonté du disposant ou des contractants. Cette volonté devenant la règle, il importait peu, du moment où elle était certaine, qu'elle fût exprimée ou sous entendue. Or l'état dans lequel le testateur ou le vendeur avait mis, ou laissé l'immeuble aliéné, attestait souvent son intention d'une manière évidente et sûre. Il en était ainsi, non seulement au point de vue restreint de l'établissement des servitudes, mais encore et surtout au point de vue plus général des accessoires qui devaient être présumés compris dans les contrats et dans les dispositions de dernière volonté. Il en était de même, quand on voulait étendre la concession d'un droit, d'un usufruit, par exemple, à tout ce qui était nécessaire pour en user, ou quand on se trouvait en présence d'une enclave. Ces diverses matières procédaient d'une source commune : la volonte présumée des parties; cette source, dès lors, fit l'objet d'une étude d'ensemble, et nous voyons, dans les passages du Digeste et de Bartole que nous avons cités, les cas d'enclave et les questions d'accessoires se mêler à la théorie du maintien des servitudes après la division ou la séparation des héritages. Mais si, dans les débuts, on trouva plus avantageux, ou plus rationnel, d'étudier dans son essence, et dans l'ensemble de ses manifestations, un principe commun, afin de l'établir sur des bases plus solides ou plus larges, il n'en fut plus de même quand ce principe, admis et démontré, sortit de la période de discussion et entra dans celle de l'application. Chaque matière reprit alors sa place dans la doctrine juridique : la question des accessoires compris dans les legs et dans les ventes rentra, pour n'en plus sortir, dans l'ensemble des règles relatives aux testaments et aux acquisitions, et aboutit, dans notre code civil, aux deux articles 1018 et 1615; on enseigna, au chapitre de l'usufruit et des services fonciers, qu'en établissant un droit, on était censé accorder tout ce qui était nécessaire pour en user, et notre art. 696 conserve la trace de cette disposition; on plaça sous un titre spécial les règles de l'enclave, et la théorie de l'établissement des servitudes par la destination du père de famille, dégagée des questions auxquelles on l'avait jusqu'alors annexée, pour l'étude du principe commun, pût se mouvoir à part dans son cercle d'action spécial, et recevoir sa formule : *destination du père de famille vaut titre.* Le principe commun, néanmoins, ne perdit rien de sa généralité, et nous le retrouvons dans l'art. 1156 du code civil, qui prescrit de rechercher, en toute occasion, pour l'exacte interprétation des conventions, la commune intention des parties contractantes.

La confusion passagère dont nous venons de parler ne se borna pas à mêler dans une même discussion des matières diverses : elle apporta, dans quelques-unes de ses matières, des expressions qui ne s'appliquaient qu'à certaines autres. C'est ainsi qu'on en vint à parler de *destination* du père de famille, en matière de servitudes, comme on en parlait tout naturellement à propos des accessoires des choses vendues ou léguées. Les arrangements opérés par un propriétaire sur l'un de ses fonds, les services constitués dans son intérêt personnel, au profit ou à la charge de l'un d'eux, ne comportent, à vrai dire, aucune destination spéciale. Ce sont des dispositions avantageuses, des arrangements de convenance, des manières d'être établies par le père de famille, plutôt que des affectations proprement dites de certaines choses à certaines autres, comme le ferait entendre le mot *destination*. Quand il s'agit des accessoires qui peuvent être compris implicitement dans un legs ou dans une vente, la destination du disposant ou du vendeur, l'affectation d'une chose secondaire à la chose principale, doit exercer une influence prépondérante et décisive. C'est pour des cas semblables que l'expression *destination du père de famille* est employée dans son véritable sens, et se retrouve dans les textes romains. Nous avons déjà cité la loi *Si quis eodem*, qui fait résulter la volonté du père de famille de la destination qu'il avait donnée à l'objet en litige. Nous pouvons mentionner encore les paragraphes 2 et 3 de la loi 24, au titre *De legatis*, I. Le premier de ces textes est ainsi conçu : *Si quis post testamentum factum fundo Titiano legato partem aliquam adjecerit, quam fundo Titiano* DESTINAVERAT, *id quod adjectum est exigi a legatario potest.* Le paragraphe suivant s'exprime en ces termes : *Quod si post testamentum factum ex fundo Titiano aliquid detraxit et alii fundo adjecit, videndum est utrumne eam quoque partem legatarius petiturus sit, an hoc minus quasi fundi Titiani esse desierit? Quum nostrâ* DESTINATIONE *fundorum nomina et domus, non natura constituerintur, et magis est ut quod alii* DESTINATUM EST *ademptum esse videatur.*

Bartole, commentant le premier de ces textes, disait : *Si res legata augeatur, legatum crescit ; si dimiminuat, decrescit. Fundus constuitur* DESTINATIONE PATRIS FAMILIAS *per regiones ; domus vero interjectione parietis, ut dicit glossa.*

Le même jurisconsulte, dans les explications qui accompagnent la loi *prædiis*, § *Qui domum, De legatis*, III, s'exprime ainsi : *Ex usu* DESTINATORIS PRÆSUMITUR VOLUNTAS, *et hoc in his quæ dependent ex voluntate unius : ut legatum, quod ex voluntate testatoris dependet. Sed in his quæ dependent ex voluntate duorum, ut in emptione et in venditione, non servatur dicta præsumpta voluntas : Sed dispositio juris communis quæ est ut singulis partibus fundi ser-*

vitus debeatur, et cujuslibet partis alienationem sequatur. Ce passage ne démontre pas seulement que la question de savoir si un jardin était compris dans le legs d'une maison dépendait de la destination que le père de famille avait donnée à ce jardin; il laisse voir en outre par quel lien les décisions de cette nature se rattachaient à la règle de droit commun qui maintenait les servitudes, dans le silence du testament, à raison des arrangements pris par le propriétaire.

Ce rapprochement, que le sens plus large de l'expression latine autorisait, a conservé cette même expression dans un cas que le sens actuel et plus restreint du mot ne semblerait pas comprendre : si nous avons eu les immeubles par *destination*, dans la question des accessoires des choses vendues ou léguées, nous avons eu aussi la *destination* du père de famille pour l'établissement des servitudes, et non plus seulement la *disposition* ou l'*arrangement* du père de famille.

La première rédaction de la coutume de Paris semble avoir éprouvé quelques hésitations, avant de consacrer définitivement l'expression dont nous parlons; elle dit : *disposition* et *destination* du père de famille vaut titre, plaçant ainsi le mot exact à côté du mot usité. Néanmoins, cette précaution fut vaine. Dumoulin n'en tint aucun compte, et s'exprima comme il suit dans son commentaire de l'art. 91 : *Destinatio causa commodioris usus, si non temporalis, sed perpetua, sufficit ad hunc articulum.* Aussi la coutume réformée de 1580 se borna-t-elle à dire, sans aucun scrupule : *destination du père de famille vaut titre.* L'expression était définitivement consacrée.

64. — On ne peut s'empêcher d'ailleurs de reconnaître dans l'art. 91 de la coutume de Paris un de ces adages, une de ces formules courantes, énergiques et concises, que la langue du droit a toujours aimées et que les glossateurs appelaient des brocards. Il reçoit surtout ce caractère des deux mots : *vaut titre*, qui le terminent sommairement, et qui paraissent avoir une valeur de convention. Ces deux mots, en effet, rappellent d'une manière assez heureuse l'histoire de la destination du père de famille, ainsi que son point de départ et son point d'arrivée.

Le droit romain avait longtemps admis en principe qu'une servitude ne pouvait exister qu'en vertu d'un titre : ce n'est que bien tard, et par des progrès bien lents, qu'il avait autorisé quelques rares exceptions.

Les glossateurs et l'école bartoliste se maintinrent dans la même voie ; alors s'établit dans notre ancien droit français ce principe général : point de servitude sans titre.

Le Grand Coutumier, qui fut probablement rédigé sous le règne de Charles VI, peu de temps après la mort de Bartole, proclama ce même précepte.

Une ordonnance de Charles VIII, de 1495, déclara, dans son art. 5, qu'aucun droit ne pouvait être acquis *sans titre spécial faisant mention de la servitude.*

La coutume de Paris de 1510 confirma cette règle dans son article 87, ainsi conçu : « Item par lesdits » usages et coutumes, *droit de servitude ne s'acquiert* » *point* par prescription ou longue jouissance, quelle » qu'elle soit, *sans titre.* » Un grand nombre d'autres coutumes contenaient une semblable disposition, no-

(1) Liv. 2, chap. 38.

tamment celles d'Orléans (1), de Limoges (2), de Troyes (3), de Cambrai (4), de Montfort-l'Amaury (5), de Bayonne (6), etc.

La seconde rédaction de la coutume de Paris ne se borna pas à poser le principe de la nécessité d'un titre dans la matière des prescriptions, comme on l'avait fait en 1510, et à reproduire, dans son art. 186, la disposition de l'ancien art. 87 ; elle crut devoir rappeler, au point de vue de la destination du père de famille, la règle du Grand Coutumier que nous avons transcrite, et faire précéder l'art. 216, reproduction de l'ancien art. 91, d'un art. 215 nouveau, que nous avons déjà fait connaître.

Les deux mots : *vaut titre* avaient donc l'avantage de conserver la corrélation voulue entre le principe et l'exception. Un titre était nécessaire pour l'établissement d'une servitude : la destination du père de famille en tenait lieu. L'intention légalement présumée produisait les mêmes effets que l'intention écrite, puisqu'on la considérait comme aussi certaine : *Eadem vis taciti atque expressi.*

Nous ne devrons jamais oublier ce caractère de l'art. 216 qui, comme le dit Pothier en termes exprès, est une exception ; et bien que le principe ne se trouve pas reproduit dans notre code civil, la disposition des art. 692 et 694 n'en est pas moins exceptionnelle, comme elle l'était dans la coutume de Paris.

(1) Art. 155, 226, 248, 251, 253.
(2) Art. 38.
(3) Art. 61.
(4) Tit. 27, art. 6.
(5) Art 85.
(6) Tit. 1, art. 1.

65. — En résumé, nos coutumes puisèrent dans la fréquence des divisions et dans le nombre des partages amenés par l'organisation sociale de cette époque, le besoin de garantir ces contrats importants contre des modifications ultérieures, qui auraient rompu l'égalité des lots et annulé l'opération tout entière.

Le partage devait rester égal sous peine de périr ; dès lors, les immeubles devaient conserver leur état et ne perdre aucun de leurs accessoires. Si un service foncier, visible à tous les yeux, une fenêtre, un égout, par exemple, dont la valeur était entrée dans les estimations, venait à être supprimé, après la formation des lots, le fonds précédemment assujetti à cette charge augmentait de valeur, pendant que l'immeuble dominant était déprécié. Le partage devenait inégal; l'action en garantie était ouverte : une modification du premier lotissement s'imposait. Un semblable résultat portait une grave atteinte au principe essentiel de la stabilité des conventions et n'était pas d'ailleurs dans les prévisions des parties. On ne pouvait mettre en doute qu'elles n'eussent voulu maintenir ces charges, qu'une clause formelle ne supprimait pas, et qui étaient entrées dans l'estimation des lots. On s'habitua donc à maintenir ces servitudes, en vertu de l'intention présumée des copartageants, et en raison des désordres qu'une règle contraire aurait produits.

Les praticiens ne durent même éprouver aucune difficulté pour introduire cette disposition, avant la renaissance du droit romain, car ils ne connurent que plus tard les exigences théoriques de la confusion des servitudes, opérée par la réunion du fonds dominant et du fonds servant. La théorie de la destination du père de famille put donc s'établir sans opposition, à l'origine.

Plus tard, une fusion s'opéra, dans une certaine mesure, entre les deux législations ; les compilations latines prêtèrent aux coutumes leurs idées sur l'apparence et sur la continuité. Elles ne portèrent néanmoins aucune atteinte aux principes fondamentaux déjà solidement assis. Les règles savantes, trop savantes peut-être, du droit romain sur la confusion des servitudes ne purent arrêter l'essor de la destination du père de famille, que l'égalité des partages et la garantie des lots rendaient nécessaire. On aurait hésité à voir de prime abord une manifestation suffisante de la volonté des parties dans un simple état des lieux ; mais le doute n'était pas permis, quand, à l'état des lieux, se joignait la nécessité de conserver les lots intacts et les partages égaux. Comment admettre que les copartageants eussent voulu porter atteinte à l'intégrité de leurs parts, les rendre inégales, et donner ouverture à des recours en garantie ? La présomption contraire s'imposait ; grâce à cette circonstance, l'état des lieux prit assez d'autorité pour exprimer une intention.

Ce concours cessera, comme nous le verrons dans les développements qui vont suivre, et la théorie de la destination du père de famille en viendra même à le considérer comme plus embarrassant qu'utile. Les partages se sépareront des divisions, ne jouiront bientôt plus des privilèges qu'ils auront tant contribué à faire admettre, et demeureront confondus avec les autres contrats.

D'un autre côté, la doctrine de Bartole et du droit romain ne mourra pas tout entière; nous la verrons se glisser dans le droit des coutumes, sous la forme d'une seconde destination applicable aux aliénations et différente de celle du père de famille.

III

TROISIÈME PÉRIODE.

Création d'une seconde destination. — Arrêtés de Lamoignon. — Pothier.

SOMMAIRE.

66. — Résumé des deux premières périodes.
67. — La réserve de la servitude n'a plus besoin d'être aussi formelle.
68. — Elle peut résulter de l'état apparent des lieux.
69. — Importance de cette innovation.
70. — Nouvelle destination.
71. — Influence de la doctrine romaine.
72. — Unanimité avec laquelle la nouvelle destination est adoptée.
73. — Obstacle qu'elle rencontre dans les textes existants.
74. — Energie des parlements. — Celui de Paris annule la vente pour cause de dol, quand le vendeur ne veut pas subir la destination nouvelle.
75. — Les auteurs encouragent les parlements.
76. — Expédients imaginés pour mettre fin à cette situation.
77. — Projet du président de Lamoignon.
78. — Principe général : Nulle servitude sans titre.
79. — Exceptions : deux destinations.
80. — Divisions et séparations d'immeubles.
81. — Chaque destination reçoit un nom spécial.
82. — Hésitations de Lamoignon au sujet de la continuité.
83. — Suppression de la preuve par écrit.
84. — Extension des deux destinations aux immeubles ruraux.
85. — Appréciation du projet de Lamoignon.
86. — Pothier essaie de réduire les deux destinations à une seule.
87. — Résumé : deux destinations, celle du père de famille et celle du propriétaire primitif.

66. — Les explications dans lesquelles nous sommes entrés ont d'abord montré, dans les écrits des romanistes, une première doctrine assez mal définie, née de quelques textes épars et de quelques exceptions qu'aucun lien ne rattachait. Subissant l'influence des idées nouvelles, qui devaient aboutir aux coutumes, elle essaya de se formuler dans les écrits de Bartole, prit pour base l'intention présumée du disposant ou des contractants, parut accorder plus de faveur aux servitudes permanentes, parla même de l'apparence, sans se rendre exactement compte de la part d'influence qu'elle devait exercer, et demeura forcément incomplète, parce que les textes sur lesquels elle s'appuyait limitaient son essor.

Nous avons ensuite rencontré, dans la rédaction des coutumes, la destination du père de famille entièrement organisée. Renfermée dans un cercle d'action nettement défini, elle se restreignait, d'un côté, aux partages et divisions, de l'autre aux servitudes apparentes et continues, et plaçait sa raison d'être dans l'égalité qui est de rigueur entre les copartageants, ainsi que dans la garantie qu'ils se doivent les uns aux autres. Il fallait nécessairement présumer qu'ils n'avaient pas eu l'intention de s'exposer à cette garantie, en supprimant des servitudes inhérentes aux immeubles et en diminuant la valeur des lots auxquels les servitudes étaient attachées. Cette destination, nous le démontrerons plus loin, n'est pas encore tout à fait celle des art. 692 et 693 du code civil, mais elle en est le point de départ.

La pratique vécut longtemps sur ces données, ne maintenant les servitudes que dans les partages et divisions, exigeant une réserve expresse dans les autres cas, et ne tenant aucun compte des intentions qui n'étaient pas exprimées dans les aliénations.

Le droit romain, cantonné dans les aliénations, devenait ainsi lettre morte : les coutumes se développaient en quelque sorte d'elles-mêmes, sans lui rien emprunter, sur un terrain qui n'était pas le sien. Cette exclusion, néanmoins, que rien ne justifiait, ou plutôt cette méconnaissance singulière ne pouvait durer : l'influence des romanistes se fit bientôt sentir, des idées nouvelles surgirent, et une troisième phase s'ouvrit dans l'histoire des destinations.

67. — Nous avons dit avec quelle précision et quelle rigueur le Grand Coutumier de France, l'article 215 de la coutume de Paris, et l'art. 620 de celle de Normandie, avaient exigé que les servitudes fussent nommément et spécialement déclarées, tant pour l'endroit, grandeur, hauteur, mesure, qu'espèce, lorsque les immeubles changeaient de main. Pendant longtemps, on appliqua ces textes à la lettre, et on comprend aisément à quelles difficultés ils donnèrent lieu. Peu à peu, néanmoins, on se relâcha de ce rigorisme inutile autant qu'injuste ; on se demanda s'il ne suffisait pas que la réserve fût certaine, quels qu'en fussent les termes. Goupy fait allusion à ce courant nouveau, quand il écrit ce qui suit, dans ses

notes sur Desgodets : « Lorsque la coutume requiert » une désignation exacte, avec mesure, c'est pour » engager les pères de famille à s'expliquer le plus » clairement qu'il est possible, pour établir des ser- » vitudes, et éviter les procès que ces sortes de » dispositions causent tous les jours. Pour qu'une » servitude n'eut pas lieu, il faudrait que sa désigna- » tion fût conçue en des termes si obscurs et si » équivoques, qu'il ne fût pas possible de juger de » la vérité de la disposition du père de famille. » Le même auteur ajoutait : « Si le propriétaire de » deux maisons contiguës en vendait une, avec » réserve de vues droites sur la cour de la maison » vendue, c'est-à-dire avec la faculté d'y percer des » vues droites, en telle quantité, et de telle grandeur » qu'il jugerait à propos, quoiqu'il n'y eût point » désignation de quantité ni de mesure, la servitude » ne devrait pas moins subsister, suivant moi. » Pouvait-on hésiter, en effet, quand la désignation était suffisante, et quand l'accord des contractants ne faisait aucun doute? On ne le pensa pas, et la pratique entra résolument dans la voie qui lui était ouverte : elle n'écarta plus que les réserves équivoques et douteuses.

68. — Ce premier progrès en appelait un second. S'il suffisait que les charges à maintenir fussent clairement désignées entre le vendeur et l'acquéreur, avait-on besoin de consigner une déclaration dans l'acte quand les servitudes étaient apparentes et parlaient d'elles-mêmes? On ne le crut pas nécessaire : on admit que les charges visibles, sur lesquelles les parties n'auraient pu se méprendre, seraient conservées, même dans le silence du titre. Ferrière disait,

sur l'art. 215 de la coutume de Paris : « Celui qui » vend une maison en laquelle il y a une servitude » visible sur une autre qu'il retient, il est à croire » qu'une telle servitude doit demeurer, quoique cet » article porte qu'il faut que le vendeur déclare » quelles servitudes il constitue sur son héritage ; » mais il ne peut être excusé de l'avoir ignorée, » puisqu'elle est visible, qu'elle est nécessaire, et » augmente le prix de la maison ; et, de plus, que » si la chose est douteuse, le vendeur a cause per- » due ; autrement la règle serait fausse : que lorsqu'il » y a quelque clause obscure en un contrat, elle » doit être expliquée à l'avantage de l'acquéreur. »

69. — C'était généraliser la doctrine des intentions présumées, que les coutumes avaient jusque-là restreinte aux partages et divisions, et reprendre les traditions de la doctrine romaine. Une ère nouvelle s'ouvrait, et on ne paraissait pas se douter de l'importance du changement qui venait de s'accomplir. Dispenser les contractants d'insérer dans l'acte des réserves formelles, quand les lieux parlaient d'eux-mêmes, c'est-à-dire quand l'existence de la charge était rendue manifeste par un signe apparent, c'était sans doute apporter aux articles 620 de la coutume de Normandie, et 215 de celle de Paris, une exception importante ; mais on semblait croire, ou tout au moins on voulait croire que le principe de la nécessité d'une réserve demeurait intact, dans un champ d'application légèrement restreint. On affirmait que la doctrine n'était pas atteinte dans ses fondements essentiels ; on continuait à dire : « Nulle servitude sans titre ; » mais, en réalité, on introduisait dans la théorie des destinations le principe général des

romanistes, qui devait la dominer et la transformer. Aussi convient-il d'insister sur ce progrès, modeste en apparence, capital en réalité, dont nous allons voir tout de suite les conséquences et mesurer la portée.

70. — Dans la rédaction officielle des coutumes, il n'existait qu'une seule destination : celle du père de famille, admise à Paris par l'art. 216, et cette destination conservait les charges dans les partages et les divisions d'immeubles. Il n'en fut plus ainsi quand l'exception dont nous parlons fut apportée à l'art. 215, c'est-à-dire quand les servitudes visibles n'eurent plus besoin d'être mentionnées dans les titres : une seconde destination, que l'on appellera plus tard destination de l'ancien propriétaire, vint prendre place à côté de la première et concourir avec elle. L'une et l'autre invoquaient l'intention non exprimée, mais certaine, qu'avaient eue les parties contractantes de laisser les choses dans l'état où elles les avaient vues au moment de la convention. Elles avaient ainsi même base; mais une différence se maintenait entre elles : la première visait les servitudes continues, qui font corps avec les immeubles, et peuvent donner naissance à des actions en garantie de lots au cas de suppression; tandis que la seconde visait les servitudes apparentes et présumait l'intention d'après l'apparence seule. Il y eut donc deux destinations, et nous verrons que, si des tentatives ont été faites pour les rapprocher, elles n'en sont pas moins restées séparées, l'une ayant abouti aux articles 692 et 693 du code civil, l'autre à l'art. 694.

71. — Nous avons dit que la pratique avait admis la seconde destination comme une mesure nouvelle,

amenée par la marche naturelle des choses, et n'avait pas eu la pensée d'accepter la doctrine des romanistes. Sans doute, cette doctrine avait exercé une influence sensible sur le mouvement des idées; mais le droit coutumier conserva son individualité propre. S'il fit un pas du côté de la théorie romaine, il eut du moins la prétention de ne céder qu'à la logique des situations. S'il fallait à cette assertion une preuve péremptoire, nous la trouverions dans la direction que suivit le courant nouveau. Cette direction, en effet, fut, à certains égards, diamétralement opposée à celle qu'avaient suivie les glossateurs et Bartole. Tandis que ces derniers étaient arrivés à n'appliquer l'intention présumée des contractants qu'à la conservation des servitudes continues, les praticiens, au contraire, furent exclusivement séduits par l'apparence, et l'art. 694 ne leur a donné aucun démenti.

C'était même, croyons-nous, cette différence dans les résultats qui avait trompé le droit coutumier, et ne lui avait pas permis d'apercevoir le principe fondamental de la théorie romaine qui se glissait dans sa propre doctrine. On admettait le signe apparent comme l'équivalent d'une réserve insérée dans le titre; on ne remarquait pas que, le titre lui-même n'ayant d'autre mérite que celui d'indiquer d'une manière certaine l'intention des parties, toute marque équivalente remplissait le même office et mettait une intention présumée à la place d'une intention exprimée. La présomption du droit romain et celle du droit coutumier ne différaient donc pas dans leur essence et dans leur nature, bien qu'elles ne produisissent pas les mêmes conséquences.

72. — Des décisions nombreuses démontrent avec

quelle unanimité le nouveau principe fut adopté, même dans les pays de coutumes muettes.

Basnage rappelle, sur l'art. 620 des usages de Normandie, un arrêt du 7 juin 1666, qui défend aux preneurs d'une partie de maison baillée à rente de boucher les vues de la maison retenue par le bailleur, quoique celui-ci ne les eût pas réservées dans le contrat. — Pesnelle, sur le même article, signale la contradiction qui se manifeste entre cet arrêt et la coutume, et l'explique en constatant que l'art. 620 ne s'applique plus aux servitudes visibles dont les contractants n'ont pas ignoré l'existence, et à propos desquelles ils n'ont pas réclamé au moment de l'acte.

Lalaure rapporte, à son tour, un arrêt du Parlement de Flandre, rendu sur une espèce dans laquelle la même question s'était posée devant les trois juridictions successives.

Lefebvre et sa femme avaient acheté en commun, à Tournay, deux maisons contiguës, « dans chacune » desquelles il y avait, le long du mur qui les sépa» rait, un petit ruisseau venant de la cour, qui tra» versait deux chambres, pour conduire les eaux de » chaque maison dans la rue. » La femme, devenue veuve, épousa Caumont en secondes noces, et lui apporta une moitié des deux constructions en propriété, et l'autre moitié en usufruit. Caumont, qui était procureur, instàlla son étude au rez-de-chaussée de la petite maison, et, comme le ruisseau de ce côté le gênait, il perça le mur de séparation et le réunit à celui de la maison voisine.

En 1691, l'épouse Caumont étant décédée, la petite maison est vendue à Lucas, et la grande à Deschamps. Celui-ci, ne voulant pas recevoir les eaux des deux cours, ferme le trou pratiqué dans le mur mitoyen, et se prévaut du silence de son titre pour repousser la servitude ; Lucas le fait rouvrir, et invoque la destination. Procès devant les mayeur et échevins de Tournay, qui, par sentence du 13 juillet 1693, admettent Lucas à prouver la destination dont il excipe. Appel par Deschamps devant les prévôt et jurés qui confirment. Sur nouvel appel, le parlement de Flandre s'aperçoit que l'épouse Caumont n'était propriétaire que d'une moitié des deux maisons, et n'avait pu, sans le consentement des héritiers Lefebvre, propriétaires de l'autre moitié, modifier l'état des lieux, et faire des arrangements durables, à titre de destination. Il est, en conséquence, ordonné à Lucas de retirer ses eaux, et permis à Deschamps de fermer l'ouverture par laquelle elles s'introduisent dans son ruisseau.

73. — Il n'était pas toujours facile de céder à l'influence des idées nouvelles, et de proclamer l'efficacité de l'apparence pour le maintien des servitudes. Somme toute, les textes étaient contraires à cette manière de décider, et se dressaient quelquefois devant les tribunaux avec une autorité qu'on n'osait pas braver. La pratique ne cédait pas, néanmoins, et les diverses juridictions tournaient la loi pour ne pas la violer ouvertement. L'arrêt que nous allons rapporter permettra de voir les détours que l'on ne craignait pas de prendre, et la ténacité avec laquelle les parlements s'étaient attachés aux principes nouveaux.

74. — Bouret de Valroche, propriétaire, à Paris, de deux maisons contiguës, rue de la Madeleine, et

de La Ville-l'Evêque, vend la plus grande à Cazaubon, et retient l'autre. La première a des vues ouvertes sur une cour réservée à la seconde : l'acte est muet sur ces servitudes, et, peu de temps après l'aliénation, Cazaubon invite Bouret de Valroche à procédér avec un architecte à la reconnaissance de ces vues. Refus de ce dernier, qui se prévaut du silence du titre, et invoque l'art. 215 de la coutume. Sentence du 8 février 1759, qui adopte ses conclusions. Appel par Cazaubon, qui demande subsidiairement la rescision du contrat; et, le 29 mars 1760, arrêt, au rapport de Pasquier, qui entérine les lettres de rescision, déclare le contrat nul et résilié, et condamne Bouret de Valroche à rendre toutes les sommes par lui reçues, avec loyaux coûts, intérêts et frais, si mieux il n'aime laisser subsister les jours et vues, ce qu'il sera tenu de déclarer dans la quinzaine, sinon l'option sera déférée à Cazaubon (1).

75. — Ces idées s'étaient certainement généralisées, car l'auteur anonyme des notes sur la coutume de Calais, la plus rigoureuse de toutes, imprimées en 1732 et 1769, ne craignit pas d'écrire ce qui suit : « Nous avons des marques réelles, qui dénotent des » servitudes, comme, par exemple, des battements » au dehors, ou des chenaux et gouttières; il est » d'usage que lorsqu'il y a de ces sortes de marques, » les choses restent dans leur état, si, par le partage » ou la destination, il n'y a pas de clause con- » traire. »

On lit des observations du même genre dans presque tous les auteurs, même dans ceux qui com-

(1) Voir Lalaure, liv. III, chap. 10.

mentaient des coutumes muettes, dans Legrand, par exemple, qui écrivait sur la coutume de Troyes. Ferrière exprimait la même pensée, quand il disait : « Quoique la seule destination générale, sans écrit, » ne soit pas capable d'établir une servitude, néanmoins, il y en a qui subsistent, quoiqu'elles ne » soient pas par écrit ; par exemple, si la maison que » le vendeur s'est réservée a une saillie sur celle qu'il » a vendue, l'acheteur ne pourra pas l'obliger de » l'ôter, autrement il faudrait abattre une partie de » la maison ; ou si la maison retenue ne peut avoir » un autre passage que par la maison vendue, c'est » une servitude nécessaire, pour l'établissement de » laquelle il ne faut point d'écrit, et l'acheteur ne » pourrait pas agir contre son vendeur par l'action » *quanti minoris*, vu que ce sont des servitudes nécessaires, *visibles* ; il ne peut pas dire qu'il a été » trompé, puisqu'il n'a pas pu les ignorer. »

76. — Les développements dans lesquels nous venons d'entrer nous montrent combien la pratique tenait à l'admission de la seconde destination, et, en même temps, combien cette admission était difficile, en violation des textes existants. Les jurisconsultes imaginèrent divers expédients pour échapper à cet embarras, et, dans le nombre, nous en retiendrons deux : celui du président de Lamoignon et celui de Pothier. Le premier de ces jurisconsultes proposa d'ajouter à la coutume deux articles nouveaux ; le second, n'espérant pas obtenir une modification du texte, essaya de faire sortir les deux destinations de l'art. 216 de la coutume de Paris par voie d'interprétation.

77. — On sait que le président de Lamoignon, as-

sisté d'un certain nombre de jurisconsultes, eut la pensée de compléter les coutumes, de les réunir en un seul code, et de donner à la nation, qui avait conquis l'unité politique, l'unité de législation. « On » avait plusieurs fois proposé, » dit Auzanet, « d'établir » une loi, un poids et une mesure, qui fût commune » pour toute la France, ce qui ne serait pas difficile » pour les poids et mesures; mais de croire que l'on » puisse faire une loi générale pour tous les pays » de coutume et de droit écrit, il ne faut point espé- » rer d'y parvenir; car, outre que plusieurs provinces » se sont données à la France à la condition de les » maintenir dans l'usage de leurs lois, les habitants » de chacun bailliage, sénéchaussée et gouvernement » sont persuadés que les lois et usages sous les- » quelles ils ont vécu jusqu'à présent sont meilleu- » res que les autres. Et supposez qu'il y eût quelque » chose à réformer, cela doit être fait en particulier, » dans chacun bailliage et province. »

« Mais chacun Parlement, en son particulier, peut, » sous le bon plaisir du roi, convenir de ses maxi- » mes et décider les questions qui ont été jusqu'ici » controversées. »

« M. de Lamoignon, premier président au Parle- » ment de Paris, souffrait avec impatience cette di- » versité de sentiments dans sa compagnie, et pour y » apporter le remède nécessaire, ayant su qu'autre- » fois j'avais commencé quelques mémoires sur une » partie de ces questions douteuses, il m'ordonna de » faire recherche de ces mémoires, et d'y ajouter ce » que je jugerais à propos; ce qui fut exécuté. Ce tra- » vail a duré plus de deux années. On tenait deux » assemblées par chacune semaine, l'une pour digé-

» rer les matières et donner la forme aux articles, » et l'autre, en la présence de M. le premier prési» dent, pour conclure et arrêter par son avis les ar» ticles. »

Cet essai prématuré ne fut pas heureux ; mais les arrêtés rédigés sous les auspices de l'illustre président conservent une valeur historique qu'on ne saurait méconnaître, et rendent témoignage de la marche des idées. Or le titre consacré aux servitudes est ainsi conçu :

« Article premier. — Nulles servitudes sans titre. »

« Cet article, » dit la note qui accompagne le texte, « est conforme à celui de la coutume de Paris » et de quelques autres coutumes. »

» Art. 2. — Si de deux maisons et héritages » voisins, appartenant à un même propriétaire, l'une » est aliénée, à quelque titre et pour quelque cause » que ce soit, ou que par un acte fait entre des co» héritiers, communs en bien et associés, les deux » maisons et héritages tombent entre les mains de » personnes différentes, la destination de l'ancien » propriétaire vaut titre, et demeureront les servi» tudes en même état qu'elles étaient, lorsque les » choses ont été séparées, sans autre titre ou con» trat, s'il n'en a été autrement convenu par la » disposition ou partage. »

« Cet article est important, » dit la note, « et » mérite un examen particulier ; il est contraire aux » art. 215 et 216, ajoutés en la dernière réformation » de la coutume de Paris, et à la disposition de » droit. »

A quelques pages de distance, on lit encore ce qui

suit, à propos de la prescription des servitudes, qui a toujours conservé des rapports étroits avec la matière des destinations :

« La plus commune opinion des docteurs va à » recevoir la prescription pour les servitudes conti- » nues, et à la rejeter pour les autres, à cause que » la continuation de la possession, qui est nécessaire » pour les prescriptions, ne s'y rencontre pas ; mais » il se trouve de grandes difficultés, pour la distinc- » tion des servitudes continues et discontinues, et » savoir s'il suffit d'avoir *causam continuam*, comme » *in stillicidio*, et pour la décharge des eaux, ou » bien s'il faut que l'usage de la servitude soit per- » manent et sans discontinuation, comme au droit » de vue. Aviser si, dans ces articles, on suivra la » distinction des servitudes continues ou disconti- » nues, ou si on parlera de celles qui sont accom- » pagnées de quelque ouvrage apparent, à la » distinction des autres. »

78. — On aperçoit tout de suite le chemin parcouru depuis la rédaction des coutumes.

En premier lieu, le verbiage prolixe du Grand Coutumier et de certaines coutumes a fait son temps ; une formule laconique le remplace : *Nulle servitude sans titre*, dit le président de Lamoignon. Il n'innove pas, néanmoins; car ce principe est conforme à celui de la coutume de Paris ; mais la pratique l'a condensé dans un adage aussi concis qu'exact.

79. — En second lieu, la destination nouvelle reçoit, dans l'art. 2, un texte encore un peu long peut-être, mais complet, dont il importe de peser les termes.

Le président de Lamoignon nous avertit, d'abord,

que son article est contraire à la coutume de Paris et au droit romain. Nous savons, en effet, par les développements qui précèdent, quel obstacle les ancien textes opposèrent à l'admission de la destination nouvelle. Aussi, l'innovation est-elle signalée comme importante et digne d'un examen particulier.

Le texte se place, dès ses premiers mots, sur le terrain de la destination qu'il s'agit d'introduire. L'ancienne se rapportait aux divisions opérées par voie de partage, et les art. 215 et 216 de la coutume de Paris la réglementaient : on n'avait plus à s'en occuper. La nouvelle s'applique à la séparation, par voie d'aliénation, de deux maisons ou héritages voisins, mais distincts. Le mot *séparation* remplace, dans le texte proposé, le mot *division*, que renferment les articles relatifs à la destination du père de famille ; et chacune de ces deux expressions devient la caractéristique de l'une des deux destinations : « Demeureront les servitudes, » dit le président de Lamoignon, « en même état qu'elles étaient lorsque les choses ont été *séparées*. »

80. — Ce n'est pas cependant aux seules aliénations que s'applique l'art. 2 ; il comprend encore tous actes faits entre cohéritiers, communs en biens et associés, c'est-à-dire les partages, pourvu qu'il s'agisse de maisons ou héritages *séparés*, venant entre les mains de personnes différentes ; et nous trouvons ainsi, dans un texte formel, la preuve de ce travail latent de la pratique, qui tendait à distinguer les partages des divisions et à restreindre la destination du père de famille à ces dernières seules, même quand elles s'opéraient autrement que par des partages. L'œuvre n'était certes pas facile, car le

texte de l'art. 215 de la coutume de Paris refusait aux divisions effectuées par voie d'aliénation le bénéfice de la destination ancienne. Mais le conflit était né, et les textes usés ne résistent qu'un temps. Nous voyons déjà poindre le jour où le code civil, sanctionnant les progrès accomplis, supprimera l'article 215, et mettra les *divisions* d'un côté, les *séparations* de l'autre, sans se préoccuper de la nature du contrat qui les aura amenées.

81. — A deux destinations ainsi nettement déterminées, il fallait deux appellations appropriées : l'ancienne conserve son nom de : *Destination du père de famille*; la nouvelle est appelée, par le président de Lamoignon : *Destination de l'ancien propriétaire*, et, plus tard, le tribun Gillet lui conservera ce nom, quand elle aura pris place dans l'art. 694 du code civil.

82. — Pas un mot n'est prononcé, au sujet de la continuité ou de l'apparence des servitudes à conserver. L'apparence ne fait pas question, sans doute, puisqu'elle sert de fondement à toute la théorie des destinations; mais il n'en est pas de même de la continuité, et nous avons vu ce qui avait été décidé à son égard, au point de vue de la destination du père de famille. Le président de Lamoignon hésite, néanmoins, et s'il s'abstient, dans la rédaction qu'il propose, il nous révèle, un peu plus loin, toutes ses perplexités. L'ancienne jurisprudence n'arriva jamais à concilier, sur ce point, toutes les opinions, et quand on relit les monuments qu'elle nous a laissés, on voit que les tribunaux s'appliquaient autant que possible à écarter la question, et la résolvaient différemment, suivant les circonstances, quand elle ne

pouvait pas être éludée. La difficulté se présentera tout entière devant les rédacteurs du code civil.

83. — Deux autres innovations doivent être signalées.

La première consiste en ce que l'art. 2 proscrit la preuve par écrit, que l'art. 216 de la coutume réformée de Paris avait rendue nécessaire; la note qui accompagne le projet explique le motif de cette suppression : « comme les titres et partages demeurent » pour l'ordinaire entre les mains de l'aîné des hé» ritiers, et que ces papiers sont sujets aux accidents » des incendies, et autres pertes, qui peuvent arri» ver par les accidents de guerres civiles et étrangè» res, si la destination doit être par écrit, même » après cent ans, la perte du titre emportera l'ex» tinction de la servitude, ce qui a fait ci-devant » plusieurs procès; au lieu que l'état ancien des bâti» ments fait une preuve certaine et infaillible de l'état » des servitudes; joint que sans cela, il faut rejeter » toutes les prescriptions. Aviser *quid justius et* » *melius.* » Les deux destinations devant, sous ce rapport, être soumises à la même règle, il fallait, ou bien violer l'art. 216 de la coutume de Paris, qui exigeait la preuve par écrit pour la destination du père de famille, ou bien soumettre à la même preuve la destination nouvelle. Les divergences qui se produisirent, à cet égard, et la reconnaissance de l'erreur que l'on avait commise, en faisant entrer la preuve par écrit dans l'art. 216, amenèrent la pratique à désirer sa suppression. Cette amélioration sera réalisée par le code civil.

84. — La seconde innovation a trait à l'expression *héritages*, qui accompagne le mot *maisons*, et qui étend

la destination aux fonds ruraux comme aux fonds urbains. Jusqu'au projet de Lamoignon, comme nous l'avons plusieurs fois remarqué, les textes n'avaient mentionné que les bâtiments, et il semblait que la destination du père de famille ne devait pas s'appliquer aux terres. Les praticiens, à la vérité, n'étaient pas retenus par ce scrupule; ils attribuaient à tous les immeubles le même bénéfice. Il était bon néanmoins que le texte fût mis en harmonie avec les faits.

85. — Nous trouvons ainsi, dans le texte proposé par le président de Lamoignon, la confirmation de tous les progrès que nous avons signalés dans la doctrine juridique. Cet éminent magistrat résumait très exactement les idées reçues, mais il ne devançait pas son siècle. Les innovations qu'il désirait voir confirmer par un texte, fruit d'une longue élaboration, se présentaient comme la résultante des efforts de tous, et si, malgré l'avortement de son entreprise, nous avons essayé de la faire revivre, c'est pour lui demander, non une pensée isolée, mais une preuve éclatante des progrès accomplis.

Après l'échec des arrêtés, les luttes et les divergences s'accentuèrent de plus en plus; les deux destinations vécurent côte à côte, s'appliquant l'une aux divisions, l'autre aux séparations d'immeubles.

86. — Pothier fut plus pratique que le président de Lamoignon; au lieu de proposer un texte nouveau, il essaya de profiter de celui de l'art. 228 de la coutume d'Orléans, reproduction exacte de l'art. 216 de la coutume de Paris, en l'élargissant par voie d'interprétation. La formule empruntait à son laconisme une certaine élasticité. Sous cette abréviation : *destination du père de famille vaut titre*, ne pou-

vait-on pas tout comprendre, les divisions comme les séparations, les aliénations comme les partages, les servitudes continues comme les servitudes discontinues? Pothier l'espéra, et voici de quel commentaire il fit suivre cet article :

« Lorsque deux héritages appartiennent au même » maître, le service que l'un tire de l'autre, comme » lorsque une maison a une vue ou un égout sur » l'autre, n'est pas servitude, *quia nemini res sua* » *servit;* c'est destination du père de famille. Si, par » la suite, ces maisons viennent à appartenir à diffé- » rents maîtres, soit par l'aliénation que le proprié- » taire fera de l'une de ces maisons, soit par le par- » tage qui se fera entre ses héritiers, le service que » l'une des maisons tire de l'autre, qui était desti- » nation du père de famille lorsque les maisons » appartenaient à un même maître, devient une ser- » vitude, que le propriétaire de cette maison a sur la » maison voisine de qui la sienne tire ce service, » sans qu'il soit besoin que, par l'acte de l'aliénation » qui a été faite de l'une de ces maisons, ou par le » partage, la servitude ait été expressément consti- » tuée. La raison est que la maison qui a été aliénée » est censée l'avoir été en l'état qu'elle se trouvait; » et pareillement que, lorsqu'elles ont été partagées, » elles sont censées l'avoir été telles et en l'état » qu'elles se trouvaient. »

Pothier veut fondre les deux destinations en une seule, pour faire entrer la seconde dans les textes existants. Son but est de déguiser la nouvelle venue sous l'appellation ancienne, et d'étendre la destination du père de famille aux séparations d'immeubles, au lieu de créer à côté d'elle une destination rivale, ou, au-dessus d'elle, une destination plus large.

Cette conservation du nom reçu présentait un avantage; mais la difficulté restait au fond des choses. Pothier crut la cacher sous des habiletés de rédaction.

Il se plaça d'abord sur le terrain de la destination nouvelle, car l'essentiel était de travailler à son profit; il posa le cas où deux héritages distincts, qui ont appartenu au même maître, viennent aux mains de deux maîtres différents. Il remplaça ensuite la distinction voulue, entre les divisions et les séparations, par une distinction entre les aliénations et les partages, qui était certainement toute différente, mais qui, en apparence, pouvait passer pour identique. Cette substitution, se joignant à des réticences, produisit l'illusion cherchée. Ainsi, par exemple, quand le commentaire veut dire que les immeubles se divisent ou se séparent, il s'exprime de la manière suivante : « Soit par l'aliénation que le propriétaire fera » de l'une de ces maisons, soit par le partage qui se » fera entre ses héritiers. » Il ne dit pas, comme le projet de Lamoignon, que le partage séparera deux maisons distinctes : il se tient plus près de la première destination, et n'empêche pas d'entendre que le partage qui se fera entre les héritiers pourra diviser les immeubles, au lieu de les séparer. Un peu plus loin, le commentaire dit de même : « Sans qu'il » soit besoin que par l'aliénation qui a été faite de » l'une de ces maisons, ou par le partage, la servi- » tude ait été constituée. » Pothier précise au point de vue des aliénations, ou plutôt au point de vue des séparations d'immeubles, dans l'intérêt de la destination nouvelle, mais il ne précise rien pour les partages, afin que l'on puisse y faire entrer les divisions si l'on veut. Ainsi, encore, il place en regard « la maison qui a été aliénée » et « les maisons qui ont été partagées. »

Malgré ces précautions et ces artifices, il n'en restait pas moins vrai que les deux destinations demeuraient étrangères l'une à l'autre, et qu'on ne parvenait pas à détruire cette dualité.

La question de la continuité des servitudes se posa devant Pothier comme elle s'était posée devant le président de Lamoignon; mais au lieu de la passer sous silence et de communiquer au lecteur ses hésitations, comme l'avait fait celui-ci, Pothier essaya de la résoudre implicitement, avec plus d'habileté que de succès, en mentionnant les vues et les égouts, à l'imitation des anciens textes.

Enfin, Pothier ne voit plus aucune différence entre les motifs qui ont fait admettre les deux destinations. On a perdu de vue le besoin que l'on avait senti, à l'origine, de maintenir l'égalité dans les partages et de préserver les lots de toute atteinte. L'état des lieux est le seul fondement de l'accord tacite des parties, aussi bien dans les partages que dans les aliénations, et les choses sont censées avoir été aliénées ou partagées « telles et en l'état qu'elles se trouvaient » au temps de l'aliénation ou du partage.

87. — Au moment où nous sommes parvenus, quelle est la doctrine des praticiens et des tribunaux?

Deux destinations sont en présence : celle du père de famille et celle du propriétaire primitif.

La première est dans la loi, remonte aux origines du droit coutumier, et s'applique sans conteste. La seconde, née plus tard de la marche progressive des idées, n'a pour elle que la raison et le consentement de tous, et, bien qu'admise dans la pratique, éprouve quelquefois des difficultés pour se faire obéir, en opposition avec les textes écrits. On essaie vainement de la faire entrer dans ces textes, soit par une disposition nouvelle, soit par voie d'interprétation. Elle possède néanmoins assez de vitalité pour vaincre toutes les résistances, et s'impose à ce point à la conscience des magistrats, que les parlements annulent violemment les contrats pour raison de dol, quand ils ne peuvent les soumettre à son action. Cette destination, d'autant plus énergique qu'elle a été plus contrariée, ne périra plus et introduira dans le code civil l'art. 694.

88. — La destination du père de famille s'applique aux divisions d'un même immeuble entre cohéritiers, communs en biens et associés ; la destination du propriétaire primitif, aux séparations de fonds distincts, anciennement réunis. Ce caractère fondamental des deux institutions s'affirme au début, quand la vérité parle seule. Puis, une certaine confusion se produit : la seconde destination, que les textes repoussent, dénature la première pour se faire admettre sous son couvert. Les divisions s'opèrent ordinairement par des partages : les séparations résultent le plus souvent d'aliénations; et les auteurs, qui s'occupent avant tout des cas ordinaires, paraissent quelquefois placer la distinction entre les partages et les aliénations ; mais ce n'est là qu'une illusion, contre laquelle l'histoire et les origines protestent, quand ce n'est pas, comme chez Pothier, un artifice destiné à ouvrir les textes à la seconde destination.

La première, en effet, naît des divisions fréquentes

qu'amènent les partages, et vise la formation des lots, c'est-à-dire la division de l'héritage, non leur attribution ou leur tirage au sort, qui constituent le partage, c'est-à-dire la convention. Si les coutumes avaient entendu appliquer la destination du père de famille aux contrats, elles n'auraient pas employé l'expression double : *partages et divisions*; la seconde eût été inutile, inexacte même; la première seule eût exprimé la pensée de la loi. Les commentateurs, en outre, nous auraient expliqué les motifs de la règle nouvelle, et l'auraient justifiée par des différences qu'ils auraient signalées, à ce point de vue, entre les partages et les autres contrats. Tout au contraire, la raison d'être de la destination du père de famille est prise de la nécessité de maintenir l'égalité de la division en lots; dès lors, ce n'est plus le mot partage seul, qui doit entrer dans le texte, car il exprimerait mal la pensée du législateur, c'est le mot *division*; et il y entre en effet. Il n'y vient pas seul, néanmoins, parce que, à ce moment, ce ne sont pas toutes les divisions, qui donnent ouverture à la destination que l'on crée : ce sont seulement celles qui s'opèrent dans les partages, et les textes que nous avons cités placent très explicitement cette restriction à côté de la règle, en disposant, dans un article spécial (art. 215 de la coutume de Paris, 619 de celle de Normandie, etc.), que les divisions par voie d'aliénation, c'est-à-dire les aliénations de parties d'immeubles, ne profitent pas de l'institution nouvelle, et restent soumises aux principes du Grand Coutumier. Il était donc nécessaire de placer dans l'art. 609 de la coutume de Normandie le mot restrictif *partages*, à côté du mot essentiel *divisions*, qui aurait eu à lui seul une compréhension trop large. Ce dernier mot, néanmoins, même restreint, demeurait le mot caractéristique, et c'était bien pour les divisions d'un certain genre que la destination du père de famille était créée.

Quand la seconde vint, au contraire, elle se plaça nettement au pôle opposé, et supposa toujours l'existence de deux maisons distinctes, qu'une vente séparait. Elle ne pouvait songer à s'occuper des divisions qui formaient le domaine de la destination déjà établie, et qui étaient entièrement réglementées par les textes. L'aliénation d'une portion d'immeuble, qui n'était au fond qu'une division, avait même fait l'objet d'un article spécial. La séparation de deux héritages distincts, un moment réunis dans la même main, restait seule en dehors des règles édictées.

Les deux courants parallèles se manifestent donc très nettement, mais la matière n'est pas fouillée. La discussion reste ouverte sur les premières données, c'est-à-dire sur les conditions d'existence les plus essentielles ; on ne se préoccupe pas des développements ultérieurs. Avant de donner une doctrine complète aux destinations, il faut consolider leurs premières assises, car on n'organise que ce qui existe. Aussi s'en tient-on aux deux idées fondamentales : 1° divisions par voie de partages ; 2° séparations par voie d'aliénations. On ne s'occupe pas des séparations amenées par les partages, et on ne se rend pas compte de l'influence que doit exercer sur les aliénations partielles l'admission de la seconde destination. Le droit coutumier ne livre donc aux rédacteurs de nos codes que les premiers éléments d'une théorie incomplète.

89. — Une difficulté singulière, néanmoins, était la conséquence de cette combinaison heurtée de deux créations indépendantes.

Les textes coutumiers avaient à ce point restreint le domaine de la destination du père de famille, que même les ventes d'une partie d'immeuble n'y trouvaient aucune place. Les partages et divisions jouissaient seuls de ce bénéfice. L'art. 215 de la coutume de Paris avait été rédigé tout exprès pour ce cas : « Quand un père de famille met hors de ses mains » partie de sa maison, etc. » disait cet article. La coutume de Normandie s'exprimait dans les mêmes termes : « Quand aucun met hors de ses mains partie de sa maison. » D'un autre côté, quand la pratique créa la seconde destination elle eut en vue les immeubles distincts, accidentellement réunis dans une seule main, et séparés ensuite. Or, que devint alors la vente de partie? A quelle règle fut-elle soumise? De quelle destination releva-t-elle?

De la seconde sans doute, puisqu'elle était formellement exclue de la première; mais quelle anomalie! Si une partie de maison était retranchée par un partage, les servitudes continues se conservaient seules, tandis que les charges de toute nature, continues et discontinues, se maintenaient, pourvu qu'elles fussent apparentes, si la maison était divisée par une vente. On avait exigé la continuité dans le premier cas, parce que toute innovation aurait détruit l'égalité des lots et donné ouverture à une action en garantie, que les copartageants avaient certainement entendu proscrire; mais la vente n'exigeait-elle pas aussi une chose fixe, comme première condition de son existence? Comment pouvait-on être d'accord sur la chose, si elle n'était pas irrévocablement déterminée, si des innovations pouvaient se produire? La fixité de l'objet vendu était aussi nécessaire que la fixité des lots, et il n'était pas plus permis d'innover dans un cas que dans l'autre.

L'hésitation était donc permise, et si l'on ajoute que cette question ne vint jamais qu'au troisième rang, que les praticiens et les parlements se préoccupèrent avant tout d'introduire la destination nouvelle, et qu'ils luttèrent longtemps pour échapper aux rigueurs de la preuve par écrit, on comprend qu'une solution explicite ne soit jamais intervenue. Mais que se passera-t-il au moment où les deux destinations entreront dans le code civil?

La première apportera sa formule : *destination du père de famille vaut titre*, telle qu'elle sera fournie part l'art. 216 de la coutume de Paris; la seconde empruntera les expressions du président de Lamoignon, et sera le résume de son art. 2. Quant à l'art. 215 de la coutume de Paris, qui réglementait l'aliénation d'une portion d'immeuble, on n'en trouvera plus trace. L'extension de la destination du père de famille à toutes les divisions l'aura rendue sans objet, et la restriction de l'art. 694 aux séparations d'immeubles distincts, indiquera suffisamment que les divisions de toute sorte appartiennent à la destination de l'art. 692.

90. — Non seulement la doctrine n'étudie pas tous les cas qui peuvent se présenter, et s'en tient aux deux principaux, mais encore elle ne précise pas à quelles servitudes les deux destinations s'appliqueront. Sans doute, ces servitudes doivent être apparentes et se manifester par des signes à la fois visi-

bles et certains, puisque c'est de l'état des lieux que l'on fait résulter l'accord tacite des parties; mais on hésite au sujet de la continuité. Les glossateurs et Bartole avaient cru la trouver dans le droit romain, en matière de ventes et de legs, sans remarquer qu'elle accompagne surtout les aliénations partielles, qui sont de véritables divisions. Les praticiens du droit coutumier, après l'avoir à peu près admise dans la destination du père de famille, à l'imitation peut-être du droit romain, se demandèrent s'ils devaient la considérer comme nécessaire dans les séparations. Les réponses furent diverses; cette divergence produisit une incertitude qui laissa la question en suspens.

91. — Enfin, la destination du père de famille, née au début, quand la doctrine était plus timide, avait exigé des preuves plus explicites et plus certaines de l'intention des parties, et s'était crue obligée de donner à sa théorie une base à la fois plus solide et plus manifeste. Non seulement la servitude devait frapper les yeux des copartageants, mais encore se maintenir sans innover et sans donner ouverture à une action en garantie. L'état des lieux ne suffisait pas pour démontrer l'accord des contractants et ne formait qu'une première présomption que venait corroborer le désir incontestable de rendre le partage définitif, en le conservant égal. Ce désir, dont on ne pouvait douter, donnait à la présomption née du signe apparent une plus grande force probante. La destination nouvelle ne connut pas ces scrupules et considéra l'état apparent des lieux comme une manifestation suffisante de la volonté des parties. Elle n'eut pas recours à l'argument qu'elle aurait pu

puiser dans la garantie qui accompagne toute vente, peut-être parce que cet argument lui aurait fait défaut en matière de legs ; elle se plaça résolument en présence du signe apparent seul. A partir de ce moment, il fut moins utile d'appeler le principe de l'égalité des lots au secours de la destination du père de famille, et les jurisconsultes prirent l'habitude de fonder uniquement la première destination, comme la seconde, sur la présomption née de l'état des lieux. Les tentatives que l'on fit pour les réunir contribuèrent à amener ce résultat. On n'oublia jamais entièrement, néanmoins, le rôle qu'avait joué ce principe de l'égalité des lots, et c'est sans doute à ce souvenir que le code civil devra la restriction de la destination du père de famille aux servitudes continues. Celles-là seules, en effet, ne modifiaient pas l'état des lieux, si on les conservait, et le modifiaient, au contraire, si on les supprimait.

92. — On pourra s'étonner que la destination la plus exigeante, et, par suite, la moins impérieuse, soit venue la première, et que la seconde, plus faciment admissible, ne l'ait pas devancée. Cette anomalie apparente s'explique aisément quand on sait combien les partages étaient fréquents à l'origine de nos coutumes et combien les aliénations étaient rares. Sans doute, dans la vente d'un immeuble distinct, l'intention des parties se manifeste par des signes plus énergiques et moins équivoques. Le fonds dominant et le fonds servant sont sous les yeux de ceux qui traitent. La servitude les marque l'un et l'autre de son empreinte. Rien n'est à imaginer ou à supposer ; tout se voit, tout a frappé les regards pendant les négociations. On n'a pas pu se méprendre. Dans

les divisions, au contraire, les limites idéales des lots restent incertaines jusqu'à la dernière heure; un travail d'expert est souvent nécessaire pour placer la servitude sur ces limites, qu'on ne voit pas, et en mesurer les effets. Quelquefois même ce travail ne peut s'effectuer sans une opération graphique préalable. Quelle source de doutes et d'incertitudes ! Et combien, dans ce cas, l'intention des parties devient plus problématique! D'un autre côté, l'utilité des services anciens était modifiée par les partages : tél passage nécessaire pour l'exploitation de l'ensemble devenait sans valeur après la division en lots. Il était donc plus facile de se prononcer dans les aliénations d'immeubles distincts que dans les divisions et les partages. Mais les institutions juridiques naissent quand elles sont nécessaires, et non quand elles sont faciles. Les partages étant nombreux, la pratique eut besoin de la destination du père de famille et la créa, sans se préoccuper des difficultés de l'entreprise. Il eût été certainement plus commode de réglementer les séparations; mais à ce moment nul n'en avait cure. Ainsi se justifie l'antériorité de la destination la plus exigeante et la plus douteuse.

CHAPITRE III.

CODE CIVIL.

I

DOCUMENTS LÉGISLATIFS.

SOMMAIRE.

93. — Texte du code civil.
94. — Corrélation conservée entre la prescription et la destination du père de famille.
95. — Le principe : *Nulle servitude sans titre* n'est pas exprimé.
96. — Motifs qui restreignent la prescription aux servitudes continues.
97. — Ces motifs s'appliquent en partie à la destination.
98. — Rapport du tribun Albisson.
99. — Discours du tribun Gillet.
100. — Confirmation de la doctrine coutumière.
101. — Maintien des deux destinations.
102. — L'art. 694 ne s'applique pas seulement aux servitudes antérieures à la réunion.
103. — Les destinations sont fondées, comme autrefois, sur l'intention présumée.
104. — De quelles personnes doit venir l'intention.
105. — La destination de l'art. 694 s'induit, comme autrefois, du signe apparent.
106. — Celle de l'art. 692 est bornée aux servitudes continues et apparentes.
107. — Mais elle reste la même.

93. — Sous ce titre : « Comment s'établissent les servitudes, » on lit, au code civil, les articles suivants :

Art. 690. — Les servitudes continues et apparentes s'acquièrent par titre ou par la possession de trente ans.

Art. 691. — Les servitudes continues non apparentes, et les servitudes discontinues, apparentes ou non apparentes, ne peuvent s'établir que par titres. — La possession, même immémoriale, ne suffit pas pour les établir, sans cependant qu'on puisse attaquer aujourd'hui les servitudes de cette nature déjà acquises par la possession, dans les pays où elles pouvaient s'acquérir de cette manière.

Art. 692. — La destination du père de famille vaut titre, à l'égard des servitudes continues et apparentes.

Art. 693. — Il n'y a destination du père de famille que lorsqu'il est prouvé que les deux fonds, actuellement divisés, ont appartenu au même propriétaire, et que c'est par lui que les choses ont été mises dans l'état duquel résulte la servitude.

Art. 694. — Si le propriétaire de deux héritages, entre lesquels il existe un signe apparent de servitude, dispose de l'un des héritages, sans que le contrat contienne aucune convention relative à la servitude, elle continue d'exister activement ou passivement, en faveur du fonds aliéné ou sur le fonds aliéné.

94. — Comme ont le voit, le Code a conservé la

corrélation que l'ancien droit avait établie entre la prescription et la destination du père de famille; cette circonstance suffirait à nous indiquer, dès l'abord, qu'il est resté dans la tradition.

95. — Il ne pose pas, dans un article spécial, le principe qui paraissait dominer la matière sous le droit coutumier : « Nulle servitude sans titre, » sauf à le faire suivre d'exceptions plus ou moins restreintes. Ces exceptions se sont développées; chacune d'elles forme un corps de doctrine, et il est devenu plus exact de dire que les servitudes s'établissent par le fait de l'homme de trois manières : par titre, par prescription, par destination. Le titre, néanmoins, ne cesse pas d'être la règle; les deux autres moyens demeurent théoriquement des exceptions.

96. — La prescription passe avant la destination du père de famille; d'excellentes raisons la restreignent aux servitudes continues et apparentes.

« Des actes journaliers et patents, » disait Berlier, l'orateur du gouvernement, « exercés pendant long-
» temps sans aucune réclamation, ont un caractère
» propre à faire présumer le consentement du pro-
» priétaire voisin. Le titre même a pu se perdre;
» mais la possession reste, et ses effets ne sauraient
» être écartés sans injustice.

» Il n'en est pas de même à l'égard des servitudes
» continues non apparentes, et des servitudes dis-
» continues, apparentes ou non. Dans ce dernier cas,
» rien n'assure, rien ne peut même faire légalement
» présumer que le propriétaire voisin ait eu une suf-
» fisante connaissance d'actes souvent fort équivo-
» ques, et dont la preuve est dès lors inadmissible.

» Cette décision, conforme à la justice et favorable

» à la propriété, est l'une des plus importantes du » projet, et mérite d'autant plus d'attention qu'elle » n'était pas universellement admise dans le dernier » état de la jurisprudence. Nulle part, on n'avait pu » méconnaître la différence essentielle qui existe entre » ces diverses espèces de servitudes; mais tout ce » qui en était résulté, dans quelques ressorts, c'est » qu'au lieu de possession trentenaire, on exigeait, » à défaut de titre, la possession immémoriale, pour » l'acquisition des servitudes discontinues. De graves » auteurs, notamment Dumoulin, avaient adopté cette » opinion; mais qu'est-ce qu'une possession immé- » moriale pouvait ajouter ici; et quelle confiance » pouvaient mériter, au delà de trente ans, les mêmes » faits, les mêmes actes, que l'on avouait être équi- » voques et non concluants, pendant cette première » et longue série d'années ? »

97. — Ces mêmes restrictions et ces mêmes motifs s'appliquent à la seconde exception relative à la destination du père de famille. Des actes journaliers et patents, comme ceux qui résultent de l'exercice des servitudes continues, ont un caractère propre à faire présumer le consentement des copartageants; mais il n'en est pas de même à l'égard des autres servitudes.

Il n'est pas sûr que les contractants aient songé à des charges qui ne s'exercent qu'à des intervalles tellement irréguliers, ou tellement éloignés, qu'on pourrait les considérer comme des accidents sans suite et sans portée. L'ancien droit avait pressenti, comme nous l'avons déjà montré, cette nécessité dans laquelle on se trouverait de restreindre la destination du père de famille aux servitudes continues et apparentes, et le Code a donné raison à ces prévisions.

98. — « Les servitudes continues et apparentes, » disait Albisson, dans son rapport au tribunat, « s'ac» quièrent par titres ou par la possession de trente » ans. »

» Nul doute ne pouvait s'élever sur l'acquisition » par titres, qui est commune à toutes les espèces de » servitudes.

» Il n'en était pas de même de la possession. La » jurisprudence française était divisée à cet égard : la » plupart des coutumes, et notamment celle de Paris, » la rejetaient, fût-elle de cent ans. Les pays régis » par le droit écrit l'admettaient, pourvu qu'elle eût » trente ans, sur le fondement de plusieurs textes du » droit romain.

» On a pensé qu'une possession de trente ans étant » suffisante pour acquérir une maison ou un fonds » de terre, il n'y a pas de raison de la regarder » comme insuffisante pour acquérir, sur cette maison » ou sur ce fonds de terre, un droit de servitude » dont l'exercice et le signe extérieur de cet exercice » auraient duré pendant trente ans, au vu et su du » propriétaire, sans contradiction de sa part ; et le » droit romain a prévalu.

» Mais il a été abandonné, quant aux servitudes » continues non apparentes, et aux servitudes dis» continues, apparentes ou non apparentes. Il exi» geait, à la vérité, pour ces sortes de servitudes, » une possession immémoriale ; mais une telle pos» session ne se manifestant pas nécessairement par » des actes assez suivis ou assez fréquents, pour » faire supposer le consentement, même lorsqu'il n'y » aurait pas eu de contradiction formelle, c'est avec

» raison que le projet déclare que de telles servitudes » ne peuvent s'établir que par titres, et que la pos- » session, même immémoriale, ne peut en tenir lieu.

» Les servitudes peuvent encore être établies par » la destination du père de famille : *la jurisprudence* » *avait essuyé, dans ce point*, *une variation considé-* » *rable*, et laissait en outre une *lacune* à remplir.

» L'ancienne et la nouvelle coutumes de Paris » s'accordaient à déclarer qu'elle vaut titre : mais » celle-ci exige qu'elle soit constatée par écrit; l'au- » tre ne l'exigeait pas.

» Y avait-il d'ailleurs quelque différence à faire, à » ce sujet, entre les différentes espèces de servi- » tudes ? C'est ce que ni l'une ni l'autre n'expliquaient. » Les lois romaines n'offraient pas plus de lumières, » et ce n'était que par une analogie un peu forcée » qu'on pouvait y appliquer quelques textes.

» Le projet s'explique nettement sur tout cela.

» Il déclare que la destination du père de famille » vaut titre, mais il *borne* son effet aux servitudes » continues et apparentes.

» Il n'exige pas que la destination soit constatée » *par écrit;* mais il statue qu'il n'y a destination que » lorsqu'il est prouvé que les deux fonds actuelle- » ment divisés ont appartenu au même propriétaire, » et que c'est par lui que les choses ont été mises » dans l'état duquel résulte la servitude.

» *Autre question* sur laquelle il était important de » fixer la législation.

» Le propriétaire de *deux héritages*, dont l'un, » avant la réunion dans sa main, devait un service » à l'autre, vient à *disposer* de l'un ou de l'autre, » sans qu'il soit fait aucune mention de servitude

» dans l'acte de l'*aliénation;* la servitude active ou
» passive continue-t-elle d'exister?

» On pourrait opposer, et on opposait, en effet, » que toute servitude étant éteinte, lorsque le fonds » à qui elle est due et celui qui la doit sont réunis » dans la même main, règle certaine et consacrée » même, en termes formels, par l'art. 705 du projet, » il était indispensable, pour la conservation de » la servitude, qu'elle eût été réservée expressément » dans l'acte d'aliénation. Mais *on ne prévoyait pas* « *le cas où, la chose parlant d'elle-même, la réserva-* » *tion ne devenait plus nécessaire; et c'est ce cas* » *que le projet prévoit* très sagement. Ainsi, dans » l'espèce *supposée*, si la chose parle d'elle-même, » c'est-à-dire, comme s'explique le projet, s'il existe » entre les deux héritages un signe apparent de ser- » vitude, le silence des contractants *n'empêchera pas* » qu'elle continue d'exister activement ou passive- » ment en faveur du fonds aliéné ou sur le fonds » aliéné. »

99. — « On retrouve, » disait le tribun Gillet, dans son discours au Corps législatif, « le même caractère » de clarté et de simplicité dans les art. 692, 693 » et 694, qui indiquent à quels signes on peut recon- » naître *la destination du père de famille, et celle du* » *propriétaire primitif des deux héritages* entre les- » quels la servitude subsiste. C'était encore un des » points qui avaient le plus partagé les coutumes et » exercé davantage la plume de leurs commentateurs, » sans néanmoins que leur prévoyance se fût étendue » aussi loin que celle du projet. »

100. — Comme on le voit, il ne s'agit pas d'une doctrine nouvelle, inaugurée par nos législateurs. Les

travaux préparatoires du code civil disent formellement que l'on conserve les règles anciennes, en les améliorant sur deux points précis, c'est-à-dire en n'exigeant plus la preuve par écrit de la destination du père de famille, et en restreignant cette destination aux servitudes continues et apparentes. Albisson rappelle les variations considérables que l'ancienne jurisprudence avait essuyées sur le premier point, sans arriver à le régler d'une manière satisfaisante. Quant au second, il constate, comme nous l'avons fait nous-même, que le droit coutumier ne s'expliquait pas suffisamment sur la question de savoir s'il fallait mettre une différence entre les diverses espèces de servitudes, et que, les lois romaines offrant de leur côté peu de lumière, les bartolistes les avaient un peu forcées pour arriver à la permanence ou à la continuité. L'ancienne doctrine se trouve donc tout entière dans la nouvelle législation, sauf les modifications de détail que le texte et les travaux préparatoires indiquent; et comme ce point est important, il paraît utile de rechercher ce que deviennent un à un, dans la théorie du code civil, les principes que nous avons signalés dans l'ancienne jurisprudence.

101. — Ce qui frappe, au premier abord, c'est que les deux destinations du droit coutumier sont passées dans la doctrine moderne. L'art. 692 conserve jusqu'à la formule de la première : *Destination du père de famille vaut titre.* La seconde n'a pas son nom inscrit dans le texte de l'art. 694, comme elle l'avait dans le projet du président de Lamoignon, parce que ce nom n'est pas caractéristique, et s'applique, à la rigueur, à la première aussi bien qu'à la seconde. Il n'avait pas été pris en habitude, d'ailleurs, et n'était

pas entré dans le langage des praticiens, parce que les coutumes écrites n'avaient admis, à l'origine, que la destination du père de famille, et que la seconde destination, appuyée sur l'usage seul, ne parvenait pas facilement à se produire devant les tribunaux. Mais le tribun Gillet est plus explicite, et donne à chacune des deux destinations son appellation ancienne : l'une est la destination du père de famille, l'autre est la destination du propriétaire primitif des deux héritages entre lesquels la servitude subsiste. Il n'est pas possible de rattacher plus directement la destination de l'art. 694 à celle que nous avons vue naître dans la pratique coutumière, et que le président de Lamoignon voulait réglementer dans son article 2. Les deux textes sont identiques malgré quelques différences de rédaction. Albisson constate, à son tour, qu'à côté de la destination du père de famille qui avait essuyé des variations considérables, les coutumes écrites laissaient une lacune à remplir, et que cette lacune est comblée par l'article 694.

102. — Quelques auteurs, trompés par l'exemple qu'avait choisi le tribun Albisson, n'ont pas craint d'affirmer que l'art. 694 ne s'appliquait qu'aux propriétaires de deux héritages dont l'un avait dû anciennement un service à l'autre, et ils ont soutenu que les servitudes existantes avant la réunion étaient seules conservées. Un arrêt de la Cour de Lyon, du 11 juin 1831, est même entré dans cette voie. Nous examinerons, plus loin, la valeur des arguments invoqués à l'appui de cette opinion, mais, dès maintenant, nous devons faire remarquer que l'espèce citée n'est qu'un exemple, et qu'Albisson lui-même

nous le dit. Son rapport raisonne sur une donnée particulière; mais la question à résoudre est générale et se place, avec une importance égale, en regard de celle de la destination du père de famille. Ces mots : « Autre question, sur laquelle il était impor- » tant de fixer la législation, » ne permettent pas d'en douter. En outre, Albisson nous dit qu'il argumente sur une espèce *supposée*. Or ce n'est pas à une espèce supposée que peuvent s'appliquer les mots : *autre question*. Une espèce supposée est un exemple que l'on prend pour la commodité de la démonstration. On voit d'ailleurs que, chemin faisant, le raisonnement du tribun Albisson se généralise. On opposait que, toutes servitudes étant éteintes par la confusion, il était indispensable de réserver celles que l'on voulait maintenir; mais on ne prévoyait pas « *le cas où, la chose parlant d'elle-même, la réservation ne devenait plus nécessaire.* » C'est à ce cas que l'article 694 devait pourvoir. Il s'agit donc des servitudes qui parlent d'elles-mêmes, dans les séparations d'immeubles distincts, et non de celles qui ont pu exister anciennement, à une époque dont personne certainement ne s'occupe au moment du contrat. Aussi Albisson, qui est sorti de son espèce, y rentre-t-il au moment de conclure : « Ainsi, » dit-il, « dans l'espèce « supposée, si la chose parle d'elle-même, » c'est-à-dire si la servitude est de la classe de celles auxquelles la destination s'applique, « le silence des contrac- » tants n'empêchera pas qu'elle continue d'exister. » Ajoutons, pour ne négliger aucun des arguments fournis par les textes, que la rédaction de l'art. 694 ne fait aucune mention de cette espèce unique en vue de laquelle on l'aurait édicté. Il parle des servitudes apparentes au moment de la séparation des deux héritages, mais non spécialement de celles qui existaient avant la réunion. Il est inutile de démontrer qu'aucune raison particulière ne milite en faveur de ces dernières; mais qu'on nous permette de faire observer que cette doctrine mettrait à une dure épreuve, non seulement les acquéreurs, quand la réunion des deux fonds remonterait à une date éloignée, mais encore les vendeurs, quand cette réunion aurait été opérée par leurs auteurs.

Si l'on considère enfin que, pour suivre l'opinion dont nous parlons, il faut introduire subitement dans le droit, sans préparation aucune, sans besoin constaté, sans motifs connus, sans texte même, une doctrine nouvelle, à propos d'un cas spécial aussi rare que peu intéressant, supprimer en outre une théorie laborieusement édifiée par la pratique de plusieurs siècles, sous la pression de nécessités telles, que les parlements faisaient pour l'admettre violence à la loi, et laisser sans solution des questions importantes, on ne peut douter que les deux destinations du code civil ne soient celles de l'ancien droit, comme le dit le tribun Gillet en termes formels.

Il ne nous suffit pas d'établir que nous retrouvons dans le code civil les deux destinations de l'ancien droit; nous devons démontrer, en outre, qu'elles y sont venues avec leurs caractères essentiels, et qu'elles reposent toujours sur les mêmes fondements.

103. — Le code civil, en conservant les deux destinations anciennes, les a établies l'une et l'autre sur la double base d'un état de choses remontant à l'ancien propriétaire ou au père de famille, et d'une volonté tacite, révélée par cet état des lieux.

La preuve en est partout : dans le texte des articles 692, 693 et 694, dans les travaux préparatoires du code, dans les discours des orateurs, dans les auteurs, dans les arrêts. Il n'y a destination, dit l'art. 693, que lorsqu'il est prouvé que les deux fonds actuellement divisés ont appartenu au même propriétaire, et que c'est par lui que les choses ont été mises dans l'état duquel résulte la servitude. D'un autre côté, le rapport du tribun Albisson et tous les autres documents établissent que des « réservations » sont inutiles, quand les choses parlent d'elles-mêmes : ce qui assimile l'état apparent des lieux à une réserve implicite, à un contrat tacite.

104. — La doctrine et la jurisprudence ne soulèvent aucune difficulté sur ce point, et reconnaissent même, comme l'ancien droit, que l'intention vient souvent d'une personne autre que celle qui a mis les choses en l'état.

Quand des communistes, par exemple, partagent entre eux les immeubles qu'ils viennent d'acheter, il est manifeste que les charges ont été imposées par l'ancien propriétaire, et que néanmoins le consentement de ce dernier n'est pas nécessaire pour établir la destination et assurer le maintien des services qu'il a pourtant lui-même établis. Les copartageants seuls peuvent consentir expressément ou tacitement à la création de servitudes, car ils sont seuls propriétaires et ont seuls le droit de disposer de leur propriété.

Dans la vente qui sépare un fonds d'un autre, au contraire, le maître qui consent au maintien de la servitude est celui-là même qui l'a établie.

Trois cas sont à considérer, quand on se préoccupe des personnes chez lesquelles l'intention doit être présumée pour l'établissement des servitudes par la destination du père de famille ou du propriétaire primitif.

S'il s'agit d'un legs ou d'une donation, on ne recherche que la volonté du testateur ou du donateur ; cette volonté, jointe à la mise ou à la conservation des deux immeubles en l'état, pendant leur réunion, suffit pour donner naissance à la servitude.

S'il s'agit d'une vente, d'un échange, d'un contrat quelconque, deux intéressés sont en présence : leur consentement simultané doit intervenir dans les clauses tacites comme dans les clauses exprimées.

S'il s'agit d'un partage, l'intention de maintenir les charges existantes doit se rencontrer chez tous les copartageants. D'une manière générale, la disposition ou la convention présumée qui établit la servitude doit émaner de toutes les personnes dont le consentement est nécessaire pour la validité du contrat ou de la libéralité.

Quand on se préoccupe, au contraire, des personnes qui doivent avoir mis ou laissé les immeubles en l'état, on constate qu'elles sont quelquefois tout autres que celles dont nous venons de parler. Dans le partage, par exemple, le père de famille qui tenait les immeubles réunis dans sa main, et qui a créé la destination, demeure étranger à la division qui s'opère après lui entre ses héritiers ; ces derniers seuls maintiennent par leur volonté présumée la destination établie par leur auteur.

105. — Non seulement nous trouvons dans le code civil les deux destinations de l'ancien droit, avec leur nom, leur principe et leur base, mais nous les voyons

en outre revêtues des mêmes caractères et soumises aux mêmes conditions.

La destination du propriétaire primitif, par exemple, que réglemente l'art. 694, est subordonnée, comme autrefois, à l'existence d'un signe apparent, au moyen duquel la charge semble, en quelque sorte, parler d'elle-même ; ce qui permet à l'acte de rester muet, sans que l'intention des parties demeure douteuse. De ce côté, rien n'est changé ; l'identité des deux institutions est manifeste.

106. — A la vérité, la destination du père de famille est restreinte aux servitudes continues ; mais cette limitation que Barthole avait trouvée dans le droit romain, et que Basnage avait signalée dans la pratique coutumière, ne modifie pas la nature de la destination. Sa portée se trouve reduite, et son champ d'application restreint ; mais son principe, son essence et son but n'ont pas varié. On peut différer sur le point de savoir si la volonté des parties se présume également pour toutes les servitudes, ou si, au contraire, la continuité est un élément important de certitude, dans certains cas douteux. Mais quelle que soit la décision à cet égard, la destination du père de famille n'en reste pas moins une convention tacite, maintenant des servitudes comme si elle était expresse.

107. — Cette différence, au surplus, ne nous autorise pas à nier l'identité qui existe entre la destination actuelle et la destination ancienne ; car ceux qui l'ont écrite dans nos lois nous ont avertis que leurs innovations ne portaient que sur deux points accessoires, et que le fond de la doctrine était conservé. Mentionner ces innovations, n'était-ce

pas déclarer nettement que l'institution restait la même ?

108. — Ce n'est pas sans quelque surprise que l'on voit M. Demolombe soutenir que le code civil, loin d'adopter les idées anciennes, en présente, au contraire, le plus complet renversement. « Autrefois, » dit-il, « on admettait plus facilement la destination » du père de famille dans les partages que dans les » aliénations, tandis qu'aujourd'hui la loi est plus » sévère pour les partages et divisions (1). »

Il est incontestable qu'à l'origine les partages étaient mieux traités que les aliénations, puisque celles-ci ne profitaient, en aucun cas, de la destination existante. Mais quand on leur en accorda le bénéfice, quand l'apparence fut assimilée à une réserve expresse, il n'y eut plus aucune différence entre les aliénations et les partages ; dans ces derniers contrats, il fallait bien aussi que les charges fussent visibles et connues, et c'est dans ce sens que se prononcent les deux arrêts du Parlement de Normandie du 7 juillet 1666 et du 15 juillet 1757, cités par M. Demolombe. Or, parce que, au lieu de maintenir les deux destinations sur le même pied d'égalité, le code civil aura cru devoir n'appliquer l'une d'elles, la première en date, si l'on veut, qu'aux servitudes continues et apparentes, se contentant d'exiger pour l'autre, plus tard venue, mais plus énergique, l'apparence seulement, faudra-t-il dire que tout est renversé, et par suite dénaturé ? Nous ne le pensons pas. Une présomption, une prescription, une déchéance peuvent recevoir, suivant les temps et les milieux, une plus ou

(1) Demolombe, *Des servitudes*, t. II, nº 819.

moins grande portée, sans que leur nature change.

Qu'on le remarque bien, d'ailleurs, les deux arrêts que cite M. Demolombe rendent eux-mêmes témoignage de l'exactitude de nos appréciations. « Des » doutes fort sérieux, » dit-il, « s'étaient élevés sur les » art. 609, 619 et 620, de la coutume de Normandie, » et, ainsi que l'a rappelé un arrêt de la Cour de » Caen, la jurisprudence les a interprétés en ce sens » que les servitudes apparentes, telles que celles de » vues et égouts, continuaient de subsister, tant pour » que contre la maison retenue par le vendeur, et qu'il » en devait être de ce cas comme de celui de partage » entre cohéritiers, prévu et réglé par l'art. 609. » La seconde destination a donc été, à une certaine époque, assimilée à la première, au point de vue des résultats; dès lors, le code civil n'a rien renversé dans les idées anciennes.

Les rédacteurs de nos lois ont eu si peu l'intention d'abandonner l'institution primitive pour en créer une nouvelle, qu'ils n'ont même pas introduit les deux améliorations de détail dont nous avons parlé sans faire connaître les motifs qui les guidaient, et sans mentionner la rectriction qui allait devenir la conséquence de leur première innovation. « Désormais, » dit Albisson, « l'effet de la destination du père de famille » sera *borné* aux servitudes continues et apparentes, » ce qui implique que cet effet était auparavant plus étendu, et que l'institution reste la même, bien que restreinte. La présomption sur laquelle repose cette destination ne paraît pas au nouveau législateur pouvoir s'étendre, comme autrefois peut-être, à des charges discontinues; on apprécie différemment la portée d'une volonté tacite : mais on ne change ni la nature, ni le fondement, ni les caractères de l'ancienne destination.

109. — Il suffit de se rendre compte des motifs qui ont amené nos législateurs à restreindre la destination du père de famille aux servitudes apparentes et continues, pour se convaincre qu'ils ont voulu l'appliquer dans un moins grand nombre de cas sans la dénaturer.

L'établissement des servitudes par la destination repose sur l'intention présumée des cohéritiers de maintenir les immeubles de la succession dans l'état où leur auteur les a possédés. Or, pour qu'une semblable intention puisse être supposée, il est indispensable qu'un signe apparent révèle aux yeux de tous les charges à conserver, car les copartageants ne peuvent vouloir les conserver qu'autant qu'ils les connaissent. La condition de l'apparence s'impose donc, pour la destination du père de famille comme pour la destination du propriétaire primitif, et, sous ce rapport, il ne saurait exister entre elles aucune différence.

Mais est-ce tout? et ne doit-on pas se montrer plus exigeant entre cohéritiers?

Quand je vends une des deux maisons que je possède, ni mon acquéreur ni moi ne pouvons nous tromper : nous traitons suivant ce que nous voyons. Qu'importe, entre nous, qu'une charge soit continue ou discontinue? L'apparence seule nous intéresse; et de même que nous n'avons pas pu vouloir maintenir un service permanent, si aucun signe extérieur ne nous a révélé son existence, de même nous avons certainement eu la pensée de conserver un service discontinu, si un ouvrage visible l'a rendu certain à nos yeux, sans que nous ayons protesté contre son maintien. Nous savons, mon acquéreur et moi, que nous avons des intérêts opposés, et qu'il nous incombe de les défendre. Ces intérêts, en outre, sont très nettement définis. Si donc nous ne demandons pas la suppression d'une charge existante et visible, on doit légalement présumer que nous consentons à la conserver.

Il n'en est pas tout à fait de même entre cohéritiers.

Supposons, par exemple, qu'un père de famille laisse à ses enfants un domaine composé de bâtiments et de terres de diverses natures, formant un seul corps. Tant que le lotissement ne sera pas opéré, ou même tant que le tirage au sort n'aura pas assigné à chacun sa part, aucun des copartageants n'aura intérêt à se préoccuper des services anciens; le silence qu'ils garderont à cet égard n'aura aucune signification. Quand la répartition sera opérée, chaque cohéritier s'enquerra des charges actives ou passives de son lot, et on pourra, jusqu'à un certain point, le rendre responsable de ce qu'il aura vu sans protester. Mais dans la situation d'esprit où les opérations multiples du partage les auront placés, en présence du nouvel ordre de choses que la division crée, au milieu des nombreuses questions à discuter et à résoudre, sera-t-il permis d'affirmer qu'ils ont songé à tous les services, même aux plus insignifiants, même à ceux dont l'exercice devient inutile, et que leur silence implique une intention plutôt qu'une erreur ou un oubli? Quelques-uns de ces services d'ailleurs, nécessaires au père de famille qui cultivait l'ensemble, n'auront plus la même utilité pour l'un des cohéritiers placé dans d'autres conditions. Les passages, par exemple, les entrées, les issues pour l'exploitation, le puisage, l'abreuvage, ont toujours un rapport direct avec l'agencement cultural que le partage modifie. L'auteur commun usait de ses diverses facultés d'une certaine façon, qui se trouvait en harmonie avec sa situation propre; tandis que les cohéritiers, installés dans un centre d'exploitation différent, et venant d'un autre côté, avec d'autres besoins, n'auront plus le même intérêt que le père de famille, et souvent considéreront comme sans valeur un avantage auquel leur auteur attachait le plus grand prix. Dans ces conditions, et en présence d'intérêts nouveaux, différents des anciens, et de conditions d'exercice tout autres, doit-on considérer l'apparence comme un signe suffisant de la volonté des contractants, et s'exposer à leur maintenir, sous ce prétexte, des servitudes qui ne leur seront pas utiles, ou sur l'utilité desquelles ils auront pu se tromper? Les rédacteurs du code civil ne l'ont pas pensé. La volonté des copartageants ne leur a paru certaine que pour les servitudes apparentes et continues. Quelques textes romains étaient favorables à cette opinion; le président de Lamoignon s'était demandé si la continuité n'était pas, en pareil cas, une condition nécessaire, et, il faut bien le dire aussi, la prescription, qui s'était toujours développée parallèlement à la destination du père de famille, avait restreint son action aux servitudes à la fois continues et apparentes. Tous ces motifs réunis amenèrent l'innovation dont nous parlons; le dernier ne dut pas être le moins déterminant.

Néanmoins, cette règle nouvelle et celle que le

législateur introduisit en même temps pour supprimer l'obligation de la preuve écrite ne modifièrent l'institution ancienne que sur deux points secondaires. La destination du père de famille demeura ce qu'elle avait été auparavant, tout comme la destination du propriétaire primitif.

110. — Nous irons plus loin, et nous dirons que les rédacteurs du code civil ont si bien voulu s'approprier les deux destinations anciennes qu'ils les ont conservées avec leurs imperfections, leurs obscurités et leurs incertitudes : deux points sont modifiés, et on nous en prévient; mais le reste nous est transmis tel quel, sans qu'on se soit donné la peine de l'approfondir et presque de le comprendre. Aussi, les trois articles du Code qui sont affectés aux deux destinations fourmillent-ils d'expressions obscures ou inexactes, comme il arrive toujours quand les législateurs copient des dispositions anciennes ou étrangères, sans descendre jusque dans les derniers replis de la doctrine juridique; cette inexactitude des termes employés a quelquefois trompé les commentateurs.

Lorsque l'art. 693, par exemple, exige que les lieux aient été mis en l'état duquel résulte la servitude par l'ancien propriétaire qui tenait dans sa main les deux fonds actuellement divisés, il demeure à la surface des choses, et méconnaît les enseignements les plus élémentaires du passé. Non seulement il n'est pas nécessaire que le père de famille ait créé lui-même la charge, mais il n'est même pas besoin qu'elle ait été imposée antérieurement et conservée par lui. Souvent il suffira, comme nous le verrons plus tard, qu'un mandataire, un locataire, un tiers sans qualité se soit permis d'ouvrir une fenêtre ou un égout, pour que l'on soit tenu de les maintenir, s'il n'en a pas été fait mention dans l'acte, et si les immeubles ont été divisés ou séparés après cette modification. C'est l'état des lieux au moment de la division ou de la séparation des héritages qui fixe le droit, parce que l'intention des parties, qui est le fondement de la destination, s'applique exclusivement à cet état, qui est seul connu, et non à des faits antérieurs qui peuvent ne pas l'être de l'acquéreur ou des copartageants. L'art. 693 devait donc, pour être exact, se borner à exiger qu'au moment de la division, les lieux fussent, au vu et su des parties, dans l'état duquel résulte la servitude; les rédacteurs du code civil n'avaient pas de grands efforts à faire pour arriver à cette précision.

D'un autre côté, l'art. 694 donne le nom de servitudes aux charges que les fonds supportent les uns à l'égard des autres pendant que leur propriété repose sur la même tête. Une négligence aussi grossière démontre bien, ce nous semble, que nos législateurs ne se préoccupaient parfois que des grandes lignes et passaient sur les détails. Or ils n'opéraient ainsi que dans les matières où ils se sentaient soutenus par une vieille doctrine, qu'il suffisait de rappeler à grands traits. En terrain neuf, on est tenu à de bien autres précautions. Ce même article 694 ne se trompe pas une fois seulement : il se complaît dans son inexactitude; après avoir fait exister la servitude dans les mains du propriétaire primitif, il la fait continuer d'exister après la séparation des deux fonds.

Ces défauts sont assurément peu graves, parce qu'ils portent sur les points les plus élémentaires et les plus certains, et qu'ils ne peuvent introduire aucune difficulté dans la doctrine juridique; mais ils nous démontrent que les art. 692, 693 et 694 ont été ramassés, presque sans examen, dans l'ancien droit, et un peu arrangés sur deux points accessoires, dont la pratique avait antérieurement signalé la réglementation vicieuse.

111. — Nous établirons, au reste, dans les chapitres suivants, que la théorie de la destination du père de famille n'a jamais été achevée, qu'on se demande encore aujourd'hui, comme on se demandait sous l'ancienne jurisprudence, à quels cas les deux destinations s'appliquent, et que si les rédacteurs du code civil ont implicitement résolu la question, c'est peut-être sans qu'ils s'en soient complètement rendu compte.

II

DOCTRINE ET JURISPRUDENCE.

SOMMAIRE.

112. — Effet de la rédaction du code civil sur la doctrine et la jurisprudence en matière de destinations.

113. — Influence des écrits de Pothier.

114. — Confusion des deux destinations en une seule, et, dès lors, contradiction entre les art. 692 et 694.

115. — Systèmes divers imaginés pour concilier ces deux articles. — Premier système : C'est par oubli que l'art. 694 n'a pas parlé de la continuité.

116. — Deuxième système : l'art. 694 déroge à l'art. 692 et supprime la continuité.

117. — Troisième système : l'art. 692 s'applique aux partages et l'art. 694 aux aliénations.

118. — Quatrième système : l'art. 694 n'est qu'une exception à l'article 705 du code civil.

119. — Cinquième système : l'art. 694 ne s'applique qu'aux servitudes qui ont une origine légale, comme l'enclave.
120. — Sixième système : l'art. 694 est restreint aux servitudes qui existaient avant la réunion des deux fonds.
121. — Septième système : l'art. 694 exige la représentation du titre.
122. — Ce dernier système est, en ce moment, celui de la Cour de cassation.
123. — Discussions auxquelles il donne lieu.
124. — Il est en contradiction avec l'art. 1638 du code civil.
125. — Les arrêts les plus récents paraissent hésiter.

112. — La rédaction du code civil, qui a exercé sur le droit français une si heureuse influence, a été sur certains points, et notamment sur celui qui nous occupe, assez vicieuse, ou assez incomplète, pour rompre la tradition et marquer un temps d'arrêt.

Les nouveaux textes, en effet, attirant tous les regards, faisaient oublier les anciens, alors surtout qu'ils les avaient plus ou moins profondément modifiés. Ils reléguaient particulièrement dans l'ombre les usages qui luttaient contre des dispositions écrites, et auxquels la pratique judiciaire n'avait pu donner qu'une demi-consécration. Aussi la destination du père de famille, qui avait brillé d'un vif éclat, et qui se trouvait en nom dans le nouveau code, conserva-t-elle tous ses avantages, tandis que celle du propriétaire primitif, à peine appuyée sur quelques décisions éparses, restait méconnaissable dans la rédaction insuffisante de l'art. 694, et perdait tout le terrain qu'elle avait péniblement gagné. Les travaux préparatoires s'en étaient pourtant expliqués en termes précis et formels. Le tribun Gillet avait nommé les deux destinations ; le tribun Albisson avait assez explicitement séparé la seconde de la première. Les auteurs néanmoins et les tribunaux, négligeant ces données comme celles de l'ancien droit, et s'appuyant exclusivement sur le texte incomplet des art. 692, 693 et 694, ne reconnurent qu'une seule destination : celle du père de famille, que le Code nommait, et n'en virent point d'autre.

113. — Les écrits de Pothier, dont nous avons parlé, ne furent peut-être pas étrangers à cette regrettable déviation de la doctrine juridique.

Les artifices dont ce jurisconsulte usa pour faire entrer la nouvelle destination dans la formule un peu élastique de la première donnèrent lieu de croire qu'il n'y avait dans le droit français qu'une seule destination, celle du père de famille, et que cette destination s'appliquait aux séparations comme aux divisions d'immeubles. Nos législateurs n'eurent certainement pas l'intention de suivre Pothier sur ce terrain, puisqu'ils inscrivirent les deux destinations dans le Code. Ils n'avaient d'ailleurs aucun besoin de recourir aux mêmes artifices, puisqu'ils disposaient des textes. Mais ils ne nommèrent qu'une seule destination, et l'habitude que l'on avait prise de chercher leur pensée dans Pothier, leur inspirateur ordinaire, conduisit à croire qu'il n'en existait en effet qu'une seule.

114. — Il était facile de prévoir les conséquences que cette confusion allait produire. Le Code avait eu l'intention d'appliquer la seconde destination à toutes les servitudes apparentes, et de restreindre la première à celles qui étaient à la fois apparentes et continues. Du moment que la doctrine et la jurisprudence n'admettaient qu'une seule destination, cette destination se trouvait soumise à deux règles opposées et les art. 692 et 694 se contredisaient.

115. — Les auteurs et les tribunaux ont poursuivi la conciliation de ces deux articles, et il n'est pas sans intérêt de marquer les étapes de cette laborieuse et inutile poursuite.

Ce qui étonne surtout, c'est que l'un des rédacteurs du code civil, Malleville, est le premier embarrassé pour expliquer l'art. 694. Il est si peu fixé sur le sens de la loi, qu'il considère cet article comme un développement de l'art. 692, comme une application de la destination du père de famille à un cas particulier, avec cette circonstance singulière que le législateur a oublié de mentionner à nouveau la condition de continuité.

Les premiers commentateurs, Delvincourt, Favard, Toullier, suivirent cette opinion, et soutinrent que l'art. 694 ne s'appliquait, comme l'art. 692, qu'aux servitudes continues et apparentes.

On répondit qu'ainsi interprété l'art. 694 devenait inutile, et pouvait être supprimé ; que les lois n'avaient pas l'habitude d'appliquer les principes qu'elles posaient à un cas particulier, et qu'il était trop commode de supprimer l'art. 694 pour l'empêcher de contredire l'art. 692.

Ces raisons étaient péremptoires, et ce fut en vain qu'un arrêt de la Cour d'Orléans, du 24 décembre 1840, essaya d'accréditer cette opinion, que personne depuis n'a soutenue.

116. — On ne considéra pas non plus comme sérieuse une tentative faite pour rayer l'art. 692 au profit de l'art 694, et pour écarter d'une manière absolue la condition de continuité. Il est vrai que les lois postérieures dérogent à celles qui les ont précédées ; mais l'art. 694 était né en même temps que

l'art. 692, et n'avait certainement pas eu l'intention de le modifier.

117. — Ces premiers essais ne satisfaisaient personne; la question devenait de jour en jour plus pressante et plus obscure. Un jurisconsulte éminent, Merlin, comprit que la solution devait se trouver dans notre ancien droit français, et il remonta vers la source. Les coutumes n'avaient pas de secrets pour lui : il aperçut tout de suite les deux destinations que les art. 692 et 694 avaient conservées ; mais une erreur finale lui fit perdre le bénéfice de ses recherches. Au lieu de descendre au fond des choses, et de baser sa distinction sur la nature des héritages, il se laissa prendre aux apparences, et considéra seulement la forme des actes : l'art. 692 devait, d'après lui, se restreindre aux partages, et l'art. 694 régir tous les modes d'aliénation.

Réduite à ces termes, l'opinion de Merlin n'était pas soutenable, et on en eut facilement raison.

Merlin enseigne, dit Marcadé, que l'art. 694, comme l'article précédent, se réfère à la destination du père de famille. Mais alors, pourquoi ce dernier article ne parle-t-il que de servitudes ayant un signe apparent, sans exiger le caractère de continuité ? Merlin répond que les cas prévus par les art. 693 et 694 n'étant pas les mêmes, il n'est pas étonnant que la loi exige pour chacun des conditions différentes. Selon lui, il s'agit, dans l'art. 693, de deux immeubles divisés l'un de l'autre par un partage, et dans l'art. 694, d'immeubles séparés par aliénation. Mais ce système est insoutenable, puisque l'art. 692 déclare, d'une manière générale, que jamais la destination du père de famille ne vaut titre que pour les servitudes continues et apparentes (1).

« Quelle pourrait être, » disait Troplong devant la Cour de cassation, à propos de l'arrêt du 24 février 1840 dont nous parlerons bientôt, « la raison de » cette différence entre le partage et les autres actes » qui opèrent le démembrement des héritages ? Si l'ar- » ticle 694 est fondé sur l'équité et sur la bonne foi, » est-ce que l'équité et la bonne foi sont exclues des « partages ? Est-ce que les copartageants ne sont » pas censés prendre la chose dans l'état où elle se » trouve, avec ses servitudes actives ou passives ? » Est-ce que l'existence d'un droit de passage qui » se manifeste par une porte, par un chemin et un » pont, n'est pas de nature à frapper l'esprit dans » un partage où tout est examiné et expertisé, tout » autant et plus que dans une donation, par exem- » ple, où le donataire prend sans discussion ce que le » donateur lui donne (2) ? »

M. Demolombe a repris en sous-œuvre la réfutation de Troplong et a essayé de la fortifier par de nouveaux motifs : « L'art. 694, » dit-il, « est fondé » sur la bonne foi et l'équité, lorsqu'il déclare que, » s'il existe un signe apparent, les parties seront » censées avoir voulu que les choses restent en l'état. » Or, l'équité et la bonne foi sont la règle des parta- » ges, sans doute, aussi bien que des ventes, et le » signe apparent n'aura pas moins frappé les parties » dans les partages où tout est examiné et exper- » tisé d'avance pour la plus exacte composition des

(1) Marcadé, *Commentaire de l'art.* 694.

(2) Dalloz, *Servitudes*, n° 1022, note.

» lots. Donc toutes les considérations qui ont dicté » l'art. 694 existent relativement aux copartageants... » Les copartageants! Mais ils ne sont réciproque» ment, malgré la fiction de l'art. 883, que des co» permutants, des vendeurs et des acheteurs : *divi» sio prædiorum vicem emptionis obtinere placuit.* » (L. I, C., *comm. utriusq. jud.*) (1). »

Nous devons reconnaître qu'aucune différence n'est admissible entre des acquéreurs et des copartageants, quand les uns et les autres sont placés dans des conditions identiques. Si l'état des lieux révèle au donataire un service foncier, il le révélera également à un cohéritier. Si les choses parlent d'elles-mêmes, selon l'expression d'Albisson, un copartageant entendra ce langage aussi bien qu'un acheteur. La distinction proposée manquant de fondement logique, on se dispensa de vérifier sa valeur historique. Pourquoi s'en serait-on préoccupé? Vraie ou fausse, la doctrine de l'ancien droit, telle que la donnait Merlin, ne pouvait être acceptée, et on chercha une autre explication des art. 692 et 693.

La Cour de Caen, néanmoins, s'était ralliée à cette opinion, le 15 novembre 1836, dans l'espèce suivante :

Police et Pigeon étaient devenus adjudicataires de deux héritages limitrophes, entre lesquels il existait une barrière de séparation. L'ancien propriétaire exploitait l'ensemble au moyen d'un chemin très apparent qui coupait la barrière, et traversait les deux lots. Pigeon voulut continuer à ce servir de ce chemin en invoquant l'art. 694; Police s'y opposa, et sur

(1) Demolombe, t. II, *Des servitudes*, n° 819.

cette opposition, la Cour, « considérant que, le droit » de passage réclamé ayant des signes apparents de » servitude, on doit faire l'application de l'art. 694 » du code civil; considérant que cet article n'est ni » la répétition, ni l'explication des art. 692 et 693, » qui sont relatifs au cas de partage, tandis que l'ar- » ticle 694 s'applique au cas où le propriétaire de » deux héritages dispose de l'un d'eux, et qu'alors » il suffit qu'il y ait un signe apparent de servitude » pour qu'elle continue d'exister sans aucune con- » vention; considérant qu'il existe une différence » entre la position des copartageants qui stipulent » réciproquement, et celle d'un acheteur vis-à-vis » de son vendeur, contre lequel on interprète tout ce » qui est obscur; considérant qu'on doit d'autant » plus entendre en ce sens l'art. 694 que l'art. 1638 » du même code, dans le cas où le vendeur n'a pas » fait de déclaration, ne le rend pas responsable des » servitudes apparentes, d'une manière générale, » sans distinguer entre celles qui sont continues et » celles qui ne le sont pas, » maintient la servitude.

L'arrêt n'invoque qu'un motif pour distinguer les partages des aliénations, et ce motif est erroné. Il ne suffit pas, en effet, de rappeler que les pactes obscurs ou ambigus s'interprètent contre le vendeur, et que dès lors la situation de ce dernier est moins favorable que celle des copartageants, car son acquéreur n'est pas mieux traité que lui par l'art. 694. Le vendeur et l'acquéreur ont un droit égal; l'un et l'autre peuvent revendiquer les servitudes apparentes. Ce n'est donc pas pour punir le vendeur que l'article 694 a été édicté.

118. — En regard du système de Merlin, Duranton et Pardessus (1) en édifièrent un autre qui prit pour base la lettre même de la loi. La destination des articles 692 et 693 fut strictement restreinte aux cas où il y eut réellement en présence un père de famille et des cohéritiers tenant les biens de lui; dès lors, l'article 694, étranger à cette destination, s'appliqua à toutes les aliénations particulières et ne fut qu'une exception à l'art. 705 du code civil.

La doctrine de Merlin se basait sur la nature de l'acte; celle de Duranton et de Pardessus s'appuyait sur la qualité des parties pour l'interprétation des art. 692 et 693, et prenait une autre base pour l'article 694, sans remarquer qu'en donnant une portée aussi générale à cette dernière disposition, on ne laissait plus aucune place pour la première.

Un arrêt de la Cour de cassation, du 26 avril 1837, confirma cette dernière opinion.

Amilhau et de Mortarieu avaient acquis chacun une partie de la forêt de Buzet, vendue par l'Etat en 1832. Un chemin d'exploitation traversait les deux lots. Amilhau, soutenant que ce chemin était un signe très apparent de servitude, revendiquait le droit de passer, en vertu de l'art. 694, sur le lot voisin. De Mortarieu prétendait que l'apparence ne suffisait pas, et qu'il fallait, en outre, la continuité. La Cour d'appel de Toulouse, considérant qu'il ne s'agissait pas, dans la cause, d'une destination du père de famille, ordonna une expertise, à l'effet de constater si le chemin d'exploitation était un signe apparent et certain. Sur le pourvoi, la Chambre des requêtes rendit la déci-

(1) Pardessus, *Traité des servitudes*, nos 288 et 300.

sion suivante : « Attendu que le sens de l'art. 694 est » clair et statue pour un cas autre que ceux des art. 692 » et 693 qui le précèdent ; qu'il n'est point nécessaire » de recourir à ceux-ci pour en connaître et fixer » l'interprétation ; qu'il résulte, sans équivoque, dudit » art. 694 que, dans le cas qu'il prévoit, la servitude » est maintenue par cela seul qu'elle est manifestée » par un signe apparent, soit qu'elle soit continue » ou discontinue ; attendu que l'arrêt ordonnant uni- » quement une expertise pour faire constater s'il » existe entre les deux héritages un signe apparent » de servitude, non seulement n'a pas violé les ar- » ticles 692 et 693, mais a fait une juste application » de l'art. 694 ; rejette. »

Troplong, dans son rapport de 1840, condamna cette doctrine, comme celle de Merlin. « Des esprits sérieux, » dit-il, « ont exprimé, non sans apparence » de raison, de vives inquiétudes de voir l'art. 692 « effacé par l'art. 694, si l'opinion de Pardessus ve- » nait à avoir l'avantage. L'art. 692 veut que la des- » tination du père de famille ne vaille titre que pour » les servitudes apparentes et continues. Mais si l'ar- » ticle 694 transmet de plein droit les servitudes dis- » continues apparentes résultant de la disposition » des lieux par le père de famille, que devient l'ar- » ticle 692 ? En quels cas sera-t-il applicable ? Ce ne » sera pas dans le cas de vente, donation ou autres » actes entre-vifs ou à cause de mort, puisque l'ar- » ticle 694 embrasse toutes sortes de dispositions. » Dans tous les rapports de la vie civile, il suffira » qu'une servitude discontinue ait été établie par le » père de famille, pour qu'elle se maintienne sans » titre, sans réserve, dans toutes les mutations de

» l'immeuble, par cela seul qu'elle était visible.
» Mais alors pourquoi édicter l'art. 692, puisque, à
» une si courte distance, la main même qui l'avait
» sanctionné devait l'anéantir ? »

Comme on le voit, les critiques adressées aux deux derniers systèmes visaient surtout la trop grande extension donnée à l'art. 694. Les deux art. 692 et 693, qui, dans l'ancien droit, existaient seuls, et qui primaient encore, dans le texte du code civil, l'article 694, ne présentaient presque plus aucune utilité. Aussi allons-nous voir, à partir de ce moment, une réaction se produire en sens contraire, et les efforts des jurisconsultes s'appliquer à restreindre la portée de l'art. 694.

119. — Troplong s'engage le premier dans cette voie, et, s'appuyant sur des commentateurs de notre ancien droit, qui avaient paru faire une situation privilégiée aux servitudes nécessaires, il essaie d'introduire dans l'art. 694 la condition de la nécessité. Il soumet, en 1840, à la Cour de cassation les considérations suivantes :

« Dans les coutumes muettes on faisait des distinc-
» tions. La servitude était-elle nécessaire, comme
» dans le cas d'enclave ? On admettait la destination
» du père de famille. On l'admettait aussi dans le cas
» d'ouvertures et d'égouts qui se trouvaient dans la
» construction des maisons, et qui étaient incorporés
» à la chose de telle sorte que, si on eût fait dispa-
» raître ces vues et ces égouts, on eût altéré la chose
» même et enlevé à la maison des choses nécessai-
» res. Mais on rejetait la destination dans le cas de
» simples passages d'utilité ou d'agrément, encore
» bien qu'ils fussent annoncés par des portes, car

» la fermeture de ces portes n'aurait pas empêché » l'acquéreur de jouir de l'intégrité de sa maison.

» Sur tout cela, qu'a fait le code civil ? Lui aussi » s'est occupé de cette question si controversée, si » obscure avant lui, de la continuation de plein droit » des servitudes sur les héritages divisés ; c'est l'objet » de l'art. 694.

» Remarquons-le d'abord, il ne paraît pas que cet » article ait eu en vue un nouveau mode d'établisse- » ment des servitudes. La servitude continue d'exis- » ter, dit-il, ... continue !!! Il ne s'agit donc pas » ici d'une création nouvelle. C'est la continuation » d'un état de choses préexistant. Or pour savoir si » la servitude continuera à l'égard des nouveaux » propriétaires, il faut voir si, avant le partage, elle » avait une existence légale irréprochable.

» Eh bien ! quelle a été l'origine de la servitude » qu'on prétend se continuer de plein droit ? A-t-elle » été légalement constituée ? Voilà la première ques- » tion qui se présente à l'esprit, et, pour la résoudre, » il semble qu'il ne faille que se référer au droit » commun. Ainsi, par exemple, s'agit-il d'une ser- » vitude apparente, mais discontinue ? Si on ne » trouve sa source que dans la destination du père » de famille et dans les art. 692 et 693, elle ne se » continuera pas, après le partage ou après la vente, » car elle n'a jamais été vraie servitude ; elle n'a été » qu'un service précaire dans la pensée du père de » famille, qui ne peut constituer, par sa seule dispo- » sition, que des servitudes apparentes et continues. » Mais, au contraire, cette servitude discontinue ré- » sulte-t-elle de titres positifs, parce que, par exem- » ple, lorsque le propriétaire a acheté l'héritage et

» l'a réuni à un autre domaine contigu, il avait pris » soin de stipuler un droit de servitude en sa faveur ? » Alors, si la servitude s'annonce par des ouvrages » visibles, apparents, elle se continue entre les mains » du nouvel acquéreur, encore bien que le contrat » de vente n'en fasse pas mention. C'est en quoi » l'art. 694 a fait innovation, — et une innovation » sage et heureuse, — sur l'ancienne jurisprudence, » et notamment sur la coutume de Paris.

» En adoptant cette manière de voir, on ne trou- » vera aucune opposition entre l'art. 692 et l'art. 694. » L'article 694 protège toutes les servitudes quel- » conques, même les servitudes discontinues ; mais » cela sous deux conditions : l'une expresse, l'autre » tacite, savoir : 1° que la servitude discontinue se » révèle par des ouvrages apparents ; 2° qu'elle rat- » tache son existence à une origine légale. »

On voit que pour restreindre la portée, d'après lui trop large, de l'art. 694, Troplong introduit dans cet article la condition d'une origine légale à laquelle le législateur n'a jamais songé.

Sans doute, on avait agité, dans l'ancien droit, la question de savoir quel compte il fallait tenir de la nécessité, de l'utilité ou de l'agrément des servitudes, au point de vue de leur maintien par la destination du père de famille. Que n'avait-on pas essayé, proposé, discuté, à cette époque où le droit se formait, et où la théorie qui nous occupe cherchait sa voie ?

Si Troplong avait suivi pas à pas la trace des tentatives dont il nous parle, il aurait vu qu'elles avaient cédé le pas à d'autres préoccupations, et que la condition de l'apparence était seule restée dans la pratique générale. L'art. 694, produit par ce long enfantement de l'ancienne doctrine, n'a parlé que du signe apparent, comme garantie exigée pour l'admission du consentement tacite. Nous croyons que la nécessité et l'utilité, écartées à tort de la théorie des destinations, y rentreront un jour, et déjà nombre d'arrêts les invoquent pour rendre plus certaine l'intention des parties; mais le code civil ne leur a fait aucune place, et d'ailleurs la nécessité de l'avenir n'est pas celle que Troplong restreint aux servitudes appuyées sur une origine légale : c'est celle de notre droit coutumier qui s'est maintenue dans les lois de la Grande-Bretagne (N° 240).

Troplong trouvait dans le mot *continue* la base de son système. Puisque la servitude devait *continuer* d'exister après la séparation des héritages, il fallait, disait-il, qu'elle eût auparavant une existence légale, et qu'elle s'appuyât sur l'enclave ou sur un titre. Il allait trop loin, car le texte entendait parler d'une existence de fait, et non d'une existence légale. Quelle corrélation d'ailleurs peut-on établir entre l'existence légale d'une servitude et sa nécessité ? La nécessité peut amener la légalité, et c'est ce qui arrive dans le cas d'enclave : mais la légalité n'implique pas toujours la nécessité, car nombre de servitudes légalement constituées par titres pourraient être supprimées.

L'arrêt de la Chambre civile du 24 février 1840, qui adopta les conclusions du rapport de Troplong, disait : « Considérant que l'arrêt attaqué a subordonné la décision à intervenir à la preuve des faits » suivants, savoir : que la portion du pré des Grandes-Aulnes dont le vendeur s'était réservé la propriété était enclavée de toutes parts, et que le » passage qui lui était nécessaire se manifestait :

» 1° par un pont; 2° par des vestiges de voies charretières traversant l'autre portion du même pré; » 3° et par tous autres signes apparents établis à » perpétuelle demeure depuis plus de trente ans... » rejette. »

Sans doute, les servitudes que la destination conserve doivent être utiles, car, si elles ne l'étaient pas, il serait difficile de prêter aux parties l'intention de les maintenir. Cette intention se présumera même avec plus d'énergie quand l'utilité sera plus grande. Quelques arrêts arriveront à nommer nécessité cette utilité portée à un haut degré. Il y a loin, néanmoins, de cette utilité, de cet intérêt, que l'on doit trouver partout, à une nécessité absolue, comme celle qui résulte de l'enclave, de l'irrigation ou du drainage. On n'avait pas besoin de l'art. 694 pour l'établissement des servitudes de nécessité. Outre que l'art. 682 du code civil et les lois du 29 avril 1845 et du 11 juillet 1847 permettent, en toute circonstance, de faire cesser l'enclave et de conduire les eaux, l'article 1018 prescrit que la chose léguée sera délivrée avec les accessoires *nécessaires* et dans l'état où elle se trouvera au jour du décès du donateur; et l'article 1615, renouvelant cette même disposition à propos de la vente, dit que l'obligation de délivrer la chose comprend ses accessoires et tout ce qui a été destiné à son usage perpétuel. Ce n'est donc pas en vue de cette nécessité, dont il ne parle pas d'ailleurs, que l'art. 694 a été édicté. Troplong introduisait, en réalité, dans la théorie de la destination du père de famille, un élément étranger qui la dénaturait.

Le savant rapporteur ne jouit pas longtemps de son triomphe : deux ans après, le 18 juin 1842, sous la présidence de Portalis, la Chambre civile condamnait sa doctrine dans les termes suivants : « Attendu que l'art. 694 dispose pour un cas spé» cial et déterminé ; que la disposition qu'il renferme » est indépendante de celle des articles qui le pré» cèdent, et qu'il en résulte que, dans le cas qui y » est prévu, la servitude est conservée par cela seul » qu'elle est manifestée par un signe apparent ; — » attendu que de l'expression « conservée, » employée » dans cet article, on cherche vainement à induire » qu'il suppose la préexistence de la servitude, et » qu'elle n'a pu être légalement établie qu'avant la » réunion des deux héritages dans la même main, » d'après le principe *res sua nemini servit;* qu'en » effet cette argumentation ne saurait se concilier avec » l'art. 705, qui porte que toute servitude est éteinte » quand le fonds à qui elle est due et celui qui la » doit sont réunis dans la même main ; que ce serait » d'ailleurs ajouter à la disposition de l'art. 694 » une condition qu'il n'exige pas, puisque la seule » condition qu'il exige est l'existence d'un signe ap» parent de servitude ; — attendu enfin que l'article » 694 est précis et formel ; qu'il en résulte claire» ment que, dans le cas qui y est prévu, le maintien » de la servitude n'est subordonné qu'à la vérifica» tion d'un point de fait : l'existence d'un signe ap» parent de servitude ; — attendu que l'arrêt attaqué » déclare, en fait, que le bois d'Allonne et le champ » de Lacombe ont autrefois appartenu au même pro» priétaire, et que l'existence de signes apparents de » la servitude de passage entre ces deux fonds n'est » pas douteux, d'après l'état ancien des lieux et » d'après l'état actuel ; — attendu que, dans cet état

« des faits ainsi constatés, l'arrêt attaqué, en main-
» tenant Tricot dans la servitude de passage par lui
« réclamée sur le champ de Lacombe, n'a fait que
» se conformer à la disposition de l'art. 694 du code
» civil, et n'a violé aucune autre loi..... rejette. »

La Cour de cassation a persisté dans son opinion, ainsi que le prouvent les arrêts du 17 novembre 1847, affaire Robert, et du 23 novembre 1853, affaire Olleris; la doctrine de Troplong a été définitivement abandonnée.

120. — L'effort tenté par ce jurisconsulte pour restreindre les conséquences du système de Duranton et de Pardessus ne fut pas le seul. Zachariæ d'abord, Marcadé ensuite, prenant pour base le rapport du tribun Albisson, essayèrent de soutenir que l'article 694 s'appliquait exclusivement aux servitudes qui avaient légalement existé avant la réunion des deux fonds dans le même patrimoine. Ils réduisaient ainsi l'art. 694 à un seul cas, que le rapporteur n'avait cité que comme exemple. Quand il s'agit, disaient-ils, de créer une servitude nouvelle, il ne faut pas moins que l'apparence et la continuité, mais quand on se borne à faire revivre une servitude préexistante, on peut se montrer moins exigeant et se contenter de l'apparence. Ainsi se trouvait justifiée la différence établie par le législateur entre les art. 692 et 694.

Un arrêt de la Cour d'appel de Lyon du 11 juin 1831 était entré dans cette voie : « Considérant, » disait-il, « qu'il n'a pas été articulé que la servitude
» réclamée eût existé avant la réunion des immeu-
» bles entre les mains du comte de Pérignon ; — con-
» sidérant que l'art. 694 a seulement eu pour but
» de prévoir le cas où le propriétaire de deux héri-

» tages, dont l'un, avant leur réunion dans sa » main, devait un service à l'autre, vient à disposer » de l'un ou de l'autre, sans qu'il soit fait mention » de la servitude dans l'acte d'aliénation; que cette » interprétation résulte formellement du rapport fait » au tribunat; — considérant que toute autre inter- » prétation tendrait à introduire un mode d'établis- » sement des servitudes contraire aux principes fon- » damentaux consacrés par les art. 690 et suivants; » que la loi veut que l'on restreigne les servitudes » plutôt que de les étendre; émendant... etc. (1). »

Nous avons déjà donné les raisons qui ne permettent pas d'accepter cette doctrine (2). Nous devons reconnaître, néanmoins, que ceux qui la soutenaient étaient plus autorisés que Troplong à invoquer les mots *continue de subsister*, qui se trouvent dans l'article 694. Ces mots, en effet, paraissaient exacts, quand on les appliquait à des servitudes qui avaient légalement existé avant la réunion des deux fonds; tandis qu'ils avaient à peine un sens quand il s'agissait d'une enclave qui précédemment n'avait produit aucun effet.

121. — Le temps marche; les auteurs dissertent sans profit, les arrêts vont se contredisant de plus en plus, jusqu'au jour où M. Demolombe publie son traité des servitudes. Le savant professeur repousse tous les systèmes préconisés avant lui, sauf un qui avait réuni sans bruit quelques suffrages, et qu'un jugement du tribunal de Saint-Pol, confirmé par arrêt de la Cour de Douai, du 1er juillet 1837, expo-

(1) Dalloz, *Servitudes*, 1024, note.
(2) Chap. III, n° 102.

sait en ces termes : « Attendu qu'il y a lieu de dis- » tinguer le cas où le contrat est représenté de celui » où il ne l'est pas ; que, dans le premier cas, ce » serait l'art. 694 qui serait applicable, parce que » cet article est fondé sur le silence du contrat, et » qu'il fait présumer l'intention de maintenir l'état » de choses actuel par cela seul que cet état se ma- » nifeste par un signe extérieur; et que, dans le » second, ce seraient les art. 692 et 693 ; que rien » n'est plus facile que de se rendre raison de cette » distinction, puisqu'il suffit de remarquer pour cela » que les servitudes en général, et spécialement » celles qui dérivent de la destination du père de » famille, trouvent le principe de leur établissement » dans la volonté des propriétaires, et que c'est par » l'effet de cette volonté que les services que le pro- » priétaire de deux héritages voisins était dans l'ha- » bitude de tirer de l'un pour l'usage de l'autre » doivent, après la division des deux héritages, se » continuer activement ou passivement à titre de » servitudes entre les propriétaires actuels ; que la » volonté de convertir ainsi en servitude la destina- » tion du père de famille n'a pas besoin d'être » expresse ; que la loi peut la présumer, en l'ab- » sence d'une preuve contraire, lorsque l'état appa- » rent des lieux, au moment où s'opère la séparation, » manifeste l'existence de la servitude; mais qu'à » cet égard on est forcé de convenir que l'état appa- » rent des lieux doit être plus ou moins significatif, » suivant qu'il s'agit d'une servitude simplement » apparente, ou d'une servitude tout à la fois appa- » rente et continue; que le signe d'une servitude » discontinue est toujours équivoque ; que si l'exis-

» tence de ce signe peut dispenser d'une clause » expresse, comme il dispenserait le vendeur de » faire la déclaration prescrite par l'art. 1638, du » moins faut-il que la présomption résultant de l'état » apparent des lieux soit fortifiée par une autre pré- » somption tirée du silence gardé dans le titre d'alié- » nation ; qu'il suit de là que la représentation de ce » titre est nécessaire ; que lors, au contraire, qu'il » s'agit d'une servitude continue, les ouvrages exté- » rieurs n'annoncent pas seulement l'existence d'une » servitude : ils la constituent à proprement parler, » en ce sens que c'est dans l'existence même de ces » ouvrages, et dans l'obligation de les souffrir, que » consiste la charge de l'un des deux fonds envers » l'autre ; que la disposition des lieux doit donc suf- » fire ; que cette présomption, il est vrai, devrait » encore céder devant une clause expresse et con- » traire à la servitude ; mais que c'est à celui qui » alléguerait cette clause à en justifier, en rappelant » le titre qui la contient ; que l'absence du titre, dans » ce cas, comme son silence dans l'autre, doit donc » s'interpréter en faveur de la servitude ; que de » cette manière disparaît l'antinomie apparente que » présentent les art. 692 et 694. »

122. — Cette thèse du tribunal de Saint-Pol a eu la bonne fortune d'être énergiquement soutenue par M. Demolombe et d'entraîner la Cour de cassation. Les arrêts rendus depuis cette époque ont proclamé que l'application de l'art. 694 était subordonnée à deux conditions : 1° l'apparence de la servitude ; 2° la production d'un titre muet (1).

(1) Cass. Chamb. civ. 17 novembre 1847, D. 47, 1. 376 ; 30 novem-

123. — M. Laurent, qui combat résolument cette doctrine, constate que les arrêts de la Cour de cassation sont faiblement motivés. Toute l'argumentation consiste, en effet, à invoquer ces mots de l'art. 694 : « Sans que le contrat contienne aucune convention relative à la servitude, » et à soutenir que la dispense de la continuité est le prix de cette justification. Or ces deux raisons, ce nous semble, ne résistent pas à l'examen.

L'art. 694 maintient la servitude quand elle est apparente, et quand le contrat garde le silence à son sujet; mais il ne s'occupe nullement de la preuve de ce silence, et n'impose pas cette preuve négative à l'une des parties, parce qu'elle n'est pas à faire. Si le titre stipule la suppression de la servitude, le défendeur s'empressera de le produire; si, au contraire, il en impose le maintien, le demandeur ne manquera pas de s'en prévaloir : il aimera mieux s'appuyer sur une clause de son acte que sur une destination plus ou moins problématique. Au cas où ni l'un ni l'autre des contendants n'apporterait cette preuve, on pourra tenir pour certain que le contrat est muet, et que ni le demandeur, ni le défendeur n'ont à l'invoquer. Personne n'en doutera, et c'est bien inutilement que la loi prescrirait une preuve directe de ce mutisme, dont aucun juge n'aura besoin, en présence des principes généraux admis en matière de preuves.

Aussi la loi ne le prescrit-elle pas. Elle vise la condition du silence du titre, parce que la destination

bre 1853, D. 54, 1. 17; 22 avril 1873, D. 73, 1. 428; req. 7 avril 1863, D. 63, 1. 413; 27 mars 1866, D. 66, 1. 339; 10 décembre 1866, D. 67, 1. 498; 12 janvier 1869, D. 69, 1. 224; 2 mai 1876, D. 78, 1. 63; 22 août 1882, D. 83, 1. 467.

n'a lieu qu'en l'absence de toute convention formelle ; mais elle ne dit pas comment cette condition sera prouvée. Pourquoi récuser, dès lors, les moyens ordinaires ? Pourquoi ne pas laisser au défendeur, qui devient demandeur dans son exception, la charge de produire la clause sur laquelle son exception se fonde ? Pourquoi ne pas voir la preuve du silence de l'acte dans l'aveu fait implicitement par les parties qu'elles n'ont aucune convention spéciale à invoquer, soit à l'appui, soit à l'encontre de la demande ? Pourquoi veut-on ajouter à la loi cette exigence inutile ?

Et on ne se contenterait pas d'ajouter ainsi au texte de l'art. 694 : on ferait de cette addition, dont l'inutilité d'ailleurs est manifeste, la condition *sine quâ non* du maintien de la servitude. La loi n'a pas de ces caprices : elle répond à des besoins et ne s'appuie jamais sur des motifs dépourvus d'utilité.

On ne remarque pas, d'ailleurs, que l'art. 692 exige, lui aussi, cette même condition du silence de l'acte. Si le titre parlait, en effet, la servitude, malgré sa continuité, n'en devrait pas moins se plier à la convention, et toutes les destinations qu'on invoquerait n'auraient aucune efficacité à son encontre. Or, pourquoi n'aurait-on pas à prouver aussi, dans le cas des art. 692 et 693, que l'acte est muet ? Et si, au point de vue de ces deux articles, la preuve du silence de l'acte est faite par le silence des parties, pourquoi en serait-il autrement au point de vue de l'art. 694 ?

Il faut donc renoncer à cette preuve exceptionnelle et inutile, contre laquelle protestent le texte même de l'art. 694 et les principes généraux du droit.

On peut aller plus loin, et constater que la doctrine de M. Demolombe et de la Cour de cassation aboutit à la suppression des art. 692 et 693.

On n'aura besoin de ces articles, en effet, que lorsqu'on n'aura pas de titre. Toutes les fois qu'un acte aura été passé, il suffira de s'appuyer sur cet acte et sur l'apparence de la servitude. On n'aura pas à s'occuper de la continuité. Or y a-t-il aujourd'hui des transmissions ou des partages d'immeubles sans titre? Avec notre régime hypothécaire et nos lois sur la transcription, ces contrats sont-ils verbaux? Que l'on réunisse toutes les espèces sur lesquelles les tribunaux ont statué : en trouvera-t-on une seule qui ait eu besoin de l'art. 692, à raison de l'absence d'un titre? Cet article aura donc été inscrit dans le Code pour n'être jamais appliqué.

Si nous considérons le but que poursuivent les articles 692, 693 et 694, si nous nous rappelons qu'ils recherchent ce qui peut faire présumer la commune intention des parties contractantes, nous aurons à nous demander ce que cette intention a de commun avec la représentation d'un acte. Entre un titre absent et un titre muet, quelle peut être la différence, au point de vue de l'intention? Cette absence et ce mutisme font naître le même doute, et rendent nécessaire la même présomption. Comment expliquer, dès lors, que l'absence du titre rende nécessaire la condition de continuité de la servitude, et que le mutisme de ce même titre n'exige que l'apparence?

Il n'en était certes pas ainsi dans l'ancien droit, où l'art. 692 existait seul, et seul régissait la matière. Comment un si grand changement se serait-il opéré?

On visait, alors comme aujourd'hui, le silence de l'acte, car il n'a jamais été question que d'un consentement implicite. Quand l'acte parlait, il n'était plus besoin de présomptions; mais on ne voit nulle part que ce silence ait été subordonné à une preuve écrite. La coutume réformée de Paris elle-même, qui repoussait tous témoignages, et qui voulait que la destination du père de famille fût prouvée par écrit, n'astreignait pas la condition du silence de l'acte à une justification quelconque : elle laissait résulter cette justification du silence des contendants, et de l'impossibilité dans laquelle ils se trouvaient d'invoquer une clause spéciale. Les coutumes de Normandie, de Touraine et de Loudunois s'en expliquaient même formellement, comme nous l'avons vu, et laissaient toute preuve de ce genre à la charge de celui qui s'opposait aux effets de la destination, puisqu'elles maintenaient les servitudes, « à moins que par les lots et partages il ne fût expressément dit du contraire. » Aucune voix discordante ne s'était élevée à ce sujet. Aussi le président de Lamoignon disait-il, dans l'art. 2 de son projet : « Demeureront » les servitudes en même état qu'elles étaient lorsque » les choses ont été séparées, *sans autre titre ou con-* » *trat*, s'il n'en a été autrement convenu par la dis- » position ou partage. » Or cet art. 2 du président de Lamoignon est le point de départ de l'art. 694. Il faudrait donc que les rédacteurs du code civil eussent voulu rompre la tradition et innover, pour en venir à la doctrine de la Cour de cassation et de M. Demolombe.

Ils vont nous dire eux-mêmes qu'ils ont eu une intention opposée : « S'il existe, » dit Albisson, « entre » les deux héritages (au cas de l'art. 694), un signe » apparent de servitude, le silence des contractants

» *n'empêchera pas* qu'elle continue d'exister active- » ment ou passivement? » Il y a loin du silence des contractants qui *n'empêchera pas* la destination de produire ses effets, à la preuve directe et nécessaire de ce silence, comme condition *sine quâ non* de la destination. On n'a pas à prouver ce qui n'empêche pas. Ces deux ordres d'idées sont absolument opposés. Ainsi la doctrine adoptée par la Cour de cassation nous paraît en contradiction formelle, non seulement avec la lettre et l'esprit du code civil et des textes anciens, mais encore avec la tradition juridique, avec les travaux préparatoires, et avec les principes fondamentaux admis en matière de preuve.

124. — M. Demolombe croit que son interprétation met l'art. 694 en complète harmonie avec l'art. 1638, qui autorise l'acquéreur à demander la résiliation de la vente, ou une indemnité, quand l'héritage vendu se trouve grevé de servitudes non apparentes, sans qu'il en ait été fait de déclaration. Il nous semble, au contraire, que l'art. 1638 ne peut être d'accord avec l'art. 694 qu'à la condition de ne pas faire entrer dans ce dernier cette représentation inutile du titre muet. L'acquéreur, qui se trouve en présence d'une servitude apparente, venant d'un immeuble voisin, appartenant à un tiers, supporte cette servitude sans recours contre son vendeur. L'apparence suffit pour l'engager : ni le vendeur, ni le tiers, n'ont à lui fournir la preuve directe du silence d'un acte qui est dans ses mains. Tous les titres de propriété son remis à l'acquéreur avec l'expédition de l'acte qui le rend propriétaire ; si cet acte renferme une clause de garantie relative à la servitude, il lui appartient de le

produire à l'appui de son recours : le vendeur ne sera tenu dans aucun cas de le lui représenter pour lui prouver qu'il est muet. Que si la servitude apparente vient, non d'un fonds voisin, mais d'un héritage que le vendeur a retenu, la situation doit être la même; le vendeur n'a rien à prouver. Si, au nom de l'art. 694, on lui impose la preuve directe du silence du titre, à lui, qui ne possède pas ce titre, vis-à-vis de celui qui seul le détient, avec les autres titres de propriété, on n'est plus dans les conditions de l'art. 1638 ; car cet article n'impose pas une pareille preuve au vendeur. La servitude du voisin se conserve sans garantie et sans représentation de l'acte de vente quand elle est apparente. L'acquéreur, en ce cas, ne peut exercer un recours qu'en invoquant un engagement formel du vendeur, et en fournissant la preuve de cet engagement, c'est-à-dire en établissant qu'il a inséré des réserves dans son acte d'acquisition. Pour être en harmonie avec l'art. 1638, l'article 694 ne devra donc pas imposer la représentation du titre au vendeur qui invoquera la destination pour conserver une servitude apparente sur l'immeuble par lui vendu.

Je vous vends un jardin sur lequel s'ouvrent des vues venant de ma maison et d'une maison voisine. Si vous m'actionnez en garantie pour ces dernières, il me suffira de vous répondre, avec l'art. 1638, qu'elles sont apparentes. Si vous m'actionnez pour les miennes, je vous ferai, avec l'art. 694, la même réponse, et si vous me demandez en plus l'expédition de notre acte de vente, je vous prierai de me la prêter (195).

125. — La Cour de cassation a paru plus d'une fois embarrassée de sa propre doctrine, et on se de-

mande si elle n'a pas cherché, dans certains cas, à en éviter l'application.

Une société s'était formée, en 1856, pour une exploitation de docks, et, au moment de la constitution de cette société, Ardoin et Ce avaient apporté ou cédé une partie des terrains qu'ils possédaient. Ces terrains, avant la cession, étaient traversés par des chemins, et l'acte ne disait pas si ces chemins seraient conservés ou supprimés sur la partie concédée. Aussi Ardoin et Ce invoquèrent-ils la destination du père de famille pour les faire maintenir, et comme la servitude de passage qu'ils revendiquaient était discontinue, ils produisirent leur titre, ne doutant pas que, d'après la jurisprudence courante, le bénéfice de l'art. 694 ne leur fût acquis. La Cour de Paris, néanmoins, peu convaincue, malgré la production de l'acte, décida que les anciens quais établis sur le terrain cédé et leurs voies d'accès n'étaient pas des signes apparents de la servitude réclamée. « Considérant en fait, » dit-elle, le 17 août 1865, « qu'on ne peut trouver le » signe apparent d'une servitude de passage au profit » d'Ardoin et Ce dans l'existence des quais tels qu'ils » se trouvaient établis au moment de la constitution » de la Société des docks en 1856 ; » et la Cour de cassation rejeta le pourvoi formé contre cet arrêt, le 10 décembre 1866, « attendu qu'il résultait, en fait, de » l'arrêt attaqué, qu'à l'époque ou Ardoin et Ce firent » apport des terrains sur lesquels ils réclamaient une » servitude de passage, il n'existait entre ces terrains » et ceux dont ils conservèrent la propriété aucun » signe apparent de la servitude réclamée. » Le sommaire placé par l'arrêtiste en tête de cette décision est ainsi conçu : « L'*existence* de voies de communi-

» cation a pu être considérée comme ne constituant » pas un signe apparent. » L'arrêt de la Cour de Paris constatait, en effet, l'existence des chemins dont Ardoin et Ce demandaient le maintien. Il semble que l'on a un peu forcé la solution en fait, pour éviter la décision qui se serait imposée en droit (1).

Plus récemment, le 22 août 1882, la Chambre des requêtes a rendu un arrêt ainsi conçu : « Attendu » qu'aux termes de l'art. 694, la servitude ne continue » d'exister qu'autant que le contrat ne renferme » aucune convention contraire à son maintien ; » attendu qu'en cette matière, il n'est pas interdit » aux juges du fond, dans l'interprétation des actes » qui leur sont soumis, de tenir compte des circon- » stances extrinsèques et de l'exécution donnée à ces » actes, afin de s'éclairer sur l'intention réelle des » parties contractantes ; attendu que la Cour d'An- » gers a consulté *les actes de vente postérieurs* à l'acte » de partage de 1861, intervenu entre les héritiers » Fleury, et ayant opéré la division de la grande » maison et de la petite maison de la place du Pilori, » dans le but unique de fixer le sens véritable dudit » acte de partage ; et qu'en induisant des termes de » cet acte et de la manière dont il avait été exécuté, » que les copartageants n'avaient pas entendu grever » la petite maison d'une servitude quelconque au » profit de la grande, elle n'a fait qu'un usage régu- » lier de son pouvoir souverain d'interprétation... » rejette. »

(1) Dans notre système, l'opération accomplie au moment de la concession du terrain était une division qui relevait des art. 692 et 693 et ne conservait pas les servitudes discontinues.

La Cour de cassation n'est-elle pas allée chercher un peu loin le moyen de se soustraire aux conséquences de sa doctrine ?

Quoi qu'il en soit, voyons quelle serait, dans notre système, la théorie des deux destinations.

CHAPITRE IV.

THÉORIE DES DEUX DESTINATIONS.

SOMMAIRE.

126. — Laconisme des textes.
127. — Distinction fondamentale entre les divisions et les séparations d'immeubles.
128. — Cette distinction est en termes formels dans le texte.
129. — Elle est aussi dans les travaux préparatoires.
130. — Elle explique pourquoi l'art. 694 dit que la servitude continue d'exister.
131. — Elle se trouvait dans l'ancien droit français.
132. — Motifs de la différence établie entre les divisions et les séparations.
133. — Ces motifs étaient donnés dans l'ancien droit.
134. — Ils se retrouvent même dans la doctrine de M. Demolombe et de la Cour de cassation.
135. — Arguments tirés des art. 884 et 1638 du code civil.
136. — Six cas peuvent se présenter :
137. — Séparation de deux immeubles distincts par contrat à titre onéreux.
138. — Séparation de deux immeubles distincts par acte gratuit.
139. — Séparation de deux immeubles distincts par voie de partage.
140. — Division d'un immeuble unique par voie de partage.
141. — Division d'un immeuble unique par contrat à titre onéreux et par acte gratuit.
142. — Vente d'une portion d'immeuble.
143. — Dans quels cas il y a division ou séparation.
144. — Immeubles distincts. — Immeubles confondus.
145. — Immeubles de nature différente.

126. — Après avoir démontré qu'il existe dans nos lois deux destinations, il importe de rechercher dans quelles circonstances on doit recourir à l'une ou à l'autre.

Les rédacteurs du code civil ne l'ont pas explicitement indiqué. Ils ont vu les deux cas les plus ordinaires : celui où des cohéritiers divisent entre eux les biens que leur a légués le père de famille, et celui où un propriétaire sépare les deux fonds qu'il possède; et ils ont laissé à la pratique le soin de décider le surplus en conséquence de cette distinction fondamentale. Nous devons donc préciser dans quels cas il y a division d'un immeuble unique, et dans quels cas, au contraire, il y a séparation de deux immeubles distincts.

127. — La distinction posée par le code civil est exacte : tantôt on transmet dans son entier un immeuble distinct; tantôt on délivre une portion d'immeuble. Dans le premier cas, il s'opère une *séparation* de deux fonds, qui jouissaient chacun auparavant

d'une existence propre, malgré l'événement qui les avait réunis sans les confondre; dans le second il y a *division* d'un immeuble unique, et formation de parts qui n'existaient pas.

Cette différence fondamentale, qui réside dans l'opération accomplie sur des immeubles, et dans leur manière d'être avant et après cette opération, est la raison des deux art. 692 et 694.

128. — Le texte le dit en termes formels.

Il est nécessaire, pour l'application de l'art. 692, que « les fonds *actuellement divisés* aient appartenu au même propriétaire. » C'est donc à la division, et à la division actuelle des immeubles, que l'art. 692 est destiné. Or c'est presque toujours dans les partages de famille que ces sortes de divisions s'opèrent. Aussi cette destination, prenant son nom du cas le plus général, s'est-elle appelée destination du père de famille.

D'un autre côté, l'art. 694 ne nous laisse pas ignorer qu'il ne s'applique qu'aux *séparations* d'immeubles distincts. « Si le propriétaire de *deux héritages*, » nous dit-il, « dispose de l'*un* de ces héritages... » Les deux fonds sont donc distincts avant leur séparation.

129. — Les travaux préparatoires ne s'expriment pas autrement. Quand il s'agit de la destination du père de famille et des art. 692 et 693, les orateurs du gouvernement et du tribunat parlent de deux fonds actuellement divisés, ce qui implique qu'avant la division actuelle les deux fonds ne se distinguaient pas l'un de l'autre et n'en formaient qu'un seul. « La destination du père de famille, » disait Berlier, « équivaut à titre, quand il est prouvé que deux fonds » *actuellement divisés* ont appartenu à la même per-

» sonne. » « Il n'y a destination du père de famille, » disait Albisson, « que lorsqu'il est prouvé que les » deux fonds *actuellement divisés* ont appartenu au » même propriétaire. » Il en est tout autrement quand ils veulent caractériser la destination du propriétaire primitif : ils constatent, en ce cas, que les deux fonds sont distincts avant comme après la séparation. Le tribun Gillet parle des signes auxquels on peut reconnaître la destination du propriétaire primitif des *deux héritages* entre lesquels la servitude subsiste. « Le propriétaire de *deux héritages*, » demande le tribun Albisson, « dispose de l'un ou de » l'autre : la servitude continue-t-elle d'exister ? » Et il répond : « S'il existe *entre les deux héritages* un » signe apparent de servitude, le silence des contrac- » tants n'empêchera pas qu'elle continue d'exister. »

130. — Nous avons fait remarquer que l'art. 694 laissait à désirer au point de vue de l'exactitude, et que la servitude ne *continuait* pas d'exister après la séparation des deux immeubles, parce qu'elle n'existait pas auparavant. La même erreur se reproduit dans les discours des orateurs. Le Code et les travaux préparatoires sont d'accord, au contraire, pour reconnaître que dans la destination du père de famille (art. 692) la servitude naît, *résulte* de l'état antérieur des lieux. Cette différence dans le langage est le reflet de celle que nous avons constatée dans le fond des choses : quand on est en présence de deux immeubles distincts, on oublie leur propriétaire, et on se laisse tromper par la réalité d'un fonds dominant et d'un fonds servant entre lesquels la charge existe avant la séparation. On dit alors que la servitude continue d'exister après la transmission de l'un des

deux héritages, parce que l'inexactitude est légère, et, jusqu'à un certain point, négligeable. Mais quand il n'existait primitivement qu'un seul immeuble, l'illusion est plus difficile : on n'a plus un fonds dominant et un fonds servant que l'on puisse considérer comme anciennement asservis l'un à l'autre; et s'il est permis d'oublier un moment que l'on n'a pas deux propriétaires, quand on a deux héritages, il n'est plus possible de commettre la même erreur en présence d'un seul immeuble et d'un seul maître.

131. — Aux arguments tirés du texte et des travaux préparatoires s'ajoutent ceux que nous avons puisés dans l'ancien droit. Mais le premier rang appartient, croyons-nous, aux motifs sur lesquels la distinction se fonde.

132. — Si deux héritages sont distincts, et si un service foncier de l'un envers l'autre est marqué par un signe apparent, il ne peut rester aucun doute sur la volonté présumée des contractants. Le vendeur et l'acquéreur connaissent l'état des choses. Les lieux parlent d'eux-mêmes, suivant l'expression du tribun Albisson, non seulement à raison de l'apparence de la servitude, mais encore à raison de la distinction des deux fonds, qui fortifie et complète cette apparence, et la rend plus significative. Aucune des deux parties n'est admise à prétendre qu'elle n'a pas entendu ce langage des choses.

Supposons, par exemple, deux maisons contiguës, ayant chacune une cour. Dans l'une de ces cours se trouve un puits, et, dans le voisinage de ce puits, une porte est pratiquée dans le mur mitoyen de clôture des deux héritages. La porte s'ouvre et se ferme de la maison voisine. La servitude sera manifeste, et la conviction des deux parties qui traiteront de la vente de l'un des deux immeubles se fondera, non seulement sur l'existence de la porte, mais encore sur l'état de distinction des deux fonds et sur la percée du mur qui les limite. Si les deux maisons n'en formaient qu'une seule, si les deux cours n'étaient pas distinctes et séparées par un mur, que prouverait un sentier aboutissant au puits? On se demanderait si les copartageants ont voulu le maintenir, et souvent on serait obligé de reconnaître que le lotissement opéré lui enlève toute utilité. Quand il y a deux maisons distinctes, au contraire, personne ne se trompe sur la signification de la porte ou du passage. L'existence de deux immeubles distincts et la présence du mur percé d'une porte donnent une grande énergie au signe apparent. Sans cette limite brisée, le signe ne serait plus aussi explicite. Tout devient clair et sûr avec elle : le fonds dominant est un objet fixe et nettement déterminé, le fonds servant présente le même caractère; le service foncier apparaît dans son but, dans son utilité, comme dans son essence, à raison surtout de son empreinte sur la ligne divisoire. La servitude n'existe pas légalement parlant, mais on en a tous les éléments sous les yeux, et on ne peut se tromper sur son étendue et son utilité.

Quand il s'agit, au contraire, de la division d'un immeuble unique en plusieurs lots, il en est tout autrement. Le propriétaire primitif ne peut pas avoir eu l'intention de grever d'un service foncier une portion d'immeuble qui n'avait pas encore une existence propre. Il ne peut pas, non plus, avoir eu la pensée d'attribuer le bénéfice de cette charge à un autre immeuble qui se confondait en ce moment avec le premier, et dont rien ne permettait de prévoir l'existence future. Il ne soupçonnait pas la destinée que l'avenir réservait à ces deux portions encore indistinctes d'un même fonds, et, par suite, il ne peut avoir établi, en connaissance de cause, un asservissement de l'une à l'autre.

En supposant même qu'il eût rendu l'extrémité d'un champ tributaire de l'extrémité opposée, et qu'il eût, par exemple, pris son entrée d'un seul côté, s'astreignant à passer sur les premières parties pour exploiter les dernières, l'indétermination de ces parties ne permettrait pas de considérer le passage comme un véritable service. Deux immeubles sont indispensables pour que l'idée d'assujettissement puisse naître dans l'esprit du propriétaire. Cette idée veut un fonds diminué et un fonds augmenté. Or, avant la division, il n'y a ni héritage dominant, ni héritage servant, ni service foncier déterminé susceptible de se transformer en servitude.

Le père de famille meurt, laissant l'immeuble en cet état. Les cohéritiers en font arbitrairement deux lots : la première partie devra-t-elle un passage à la seconde, si celle-ci confronte à un chemin public ? On ne pourra pas invoquer la destination du père de famille, puisqu'il n'y aura jamais eu de sa part une véritable destination, ou que, tout au moins, cette destination ne sera pas certaine. Sera-t-on plus autorisé à soutenir que les deux cohéritiers ont entendu établir la servitude de passage au moment de la division ? Non, sans doute, car on ne pourra pas présumer, d'une manière sûre, que l'un a songé à l'acquérir et l'autre à l'accorder.

Tout aménagement d'un immeuble, tout système

de baux à ferme ou à loyer, toute manière d'habiter ou de cultiver sont mis à néant par le partage. Un nouvel ordre de choses naît avec des besoins nouveaux, et il n'est permis de conserver de l'ordre ancien que les charges permanentes. On n'a pu se tromper sur le compte de ces dernières : elles constituent la manière d'être de l'immeuble, et on ne pourrait les supprimer ou les amoindrir sans le dénaturer. Il n'en est pas de même des services intermittents et discontinus. Qui dira si les copartageants ont tous considéré ces services comme des manières d'être définitives de l'immeuble, ou comme des conséquences de l'ancien ordre de choses devant disparaître avec lui ? En présence d'une servitude permanente, l'hésitation n'est pas permise ; mais une charge discontinue laisse subsister un doute qui rend toute présomption impossible. Quand la question se pose en face de deux héritages distincts, la permanence du signe apparent, la désignation nette, ancienne de l'héritage dominant et de l'héritage servant, et l'empreinte posée sur une ligne divisoire fixe et marquée, donnent lieu de croire que les parties entendent laisser les choses en cet état qu'elles connaissent et qu'elles ne modifient pas ; mais quand il ne s'agit que d'un seul immeuble divisé, quand l'ancien état de choses disparaît pour faire place à des arrangements nouveaux, des charges qui n'ont aucune relation connue avec ces arrangements nouveaux, qui ne répondaient qu'aux besoins de l'ancien propriétaire et dont rien ne permet de mesurer d'une manière exacte et sûre l'étendue et l'utilité pour l'avenir, ne peuvent bénéficier d'une intention qui n'est pas certaine, et d'un signe qui demeure douteux (185).

133. — Ces motifs n'ont pas été développés dans les travaux préparatoires du code civil, et, de son côté, l'ancien Droit français ne les avait pas mis en lumière, parce que la condition de continuité était toujours demeurée plus ou moins contestée. On trouve, néanmoins, des indications précieuses dans les écrits des jurisconsultes qui admettaient cette condition. Basnage, par exemple, écrivait sur l'art. 609 de la coutume de Normandie : « Il y a grande différence entre la servitude de vue et d'égout et celle de passage; comme la première subsistait lors du partage, on ne pourrait l'ôter sans faire une innovation, le droit étant acquis dès le moment du partage; mais pour jouir du droit de passage, qui ne subsistait point lorsqu'on a partagé, il faut innover, et entreprendre de passer sur le fonds d'autrui. »

La servitude continue fait corps avec l'immeuble, et se divise, en quelque sorte, en même temps que lui. Le lotissement tient compte de son existence, qui est indépendante de tout fait de l'homme. La supprimer après le partage, ce serait innover et modifier la composition des lots, car le droit se fixe au moment du contrat, et s'applique à tout ce qui a été réparti. La division ne porte donc aucune atteinte aux servitudes continues, telles que les vues et les égouts. Aussi ces servitudes se conservent-elles.

Il en est tout autrement pour les servitudes discontinues, et, par exemple, pour la servitude de passage. Elle ne fait pas corps avec l'immeuble; le fait de l'homme seul la met en action, et, dès lors, l'exercer c'est innover. Autant de fois on passe, autant de fois on innove; et comme le droit né au moment du partage ne porte que sur ce qui a été partagé et ne saurait comprendre ce qui ne fait pas corps avec l'immeuble, le lotissement serait faussé par les faits de passage qui se produiraient postérieurement à la division.

Cette différence, marquée par Basnage, entre les servitudes continues et les servitudes discontinues, au point de vue des partages et divisions, repose en réalité sur cette considération, qu'on ne peut douter de l'intention qu'ont eue les copartageants de maintenir les servitudes permanentes qui sont indépendantes de tout fait de l'homme, et dont l'existence est liée pour toujours à celle de l'immeuble; tandis qu'on n'est pas sûr que les intéressés aient voulu conserver une servitude discontinue, dont la plupart des éléments seront nouveaux, bien qu'elle emprunte l'assiette d'un ancien service de même nature et qui s'appliquera à des immeubles de formation récente.

Cette incertitude n'existe plus quand les immeubles séparés sont distincts, car tous les éléments de la charge à conserver restent les mêmes. Le fonds dominant et le fonds servant ne sont pas modifiés, et l'on peut dire qu'après comme avant la séparation la servitude discontinue de passage demeure la même sans aucune innovation.

134. — Tout le monde, au reste, reconnaît que les servitudes apparentes et continues sont plus expressives que les servitudes simplement apparentes. C'est même sur cette différence que repose la doctrine de M. Demolombe et de la Cour de cassation. Le tribunal de Saint-Pol disait, dans le jugement que nous avons rapporté : « On est forcé de convenir que l'état apparent des lieux doit être plus ou moins significatif suivant qu'il s'agit d'une servitude simplement appa-

rente ou d'une servitude tout à la fois apparente et continue. Le signe d'une servitude discontinue est toujours équivoque. Si l'existence de ce signe peut dispenser d'une clause expresse, comme il dispenserait le vendeur de la déclaration prescrite par l'article 1638, du moins faut-il que la présomption résultant de l'état apparent des lieux soit fortifiée... » M. Demolombe dit de son côté : « La destination du père de famille a plus ou moins de puissance et d'effet suivant le caractère de la servitude qu'il s'agit d'établir. Si l'état des héritages est tel qu'ils constituent, au moment de leur séparation, une servitude continue et apparente, cela suffit; *la destination du père de famille*, par elle-même et par elle seule, vaut titre alors. Si, au contraire, au moment de la séparation des héritages, il n'y avait entre eux qu'un signe apparent de servitude, cette destination ne suffit pas. Que la servitude continue et apparente résulte du seul fait de la séparation des deux héritages, cela se conçoit : elle est constitutive de leur manière d'être et de leur conformation même. Bien différente est la servitude discontinue, qui ne s'exerce que par le fait de l'homme, lors même qu'elle se révèle par un signe extérieur, qui peut toujours paraître plus ou moins équivoque. »

Or comment fortifier, comment corroborer cette présomption insuffisante qui naît de l'apparence de la servitude discontinue? Que faut-il ajouter pour écarter tout équivoque, et pour rendre certaine l'intention non exprimée des parties? Est-ce la production d'un papier muet, comme le pense M. Demolombe? Mais qui ne voit que ce moyen ne répond pas au but proposé. Ce papier ne rendra pas plus certaine une intention qui n'est pas exprimée. Ce n'est pas dans le titre qu'on peut chercher un complément de certitude, puisque son silence est la première donnée du problème; c'est dans un fait, dans une circonstance extérieure et visible. Nous n'avons même pas d'efforts à faire pour découvrir ce complément : l'art. 1638 nous le fournit, tout comme l'ancien droit. A quelle condition, en effet, l'acquéreur doit-il supporter sans garantie les servitudes venant d'un fonds voisin? A la condition qu'elles soient apparentes, et que les deux fonds soient distincts. Sans doute, l'article 1638 ne fait pas de cette distinction des deux immeubles une condition explicite, parce qu'il la place dans les données de la question; mais les données sont des conditions, nul ne l'ignore, et grâce à cette addition, ou plutôt à cette précision, il y a identité complète entre les art. 694 et 1638.

135. — Loin de se contredire, comme l'a cru M. Demolombe, ces deux articles se prêtent un mutuel appui, et l'art. 884 est conçu lui-même dans le même esprit.

En ce qui concerne la vente d'abord, l'art. 1638 du code civil n'impose au vendeur que la garantie des servitudes inapparentes. Toutes les fois que l'acquéreur aura pu se rendre compte de la charge que l'immeuble supporte, et aura été averti par l'état des lieux, il n'aura aucune réclamation à formuler. Or cette règle est celle que reproduit l'art. 694 : quand les choses parlent d'elles-mêmes, l'acte de vente peut rester muet. Et si la règle est la même, c'est parce que les circonstances sont les mêmes aussi. Qu'importe, en effet, que le fonds dominant appartienne au vendeur ou à un tiers, pourvu que, dans les deux cas, il soit distinct du fonds vendu? La situation n'est-elle pas la même? L'acquéreur regardera de tous les côtés avec une égale sollicitude; il ne mettra pas de différence entre les propriétaires des immeubles voisins, et s'il aperçoit quelque part un signe manifeste de servitude, il sera suffisamment prévenu. L'art. 694 est donc d'accord avec l'art. 1638. Ne peut-il pas arriver que l'acquéreur ignore que l'immeuble voisin appartient à son vendeur?

Il n'en est pas de même entre copartageants. La jurisprudence interprète avec raison l'art. 884 en ce sens que les cohéritiers ne demeurent respectivement garants, les uns envers les autres, que des servitudes inapparentes venant des immeubles voisins; tandis que l'art. 692 exige que les charges soient à la fois apparentes et continues, pour se conserver d'un lot à l'autre. Quelle est la raison de cette différence, — nous pourrions presque dire de cette contradiction? — C'est qu'ici la situation n'est plus la même dans les deux cas. Vis-à-vis des voisins, les copartageants sont dans la même position qu'un acquéreur : les immeubles sont distincts, les limites sont fixées, et l'apparence suffit, comme au cas de vente, pour que la servitude subsiste sans garantie. C'est la règle de l'art. 884, qui ne s'applique qu'aux immeubles limitrophes de ceux qui ont été divisés. — Mais entre copartageants il n'est question que de lots naguère indistincts ; un signe qui n'a jamais posé son empreinte sur une limite absente n'est plus aussi démonstratif d'une pensée d'assujettissement, et la loi, se montrant dès lors avec raison plus difficile, ne se contente plus de l'apparence, et exige un second élément : la continuité.

Cette situation différente faite aux copartageants par les art. 692 et 884, suivant que la servitude apparente se rapporte à un lot voisin ou à un fonds distinct limitrophe, montre bien qu'il y a plus de certitude dans un cas que dans l'autre, et que l'existence de deux immeubles distincts est l'élément essentiel de cette certitude. La raison d'être des articles 692 et 694 sort ainsi de leur comparaison avec les art. 1638 et 884.

Cette coïncidence n'est pas l'effet du hasard, et si nous la rapprochons du motif invoqué par Basnage de ceux que dévoile l'analyse approfondie des faits et de tous les textes qui se sont succédé depuis le Grand Coutumier jusqu'au code civil, nous sommes obligés de convenir que la distinction entre les divisions et les séparations s'impose, et que c'est dans cette distinction que se trouve la conciliation des deux art. 692 et 694.

136. — Nos législateurs se sont-ils exactement rendu compte de la solution à laquelle ils sont arrivés et de la théorie dont ils ont posé les fondements? Oui sans doute, si nous entendons parler d'une vue d'ensemble, d'une distinction entre deux cas très différents, et des conditions applicables à chacun de ces deux cas; mais il est probable que la matière n'a pas été approfondie. Du moment où ils ont mis une différence entre les art. 692 et 694, on ne peut douter qu'ils n'aient fait une distinction entre les divisions et les séparations : le premier de ces articles, en effet, nous parle de deux fonds actuellement, mais non anciennement divisés, et le second pose la condition de deux héritages distincts avant comme après leur séparation. Jusque-là nos législateurs ont eu la vue claire

du droit qu'ils établissaient. Leurs précisions néanmoins n'ont pas dépassé cette distinction fondamentale, et le texte du Code, comme les travaux préparatoires, démontrent qu'ils ne se sont pas préoccupés des divers moyens qui réalisent les divisions et les séparations. Dans notre ancien droit, nous avons vu confondre pendant longtemps les divisions avec les partages et les séparations avec les aliénations, comme si les partages seuls divisaient les immeubles, et comme si les aliénations seules les séparaient. La pratique corrigea ce que cette première doctrine avait de trop exclusif ou de trop étroit, et les arrêtés du président de Lamoignon admirent que les séparations pouvaient résulter de partages. Nos législateurs ont-ils fait ces précisions? Non, certainement, car on n'en voit nulle part la trace. Une circonstance, néanmoins, nous avertit qu'ils se sont conformés aux idées reçues en dernier lieu et qu'ils ont entendu abandonner la doctrine primitive. La coutume réformée de Paris avait placé, à côté de son art. 216, relatif à la destination du père de famille, un art. 215, qui laissait les aliénations de portions d'immeubles sous la loi du Grand Coutumier. Or le Code n'a pas reproduit cette disposition, qui tenait en dehors de la destination du père de famille les divisions opérées par voie d'aliénation. C'est donc aux divisions d'une manière générale, et sans distinction entre les moyens employés pour les réaliser, que s'applique l'art. 692, suivant les idées reçues au moment où le Code fut rédigé. C'est de même aux séparations d'une manière générale, et sans distinction entre les contrats qui les amènent, que l'art. 694 est destiné, bien qu'il ne reproduise pas les termes explicites de l'art. 2 des arrêtés de Lamoignon.

Toute la théorie des anciennes destinations est donc implicitement contenue dans les art. 692, 693 et 694 du code civil, bien que les législateurs aient glissé sur les détails.

Il ne suffit pas néanmoins d'avoir posé le principe de la distinction à établir entre les divisions et les séparations; il faut encore suivre ce principe dans les particularités de son application. En gardant le silence sur ces particularités, la loi laisse à la jurisprudence et à la doctrine le soin de les déterminer dans le sens des deux règles adoptées. Essayons donc de descendre dans l'examen des cas particuliers.

Ces cas, ce nous semble, peuvent se ranger sous six catégories, car les divisions, comme les séparations, s'opèrent de trois manières : par voie de partage, par contrat à titre onéreux, ou par libéralité. De là les six cas suivants, qui posent autant de questions à résoudre :

1° Division d'un immeuble unique par voie de partage;

2° Division d'un immeuble unique par contrat à titre onéreux;

3° Division d'un immeuble unique par acte gratuit.

4° Séparation de deux immeubles distincts par voie de partage;

5° Séparation de deux immeubles distincts par contrat à titre onéreux;

6° Séparation de deux immeubles distincts par acte gratuit.

137. — Le cinquième cas ne présente aucune difficulté, puisque l'art. 694 le résout en termes formels. Lorsque le propriétaire de deux immeubles

distincts aliène par contrat l'un de ces immeubles, les charges manifestées par des signes apparents se conservent et deviennent des servitudes. L'apparence du service est, en cette circonstance, la seule condition exigée.

138. — Le sixième cas n'est peut-être pas aussi explicitement compris dans l'art. 694, parce que le mot *contrat*, qui s'y trouve, semble exclure les actes de libéralité ; mais tout le monde est d'accord pour reconnaître que cette expression doit être entendue dans le sens le plus large, et que celui qui *lègue* ou qui *donne*, *aliène* et *dispose* comme le veut la loi.

La Cour de cassation l'a toujours ainsi décidé, et le 17 novembre 1847 notamment, elle disait, sur le pourvoi formé contre un arrêt de la Cour de Toulouse : « Attendu que l'art. 694 s'applique aux servi- » tudes discontinues dont il existe un signe apparent, » comme aux servitudes continues ; aux dispositions » de biens à titre gratuit, comme aux aliénations à » titre onéreux, etc. (1). »

139. — Il est facile de reconnaître que le quatrième cas doit subir la même loi que le cinquième et le sixième. Quelle différence peut-on relever, en effet, entre les séparations par voie de partage et les séparations par voie d'aliénation ? Dans l'un et l'autre cas, les immeubles sont distincts et les services ont posé leur empreinte, non seulement sur un fonds dominant et sur un fonds servant, mais encore sur une ligne de délimitation, ce qui marque nettement le lien entre les deux fonds. Le mode de transmission

(1) D. 1847, 1. 376.

varie seul, mais cette différence est plus apparente que réelle, car le copartageant doit son lot à une véritable transmission émanée, sinon de l'ancien propriétaire, du moins de ses coïntéressés.

C'est en vertu d'une fiction légale que chaque cohéritier est censé avoir succédé seul et immédiatement aux objets compris dans son lot, et n'avoir jamais eu la propriété des autres. En réalité, les copartageants se transmettent mutuellement une partie de leurs droits. Avons-nous besoin de rappeler la maxime romaine : *Divisionem prædiorum vicem emptionis obtinere placuit* (1)? Faut-il s'étonner dès lors, que le partage, comme la vente, laisse les fonds distincts sous l'empire de l'art. 694 ? La jurisprudence est en ce sens, depuis l'abandon de la doctrine de Merlin.

Au reste, même en conservant la fiction de l'art. 883 du code civil, et en considérant chaque cohéritier comme ayant succédé seul à l'immeuble mis dans son lot, on arriverait à la même conclusion, avec cette seule différence que le quatrième cas rentrerait dans le sixième, au lieu de se réduire au cinquième. Si le cohéritier dont nous parlons avait succédé directement à l'immeuble que lui attribue le partage, il serait dans la même condition que le légataire particulier de cet immeuble. L'un le tient de la volonté exprimée du défunt, l'autre de sa volonté présumée. L'origine est la même, les résultats ne doivent pas être différents. Ainsi la fiction de l'art. 883 elle-même ne s'oppose pas à l'application des principes posés.

Nous avons dit que le président de Lamoignon,

(1) C. I, *Commun. utriusq. jud.*

dans ses arrêtés, avait essayé de formuler la disposition qui est devenue plus tard l'art. 694. Or la rédaction de ce magistrat ne laisse aucun doute sur le point qui nous occupe, car elle mentionne à la fois les aliénations et les partages. « Si de deux maisons et héritages voisins, » dit-elle, « appartenant à un même propriétaire, l'une est aliénée à quelque titre et pour quelque cause que ce soit, ou que par un acte fait entre des cohéritiers, communs en biens et associés, les deux maisons et héritages tombent entre les mains de personnes différentes, la destination de l'ancien propriétaire vaut titre. » Il s'agit bien, dans ce passage, de la séparation de deux maisons ou héritages voisins et distincts, opérée, soit par voie d'aliénation, soit par voie de partage ; et la règle demeure la même, quel que soit le moyen employé pour amener cette séparation.

Le code civil a-t-il eu l'intention de modifier les idées ainsi reçues depuis déjà longtemps? Non sans doute, car on ne trouve nulle part la preuve d'une semblable intention, tandis qu'on est autorisé à induire l'intention contraire de l'ensemble de ses dispositions. Si la destination du père de famille de l'art. 692 s'applique à toutes les divisions, même à celles qui ne sont pas effectuées par des partages, ce qu'il faut nécessairement conclure de la suppression de l'art. 215 de la coutume de Paris, la distinction n'est plus comme autrefois entre les partages et les aliénations, et le code civil consacre les progrès réalisés au temps du président de Lamoignon. L'abandon de l'exception formulée dans l'art. 215 de la coutume de Paris en est la preuve manifeste.

140. — D'un autre côté, le premier cas relatif à la

division d'un immeuble unique par voie de partage est directement prévu par les art. 692 et 693, et constitue la destination proprement dite du père de famille. C'est même à ce cas seul que se rapportaient les textes primitifs. Nous avons démontré qué l'adage de l'art. 692 : « destination du père de famille vaut titre, » n'avait été que la mise en brocard de l'art 609 de la coutume de Normandie : « En faisant partages et divisions de choses communes dont l'une partie sert à l'autre, les vues et égouts demeurent comme ils sont lors du partage ; » nous savons, en outre, que la coutume de Paris restreignait sa destination aux divisions opérées par voie de partage, comme la coutume de Normandie, puisque son art. 215 en refusait le bénéfice aux ventes de portions d'immeubles, c'est-à-dire aux divisions effectuées par voie d'aliénation.

Il faut remarquer que cette destination s'applique non seulement aux divisions d'immeubles héréditaires, mais encore aux divisions d'immeubles communs quelconques. La coutume de Normandie l'indiquait déjà à l'origine, quand elle parlait des « partages et divisions entre cohéritiers ou personniers de choses communes, » et la doctrine comme la jurisprudence n'ont jamais varié depuis. Il n'y a pas de père de famille quand plusieurs personnes achètent un fonds et le partagent entre elles. On comprit néanmoins, dès la première heure, que les divisions de cette nature devaient être assimilées à celles qui s'opéraient entre cohéritiers, et l'assimilation fut si complète, qu'on ne changea même pas le nom de la destination.

141. — Il ne nous reste à parler que du deuxième et du troisième cas, c'est-à-dire de la division d'un

immeuble unique par contrat à titre onéreux ou par acte gratuit ; mais après ce que nous avons dit du caractère véritablement translatif du partage, on comprend à quelle conclusion nous allons arriver.

Si le partage est une vente, il n'y a plus à distinguer entre le premier cas et le second. D'un autre côté, si les dispositions à titre gratuit doivent subir les mêmes règles que les contrats à titre onéreux, le troisième cas se ramène au deuxième, et l'unité se fait sous les art. 692 et 693 pour toutes les divisions d'un immeuble unique, à quelque titre qu'elles soient opérées.

Que le père de famille divise son immeuble entre ses héritiers, en donnant à chacun son lot, ou qu'il le leur abandonne en son entier, à charge de le diviser eux-mêmes, les résultats ne seront pas modifiés.

Une circonstance particulière, que nous avons déjà plusieurs fois relevée, ne permet de conserver aucun doute sur l'intention qu'ont eue les rédacteurs du code civil de placer l'aliénation d'une portion d'immeuble sous la règle de l'art. 692. L'ancien droit contenait une disposition opposée dans les art. 215 de la coutume de Paris et 619 de la coutume de Normandie. Cette exception n'a pas été conservée. Elle est donc rentrée dans la règle, et, dès lors, les divisions, de quelque manière qu'elles s'opèrent, n'ont plus d'autre loi que celle de l'art. 692.

142. — Il faut se prémunir contre une objection qui n'est embarrassante qu'en apparence.

Le père de famille qui aliène une partie de son champ, pourrait-on dire, n'est pas dans la même situation que les cohéritiers qui le divisent entre eux.

Il n'est pas seulement copartageant : il est aussi vendeur ou donateur, et, à ce dernier titre, il peut avoir contracté des engagements ou réservé des droits que les simples copartageants ne connaissent pas. Si une servitude est apparente, entre la portion qu'il aliène et celle qu'il retient, l'art. 694 ne la conservera-t-il pas ? N'y a-t-il pas, en ce cas, réellement deux immeubles, par cela seul que la portion vendue est déterminée ?

Cette objection confond l'aliénation qui sépare deux immeubles distincts avec celle qui divise un immeuble unique. Sans doute, si le contrat ou la libéralité ont pour objet un immeuble entier, ou une portion de cet immeuble rendue distincte avant l'acte ou au moment de l'acte, les servitudes apparentes seront conservées et on retombera dans le cinquième cas dont nous avons parlé ; mais quand il ne s'agira que d'une portion indistincte, d'un tiers, d'un quart, par exemple, la vente ou la donation ne contiendront rien de plus que le partage.

A la vérité, et c'est à ce point de vue seulement que l'objection mérite d'être examinée, il est quelquefois difficile de décider, en fait, si l'on se trouve en présence d'une portion distincte ou d'une portion indistincte ; mais cette question, qui sera examinée bientôt, n'est pas celle qui nous préoccupe à cette heure. Il suffit d'établir ici que les aliénations ou dispositions quelconques qui divisent un immeuble relèvent des art. 692 et 693.

143. — En résumé, les art. 692 et 693, relatifs à la destination du père de famille proprement dite, s'appliquent aux divisions d'immeubles, et l'art. 694, relatif à la destination du propriétaire primitif, aux

séparations seulement, quels que soient les contrats ou les actes qui amènent ces divisions et ces séparations. Il est vrai que les divisions s'effectuent ordinairement par des partages, et que les séparations se trouvent le plus souvent dans les aliénations ; mais cette circonstance, qui avait égaré le Droit coutumier primitif, comme elle a égaré plus tard Merlin, ne trompe plus personne aujourd'hui. La forme a repris son rôle accessoire, et uniquement préoccupés du fond, comme le code civil, nous allons rechercher dans quels cas il y a division et dans quels cas, au contraire, il y a séparation.

144. — La question dépend de l'état de confusion ou de distinction dans lequel se trouvent les immeubles avant leur disjonction.

Les deux immeubles peuvent être de nature différente ou de même nature.

145. — S'ils sont de nature différente, la solution n'est généralement pas douteuse : ils se distinguent aux yeux de tous ; leurs limites sont certaines, apparentes, invariables. L'acte qui les mettra dans deux mains les séparera. Tel est le cas, par exemple, d'un bâtiment et d'une terre, d'une maison et d'un jardin, etc.

146. — Au point de vue qui nous occupe, il importe peu que les deux fonds soient indépendants ou que l'un d'eux soit l'accessoire de l'autre : une cour d'entrée, une cour intérieure, un pâtis sont des objets naturellement distincts de tous autres, bien qu'on doive les considérer comme des accessoires des bâtiments auxquels ils sont rattachés ; si un contrat quelconque les sépare de ces bâtiments pour les attribuer à un autre propriétaire, on appliquera

la loi des séparations, c'est-à-dire l'art. 694. Sans doute, la vente ou la donation d'une maison comprend la cour affectée à son usage, mais quand la cour est vendue, donnée ou léguée par une disposition spéciale qui la sépare de l'édifice, l'intention de la distraire est manifeste, et le lien primitif demeure rompu. On n'a plus qu'à se demander si, au moment de la séparation, le disposant ou les contractants ont entendu conserver ou supprimer les charges auxquelles, en fait, le bâtiment et l'accessoire étaient précédemment soumis l'un à l'égard de l'autre, et cette question est indépendante des principes qui régissent les relations de l'accessoire et du principal, puisque les deux immeubles sont devenus étrangers l'un à l'autre.

La même décision devrait être suivie, s'il s'agissait de deux accessoires séparés au même moment, ou à des époques différentes, du bâtiment principal, comme, par exemple, d'une remise et d'un jardin, d'une grange et d'une aire, d'une étable et d'un pâtis. Tout lien de dépendance étant brisé, les anciens accessoires perdent cette qualité et deviennent choses principales soumises aux dispositions de l'art. 694, puisqu'elles étaient distinctes bien que dépendantes avant leur séparation.

147. — Si les immeubles sont de même nature, il faut distinguer entre les terres et les bâtiments. — Les bâtiments, en outre, peuvent avoir reçu la même affectation ou une affectation différente.

148. — Si les édifices ne sont pas destinés aux mêmes usages, la distinction s'établit entre eux avec plus de facilité, et on se trouve encore, comme dans le cas précédent, en présence de limites certaines et

nettement déterminées. Lorsqu'à des maisons d'habitation, par exemple, sont annexés des ateliers, des granges, des étables, des écuries, des remises, des caves, des greniers, etc., ces annexes peuvent, à certains égards, être considérées comme des accessoires des bâtiments principaux, formant avec eux un tout indivisé; mais cette réunion artificielle de plusieurs immeubles en un seul, par la volonté du propriétaire, ne saurait persister quand cette volonté cesse, c'est-à-dire quand le propriétaire dispose de l'un des fonds et retient l'autre. La nature des choses, que l'intention des contractants ne modifie plus, reprend alors ses droits, et les deux immeubles sont d'autant plus distincts que leurs limites n'ont jamais été douteuses.

149. — Si les édifices sont affectés aux mêmes usages, la question de savoir s'ils sont confondus ou distincts peut, suivant les circonstances, présenter plus ou moins de difficulté. Deux maisons contiguës, par exemple, seront distinctes, si un mur sans solution de continuité les sépare, et si elles n'ont ni la même façade, ni la même entrée, ni la même hauteur de toiture ou de planchers. Mais si le mur de refend est percé à tous les étages, et n'oppose aucun obstacle aux communications; si les planchers sont construits de la même manière, et au même niveau; s'il n'y a qu'une toiture, qu'une façade, qu'une entrée, qu'un corridor, qu'un escalier, etc., on arrivera à ne plus distinguer les deux bâtiments l'un de l'autre, et il n'en existera qu'un seul. Quand on se trouve en présence d'une difficulté de ce genre, on doit relever avec soin toutes les différences que présentent les constructions et

voir si la somme de ces différences suffit pour imposer une distinction. C'est toujours une question de fait et d'appréciation à résoudre selon les circonstances, au regard de chaque cas particulier.

150. — Les terres sont soumises à des cultures différentes ou à des cultures identiques. Les différences sont, en outre, annuelles ou permanentes.

Un bois et un pré, par exemple, un champ en labour et un verger, une vigne et un jardin conservent leur affectation pendant un nombre plus ou moins considérable d'années et se distinguent nettement. Les travaux différents que ces diverses cultures exigent, et la physionomie particulière qu'elles donnent aux terrains, ne permettent aucune confusion.

151. — Mais deux labourables voisins soumis à un assolement biennal, et portant alternativement du blé et du maïs, par exemple, forment-ils deux fonds distincts, parce que leur récolte annuelle n'est jamais la même ? Nous ne le pensons pas. On voit souvent, dans les pays de cultures alternes, des champs divisés en deux parties à peu près égales, qui donnent tous les ans à leur propriétaire les deux récoltes de la rotation. Il en est ainsi surtout pour les cultivateurs peu fortunés, qui n'ont pas des champs différents à livrer aux récoltes multiples dont ils ont besoin. Assez fréquemment même, dans des domaines importants, on divise les terres les plus rapprochées du centre de l'exploitation pour avoir sous la main les fourrages artificiels ou les légumes de chaque jour. Une culture annuellement différente ne sera donc pas le signe certain d'une distinction entre deux terrains voisins : d'autres éléments devront compléter cette première indication.

A plus forte raison faudra-t-il considérer comme ne formant qu'un immeuble unique les terres voisines qu'une même récolte recouvrira et qu'aucune marque apparente ne différenciera.

152. — Ce qui distingue un fonds d'un autre, c'est la limite qui indique d'une manière précise à tous les yeux le point où le premier finit et où le second commence. Il n'y a jamais deux immeubles distincts sans que la ligne divisoire soit certaine.

Il existe, on le sait, de nombreuses manières de limiter un champ : on le clôt de murs ou de palissades, on l'entoure de fossés ou de talus, on le borde de haies ou de rangées d'arbres, etc. ; ces signes matériels, malgré l'énergie de leur témoignage, ne suffisent pas toujours, à eux seuls, pour rendre deux fonds distincts : l'intention du propriétaire demeure le facteur essentiel de cette distinction. Certains genres de clôture, à la vérité, ne laissent aucun doute sur cette intention : une épaisse rangée d'arbres, par exemple, atteste une séparation ancienne et définitive. Mais un fossé, même profond, peut avoir été creusé pour assainir un champ, ou pour arrêter les eaux qui le ravineraient, et non pour constituer deux fonds séparés. Une haie, un mur en pierres sèches, placés dans un pré, ne sont souvent destinés qu'à préserver l'herbe dans une partie, pendant que l'autre est livrée au pâturage. Il est rare, néanmoins, qu'on éprouve des difficultés pour se prononcer sur le but et l'effet d'une clôture : les lieux portent presque toujours l'empreinte de la volonté du propriétaire. L'état des cultures, d'ailleurs, vient se joindre aux autres indications naturelles ou artificielles ; et, en dernière analyse, sur une question de fait de cette nature, l'appréciation des tribunaux demeure la suprême loi.

153. — Il convient seulement de ne pas se méprendre sur la portée de l'intention avec laquelle la ligne divisoire a été tracée. Cette intention est à ce point importante, qu'on doit la considérer comme l'élément essentiel de la séparation. Sans elle, les clôtures les plus caractéristiques et les plus complètes ne seraient que des lignes sans portée. Que le propriétaire de plusieurs prés contigus, par exemple, déclare donner ou vendre la moitié de son terrain en prairie, et, devant sa volonté nettement exprimée de réunir tous ses prés en un seul bloc, toutes les séparations antérieures tomberont. Il ne restera plus qu'un seul immeuble à diviser en deux parties égales. En sens inverse, l'intention du disposant ou des contractants est encore toute puissante pour opérer des séparations qu'aucun signe extérieur n'accompagne. Après avoir acheté une vigne à mon voisin, par exemple, et avoir fait disparaître toute démarcation entre cette vigne et la mienne, j'exploite l'ensemble comme un seul immeuble. Je vends ensuite à un tiers, qui la connaissait comme moi, la vigne que j'ai achetée, en la considérant dans l'acte comme un fonds distinct de celui que j'ai possédé de tout temps. Cette intention suffira, même en l'absence de tout signe séparatif, pour constituer la vigne vendue à l'état d'immeuble distinct.

154. — Les cas dans lesquels la volonté joue ainsi un rôle prépondérant sont nombreux. Il en est un néanmoins qui se produit assez fréquemment, et qu'il faut mentionner d'une manière toute particulière.

Deux ou plusieurs cohéritiers ont souvent un corps

de domaine à partager entre eux, et ce domaine comprend généralement des immeubles distincts de diverses natures. Quand ces immeubles sont limitrophes les uns des autres, on a quelquefois à se demander si le partage a opéré une division ou une séparation. Les principes que nous avons posés rendent la solution facile. Si on compose les lots d'immeubles distincts, en les désignant les uns après les autres, on les sépare sans les diviser. Si, au contraire, on coupe le domaine à travers champs en quatre parties d'égale valeur, par exemple, ou d'égale contenance, sans égard pour les clôtures anciennes, et en établissant des limites nouvelles, on divise le domaine considéré comme un fonds unique, et on ne sépare pas les diverses parties distinctes qui le formaient.

155. — L'intention manifestée par le disposant ou par les contractants entre donc pour beaucoup dans la solution de la question de savoir si un immeuble donné est distinct de tout autre ou ne forme qu'une partie d'un immeuble plus considérable. Aussi n'éprouve-t-on pas d'embarras quand cette intention résulte clairement de l'état des lieux ou de la contexture de l'acte. Mais il n'en est pas toujours ainsi, et il est quelquefois assez difficile de décider si l'on se trouve en présence d'une division ou d'une séparation.

Deux cohéritiers, par exemple, ont à partager un pré qui porte vers son milieu une rigole d'arrosage, et ils conviennent que cette rigole sera leur ligne divisoire. Ont-ils entendu diviser le pré en deux portions? Ou bien l'ont-ils considéré comme formant deux prés distincts séparés par la rigole? C'est une question d'interprétation qu'il faut résoudre par les énonciations contenues dans l'acte. S'il est dit que l'un des copartageants prendra la moitié du pré situé au nord, par exemple, et que l'autre aura la moitié du midi, on ne doutera pas de l'intention qu'auront eue les intéressés de diviser en deux portions égales un immeuble unique. Si l'acte ajoute que l'arpentage a placé la ligne divisoire au milieu de la rigole, cette addition ne suffira pas encore pour créer deux immeubles distincts. Mais si les deux intéressés déclarent que l'un d'eux prend le pré situé au nord de la rigole, tandis que l'autre reçoit le pré du midi, leur intention de séparer deux immeubles distincts ne sera pas contestable. Pour eux, il y aura eu deux prés et non un seul. Si même, sans aller aussi loin dans leurs précisions, ils conviennent que l'un prendra la moitié du pré situé au nord de la rigole d'irrigation et l'autre la moitié située au midi, nous verrons dans leur pensée deux immeubles égaux et distincts, qui forment à la vérité, par leur réunion, un immeuble unique, mais qui n'en conservent pas moins leur existence propre et leurs limites antérieurement définies.

156. — On ne doit jamais oublier, en cette matière, les motifs qui ont fait attribuer aux divisions une règle plus sévère. C'est l'absence d'un fonds dominant, d'un fonds servant, et d'une ligne divisoire nettement déterminée, qui a fait ajouter la continuité à l'apparence. Il faudra donc que les deux parties du pré ne soient pas désignées par des limites naturelles et anciennes, pour que l'opération exécutée soit une véritable division.

Il pourrait même y avoir séparation sans qu'aucune limite n'existât sur le terrain, si, par exemple, les copartageants disaient que l'un prendra une moitié du pré venant de Pierre, et l'autre, la seconde moitié venant de Paul. Deux prés seraient ainsi suffisamment désignés par les noms de leurs anciens propriétaires sans qu'aucune trace n'existât sur le sol. Il en serait de même du cas où chacun des cohéritiers prendrait un numéro du cadastre, bien que les deux numéros eussent été confondus et ne fussent plus distincts sur le terrain. Il faudrait cependant qu'un signe, ou tout au moins un souvenir, rappelât l'ancienne séparation des deux immeubles ou des deux numéros réunis, et que les contractants pussent avoir sur les lieux une vue suffisamment distincte des deux fonds; car si rien n'indiquait l'ancienne configuration des deux parcelles cadastrales, et si on ne pouvait rétablir leur ligne divisoire qu'en chargeant un géomètre de procéder à l'adaptation du plan, cette ligne serait aussi indécise que dans le cas d'un partage par moitié, et dès lors les art. 692 et 693 devraient être seuls invoqués.

En appliquant ces mêmes idées au partage d'une maison, on arrive à des conséquences analogues. Si les lots sont composés de parties déterminées, ayant une existence propre, ces parties sont séparées par le partage, et on applique aux services qui se montrent d'une partie à l'autre les dispositions de l'article 694. Si, par exemple, chacun des copartageants reçoit une chambre ou un étage, ces diverses parties de la maison, considérées dans l'opération comme des unités fixes, ayant des limites précises et marquées, conservent leurs charges apparentes. Si, au contraire, la division s'effectue par moitié, par tiers, par quart, etc., suivant des lignes à déterminer par des procédés géométriques, et sans égard pour les limites naturelles des appartements, c'est le cas des art. 692 et 693. Mais il faut reconnaître que ce cas se présentera bien rarement. D'ordinaire, le partage d'une maison s'opère par étages, ou suivant les murs de refend, ou tout au moins par chambres, en telle sorte que les partages de batiments devront presque toujours suivre la règle de l'art. 694. Ces exemples suffisent pour indiquer dans quelle mesure on doit tenir compte de l'intention des contractants et de l'état des lieux, afin de décider si l'on est en présence d'une séparation d'immeubles distincts ou d'une division d'un immeuble unique. Il ne nous reste à présenter qu'une dernière observation.

157. — La pensée des parties contractantes étant l'un des éléments essentiels de la question, une différence pourra s'établir quelquefois entre les aliénations et les partages. Les cohéritiers, qui ne se seront occupés des immeubles de la succession qu'après son ouverture, ne connaîtront pas l'ancien état des lieux, et leurs conventions formelles ou présumées ne s'interpréteront qu'au regard de l'état de choses existant au moment du partage. Le vendeur, au contraire, connaîtra l'ancienne manière d'être des immeubles, et cette connaissance pourra devenir pour lui une cause d'obligation. Supposons que le propriétaire de deux numéros du cadastre enlève la haie qui les sépare et les réunisse en un seul. Si, plus tard, il vend l'un des deux numéros, l'acquéreur ignorera sur quel point se trouve la ligne divisoire, et une adaptation du plan cadastral sera nécessaire pour la lui indiquer. Il se trouvera donc dans les conditions prévues par les art. 692 et 693. Des copartageants seraient

dans le même cas. Mais le vendeur connaît cette ligne divisoire, qui demeure marquée par ses souvenirs. Pour lui, les deux numéros sont distincts. L'acquéreur peut-il invoquer à son encontre l'art. 694 ? On est porté à le croire, quand on ne considère que le vendeur, car il a dû s'obliger dans la mesure de ce qu'il savait. Mais comment attribuer à son acquéreur un droit sur lequel il n'a pas compté? Les règles de la destination reposent sur une convention présumée, et il ne saurait y avoir convention sur ce que l'acquéreur ignore. La situation du vendeur sera néanmoins défavorable, et plus d'une fois peut-être les tribunaux, invoquant des circonstances particulières, résoudront la question contre lui (226).

158. — Il existe des cas spéciaux dans lesquels il est difficile de prêter une intention à certaines parties. Celui qui est exproprié, par exemple, et dont les biens sont vendus aux enchères, suivant un lotissement qu'il n'a pas fait, n'a certainement aucune volonté, au point de vue des servitudes à supprimer ou à maintenir; mais il est représenté par ses créanciers : leurs intentions sont les siennes, le cahier des charges est légalement l'expression de sa pensée, et les conventions qu'il subit l'obligent comme si elles émanaient de lui. Les copartageants sont dans la même situation, quand les tribunaux leur imposent des lots par attribution.

159. — En résumé, l'état des lieux indiquera le plus souvent si les parties ont opéré une division ou une séparation; mais leur intention sera toujours l'élément essentiel de cette détermination, et il arrivera même quelquefois que, sans égard pour les limites naturelles, la volonté des contractants fera

plusieurs immeubles d'un seul, ou, à l'inverse, mettra toutes les parties naturellement distinctes d'un domaine dans un immeuble unique.

D'une manière générale, néanmoins, les séparations seront fréquentes et les divisions rares. On ne traite pas souvent sur des portions indivises, et les partages eux-mêmes s'appliquent ordinairement à composer les lots d'immeubles distincts, ou tout au moins de parties distinctes. Le champ d'application de l'art. 692, autrefois assez étendu, quand il comprenait les divisions et les partages, et n'était pas en présence d'une destination rivale, sera donc aujourd'hui très restreint, tandis que celui de l'art. 694 sera très large. La restriction trop étroite du premier aux servitudes continues portera la jurisprudence vers le second : les séparations paraîtront être la règle et les divisions l'exception.

CHAPITRE VIII.

DE LA RÉUNION DES DEUX FONDS DANS LA MÊME MAIN.

SOMMAIRE :

160. — Conditions communes aux deux destinations.
161. — Première condition : réunion des deux fonds dans les mains du même propriétaire.
162. — Cas où le propriétaire de l'un des deux fonds est seulement nu propriétaire de l'autre.
163. — Cas où le propriétaire de l'un des deux fonds est seulement copropriétaire de l'autre.
164. — *Quid* du superficiaire.
165. — De l'emphytéote ?
166. — De l'usufruitier ?
167. — Du fermier ou du locataire ?
168. — Celui qui n'a qu'un droit résoluble peut-il fonder une destination ?
169. — *Quid* du donataire en avancement d'hoirie et du grevé de restitution ?
170. — *Quid* du possesseur dont le titre est vicieux ?
171. — De l'envoyé en possession provisoire des biens d'un absent ?
172. — Du légataire universel envoyé en possession ?
173. — Destinations résolubles.
174. — Comment les destinations doivent se régler *pendente conditione.*
175. — Comment elles doivent s'interpréter après.
176. — Acquisitions en bloc suivies de reventes en parcelles.
177. — Acquisitions suivies d'une revente immédiate.
178. — Héritages qui ne se réunissent que dans l'acte qui les partage.
179. — Comment se fait la preuve de la réunion.

160. — Nous avons établi :

1° Qu'il existe dans notre code civil deux destinations différentes, nées sous l'ancien droit : l'une, appelée destination du père de famille et réglementée par les deux art. 692 et 693 ; l'autre, appelée destination du propriétaire primitif et régie par l'article 694 ;

2° Que la première s'applique aux divisions d'immeubles, et la seconde aux séparations.

Il nous reste à déterminer quelles sont les conditions d'emploi de ces deux destinations, et quelles sont, à ce point de vue, les ressemblances et les différences que la loi crée entre elles.

Or il suffit de se reporter aux textes pour se convaincre que la seule différence consiste en ce que la seconde maintient toutes les servitudes apparentes, sans qu'on ait à examiner si elles sont continues ou discontinues, tandis que la première, plus étroite et plus défiante, ne conserve que les charges qui sont à la fois apparentes et continues.

Nous étudierons plus tard la portée de cette différence.

Relevons d'abord les points de ressemblance, et démontrons que les deux destinations exigent quatre conditions identiques :

1° Que les deux immeubles aient appartenu au même maître ;

2° Que la charge revendiquée ait été créée ou maintenue par lui ;

3° Que l'acte soit muet sur la servitude ;

4° Qu'un signe apparent manifeste l'intention du disposant ou des contractants.

Il est facile de constater que ces quatre conditions

se retrouvent d'un côté dans les art. 692 et 693 et d'un autre côté dans l'art. 694.

La première, en effet, est explicitement posée dans ce passage de l'art. 693 : « Il n'y a destination » du père famille que lorsqu'il est prouvé que les » deux fonds actuellement divisés ont appartenu au » même propriétaire, » et dans celui-ci de l'art. 694 : « Si le propriétaire de deux héritages dispose de l'un » d'eux. »

La seconde est inscrite dans ces mots de l'art. 693 : « et que c'est par lui que les choses ont été mises » dans l'état duquel résulte la servitude ; » et dans ceux-ci de l'art. 694 : « entre lesquels existe un signe » de servitude. »

La troisième est en toutes lettres dans l'art. 694 : « Sans que le contrat contienne aucune convention » relative à la servitude, » et s'évince nécessairement de cette formule de l'art. 692 : « la destination » du père de famille vaut titre. » La destination, en effet, ne peut valoir titre que si le titre est muet ou n'existe pas.

La quatrième trouve l'expression : « servitudes apparentes » dans l'art. 692, et l'expression équivalente : « signe apparent de servitude » dans l'article 694.

Les quatre conditions que nous relevons sont donc communes aux deux destinations ; il convient de les étudier séparément.

161. — La première veut que les deux fonds aient appartenu au même maître.

Le propriétaire seul a le droit d'opérer sur ses immeubles les arrangements qui doivent constituer plus tard des destinations. Comment prêter l'intention d'établir une charge *perpetui usûs causâ* à celui qui ne serait pas propriétaire, et qui ne pourrait pas se promettre de longs jours de possession? Le droit du maître domine tous les autres droits réels et rend précaire tout ce qui ne vient pas de lui. Or deux immeubles sont toujours en jeu, quand il s'agit de servitudes : l'un en qualité de fonds dominant, l'autre en qualité de fonds servant. C'est donc de ces deux immeubles à la fois qu'il faut être propriétaire, pour grever l'un d'eux d'une charge au profit de l'autre. Ce principe ne saurait être contesté. Dans l'application cependant des cas particuliers peuvent se présenter.

162. — Si une personne, par exemple, est pleinement propriétaire d'un fonds et nue propriétaire seulement du fonds voisin, sera-t-il vrai de dire que les deux héritages appartiennent au même maître, et une destination pourra-t-elle s'établir? La solution ne paraît pas douteuse : le nu propriétaire ne connaît pas de droit supérieur au sien, et rien ne l'empêche de mettre la perpétuité dans ses projets. Sans doute, il est gêné pendant la durée de l'usufruit, qu'aucune entreprise ne doit entraver, et tous les arrangements qu'il voudra établir ne seront pas réalisables. Souvent, si l'on veut, le respect des droits de l'usufruitier ne lui permettra pas d'introduire une amélioration, de modifier le genre d'exploitation, d'établir une charge; mais quand il le pourra sans nuire à l'usufruit, ou quand l'usufruitier donnera son consentement, l'innovation sera légale et définitive, et réunira tous les caractères d'un arrangement effectué par le plein propriétaire. Le nu propriétaire, au reste, est plein propriétaire quand l'usufruit est sauf. Son

droit est diminué dans son exercice, mais il ne change pas de nature. La condition de la réunion des deux fonds dans la même main est donc remplie, si ces deux fonds ont appartenu au même nu propriétaire.

163. — Lorsque le propriétaire d'un fonds est copropriétaire du fonds limitrophe, la première condition de l'art. 693 est-elle réalisée? Elle ne l'est pas d'une manière complète ; s'il fallait prendre au pied de la lettre le texte de la loi, on serait obligé de reconnaître qu'aucune destination n'est possible. Il est certain néanmoins que le copropriétaire est propriétaire pour partie, et que si cette qualité ne lui appartient pas en entier, elle ne lui fait pas non plus entièrement défaut. On se demande alors s'il ne la possède pas assez pour légitimer l'application des art. 692 et 694, et on est amené à établir une distinction entre le fonds dominant et le fonds servant.

La propriété du fonds servant doit résider pleine et entière sur la tête de celui qui établit la destination, car une charge ne peut être imposée à un héritage *perpetui usûs causâ* que par celui qui en a la libre disposition. Si une autre personne a sur la chose un droit de même nature, ce droit fût-il de moindre importance, le copropriétaire n'est pas autorisé à la dépouiller et à disposer de son bien sans son assentiment. Mais il n'en est pas de même du fonds dominant, qui doit gagner et non perdre, et on ne voit pas pourquoi il ne suffirait pas que le copropriétaire de ce fonds dominant eût un intérêt considérable à l'établissement de la servitude pour avoir le droit de la constituer.

D'un autre côté, le partage, qui était autrefois translatif de propriété, étant aujourd'hui simplement déclaratif, aux termes de l'art. 883 du code civil, la question de savoir si les destinations seront acquises dépendra des résultats qu'amènera le partage. Si ces résultats sont tels que la portion frappée par la destination demeure dans le lot de celui qui l'a établie, ou même si une licitation rend ce dernier seul maître de la chose commune, les deux fonds auront appartenu au même propriétaire, par la réalisation de la condition suspensive contenue dans le partage que nécessite toute communauté.

Enfin, la difficulté se complique d'une troisième considération. Le communiste, qui agit dans l'intérêt de la chose commune, est un peu le mandataire tacite de ses coïntéressés. Toutes les fois qu'il fera leur condition meilleure, ils l'approuveront, et tiendront pour définitifs les arrangements qu'il aura pris ; mais il ne faut pas pousser trop loin ce pouvoir d'agir seul pour tous, accordé à chaque communiste dans une mesure restreinte. L'art. 1859 du code civil, applicable en cette matière, défend à l'associé de faire des innovations sur les immeubles de la société, même quand il les croirait avantageuses, si les autres associés n'y consentent. Il n'en est pas moins vrai que ces autres associés gardent un droit d'option, qui demeure comme une condition suspensive de la destination.

Ces diverses circonstances concourent, dans tous les cas, à former la décision.

Supposons, par exemple, qu'un jardin soit commun entre le propriétaire d'une maison voisine et d'autres personnes. Une fenêtre qui serait ouverte de la maison sur le jardin léserait les droits des copropriétaires de ce dernier immeuble, et certainement le maître de la maison ne serait pas autorisé à exécuter malgré eux une semblable entreprise. S'il l'exécutait, néanmoins, et si, après avoir pratiqué l'ouverture, il vendait sa maison, l'acquéreur ne pourrait invoquer la destination du propriétaire primitif : on lui répondrait que son auteur n'était pas le maître des deux héritages, qu'il n'a pu grever d'une charge celui qui ne lui appartenait pas en entier, qu'il n'a pas transmis plus de droits qu'il n'en avait lui-même, que la fenêtre n'a été que tolérée provisoirement par égard pour un communiste, et que la première condition de l'art. 694 fait défaut. Les coïntéressés pourraient donc exiger la suppression de la fenêtre; mais si une licitation faisait tomber, plus tard, le jardin entier dans les mains de l'ancien propriétaire de la maison, ou si le tirage au sort des lots plaçait cet ancien propriétaire sous la fenêtre par lui ouverte, et tenait les autres au delà de la distance légale, la condition suspensive contenue dans le partage se réaliserait, les deux fonds seraient présumés avoir toujours appartenu au même maître, et la servitude serait maintenue.

Que si, au contraire, la maison était commune, et le jardin propre à l'un des communistes, celui-ci n'aurait lésé personne en créant la servitude de vue, et si, après l'avoir créée, il vendait le jardin, l'acquéreur serait mal venu à rejeter la charge. Qu'objecterait-il à son vendeur ? D'un côté, celui-ci était pleinement propriétaire du jardin, et pouvait le démembrer au gré de ses intérêts. D'un autre côté, si sa part de la maison était considérable, si la valeur de cette part était de beaucoup supérieure à celle du jardin, si la charge lui était avantageuse, s'il gagnait plus sur le bâtiment qu'il ne perdait sur la terre, pourquoi n'aurait-il pas la faculté d'améliorer sa situation sans nuire à personne et sans empiéter sur les droits d'autrui ? Il n'y a d'ailleurs aucun inconvénient à invoquer, en pareil cas, les règles de la destination du propriétaire primitif, car, en défaut, celles de la vente suffiraient : l'acquéreur a vu, en effet, la fenêtre ouverte sur l'immeuble qu'il achetait, et aucune garantie ne lui est due pour les charges apparentes. C'est, en outre, en vertu de son droit de propriété sur la maison et le jardin que le vendeur a pratiqué l'ouverture. Les deux immeubles étaient dans sa main autant qu'il le fallait pour que la charge prît une existence légale. Dès lors la première condition des art. 693 et 694 se trouvait remplie.

Si la maison était vendue par les communistes après l'établissement de la servitude, celui qui aurait retenu le jardin sans stipuler dans l'acte de vente la suppression de l'ouverture ne pourrait pas la réclamer après, sous le prétexte qu'il n'était pas seul maître de la maison vendue. On lui répondrait qu'il a agi, non seulement en son nom personnel, mais encore comme *negotiorum gestor* de ses associés, quand il a créé le service foncier, qu'il a fait dès lors acte de plein propriétaire, et qu'il lui suffisait d'avoir une part dans la vente pour être obligé d'insérer ses réserves dans l'acte. Vendeur de la maison pour sa part, le silence de l'acte s'interpréterait contre lui.

164. — Le superficiaire est-il le maître de la superficie dans le sens de l'art. 693, et, s'il est en même temps propriétaire d'un immeuble voisin, sera-t-il vrai de dire que deux immeubles sont dans

la même main et qu'une destination est possible ?

Le droit de superficie n'a pas sa définition dans le code civil, et si l'on s'accorde à le placer parmi les droits réels, on est loin de s'entendre sur son étendue, sa durée, ses caractères, ses prérogatives et ses charges. En réalité, dans l'état de nos lois, le droit de superficie est livré aux caprices des conventions privées ; il peut se mouvoir librement entre la propriété et le bail. Quelquefois il ira presque jusqu'à se confondre avec le droit de propriété, jusqu'à séparer la superficie du sol, et comportera non seulement le droit de disposer, mais encore le droit de détruire. D'autres fois, au contraire, ce sera presque un bail de durée moyenne, avec une jouissance un peu plus large et un droit de disposition moins restreint. Ces variations dans l'étendue des droits du superficiaire se repercutent sur la matière des destinations et ne permettent pas de donner la même solution à tous les cas.

Si le droit du superficiaire est très large, s'il n'a pas à rendre compte un jour des constructions au propriétaire du sol, si la durée de sa jouissance est indéfinie, ou si la convention contient une clause spéciale à ce sujet, rien ne s'oppose à ce qu'il acquière des servitudes au profit de ses bâtiments, ou à ce qu'il les grève de charges au profit des fonds voisins.

Si donc, à côté de la maison dont il jouit ainsi largement comme superficiaire, se trouve un immeuble qui lui appartienne en pleine propriété, les arrangements qu'il prendra, dans l'intérêt de la superficie ou de l'immeuble, pourront se continuer après qu'il aura disposé de l'une ou de l'autre, à la double condition que les droits actuels ou éventuels du maître du sol ne seront pas atteints, et que l'arrangement aura été effectué *perpetui usûs causâ*. C'est une question d'appréciation et de mesure, pour la solution de laquelle on doit tenir compte de l'étendue des droits attribués par la convention au superficiaire et de la nature des charges imposées. Encore faut-il distinguer entre la superficie et l'immeuble voisin, comme nous l'avons fait à l'occasion de la copropriété, car les droits sont plus étendus sur l'immeuble que sur la superficie.

Au cas d'application des art. 692 et 693, c'est-à-dire au cas de division de la superficie entre des communistes ou des héritiers du superficiaire, il en serait tout autrement; quelle que fût l'étendue des droits de celui-ci, la faculté d'arranger les constructions à sa guise lui appartenait entièrement, et toute charge continue, imposée à une partie de l'édifice au profit d'une autre partie, constituerait une manière d'être de la superficie, qui devrait être respectée par les superficiaires après sa division. Les cohéritiers n'étant, en ce cas, comme leur auteur, que des superficiaires, la formule de l'art. 693 serait modifiée, ou plutôt interprétée pour eux en ce sens que les superficies postérieurement divisées auraient été réunies dans les mains d'un même superficiaire primitif.

165. — L'emphytéote est, au point de vue des destinations, dans une situation moins avantageuse que le superficiaire. Son droit pénètre dans le sol et fait partie du sol même. La terre n'est plus un support inerte, se distinguant des constructions supportées : c'est un élément actif, doué d'une force productive, dont le développement est le but du contrat. Le sol est plus directement en cause, et le droit réel ou personnel de l'emphytéote se heurtera plus facilement

au droit du propriétaire. Aussi n'arrivera-t-il presque jamais que l'emphytéote puisse établir une charge à titre perpétuel, sans nuire au droit du maître. S'il avait le domaine utile indéfini, comme certains le voudraient encore, des destinations pourraient se fonder; mais l'emphytéose n'est guère plus qu'un bail aujourd'hui. La convention des parties peut, à la vérité, lui imprimer un autre caractère, et la rapprocher beaucoup du droit de propriété. On pourra admettre que l'emphytéote établisse une charge dans son intérêt sur un fonds voisin dont il sera le maître, et que cette charge devienne une servitude, si ce fonds voisin est aliéné sans réserves; mais il en sera rarement de même pour le fonds assujetti à l'emphytéose, parce que rarement se trouveront réunies les deux conditions sans lesquelles une destination n'est pas possible : établissement de la charge *perpetui usûs causâ*, respect des droits du propriétaire. Néanmoins, quand l'emphytéote pourra établir des servitudes pour le temps pendant lequel devra durer sa jouissance, une sorte de destination imitée conservera ces servitudes temporaires, à la condition qu'aucune réserve n'ait été insérée dans l'acte d'aliénation.

Si le fonds tenu à titre d'emphytéose se divisait entre les héritiers de l'emphytéote primitif, toutes les charges apparentes et continues établies d'une partie à l'autre seraient maintenues, à moins que les copartageants n'eussent introduit dans l'acte des stipulations contraires, car, en les supprimant, on modifierait la manière d'être de l'immeuble et la valeur des lots.

166. — Que faut-il penser de l'usufruit ? Deux fonds

sont limitrophes et le propriétaire de l'un est usufruitier de l'autre : la condition dont nous parlons se trouve-t-elle remplie, et les deux fonds sont-ils dans la même main, au point de vue des destinations à fonder? Non, en aucun cas.

S'il s'agit d'un service imposé à l'immeuble soumis à l'usufruit, ce service est temporaire comme le droit de celui qui l'a créé, et ne peut durer plus que ce droit lui-même. Les droits du propriétaire seraient lésés par toute charge dont la durée dépasserait cette limite.

S'il s'agit d'un service imposé à l'immeuble propre de l'usufruitier, celui-ci aura pu l'établir, puisque la pleine propriété du fonds assujetti repose sur sa tête; mais il ne sera pas possible d'admettre qu'il ait eu l'intention de maintenir ce service après la fin de sa jouissance. Son intérêt protestera contre une semblable interprétation de sa volonté; la destination manquera de l'un de ses éléments essentiels : la perpétuité de l'œuvre.

167. — Nous pouvons étendre aux baux à ferme et aux baux à loyer ce que nous venons de dire de l'usufruit. Celui qui est fermier ou locataire d'un fonds et propriétaire de l'autre ne les tient pas tous les deux dans sa main, de manière à donner prise aux dispositions de l'art. 694; mais le partage, pendant la durée du bail, des biens tenus en ferme ou en location ne permettra pas de modifier après coup l'état des lieux existant au moment de la division, et de fermer, par exemple, une ouverture dont la suppression rendrait un lot sans valeur.

Néanmoins, ce maintien d'une charge temporaire comme le bail, l'usufruit ou l'emphytéose, ne serait pas la destination proprement dite du père de famille ou du propriétaire primitif. Elle ne constitue pas, après la division, une véritable servitude, puisque les servitudes doivent grever le fonds à perpétuité et démembrer le droit de propriété d'une manière définitive. Ce n'est que pour les charges de ce genre qu'ont été rédigés les art. 692, 693 et 694. La destination dont nous parlons n'est donc qu'une destination imitée, que l'analogie des situations amène, que le même principe d'un accord tacite et manifeste justifie, et qui est implicitement comprise, comme conséquence, dans toute législation qui admet ce principe.

168. — Celui qui a sur l'un des deux fonds un droit résoluble peut-il fonder une destination ? La jurisprudence s'est prononcée plusieurs fois pour la négative.

Bérujon avait acheté une maison à Dupeyrat, et une autre maison, voisine de la première, sous condition résolutoire, à Feuillet. Il construisit, pour le service de cette dernière maison, un escalier dans l'immeuble de Dupeyrat. La résolution prévue s'étant réalisée, la famille Feuillet reprit son bâtiment, et Bérujon fut dépossédé peu après, par expropriation, de celui de Dupeyrat, qui lui restait. Laput en devint adjudicataire. Celui-ci ayant refusé à la demoiselle Feuillet le passage par l'escalier, la Cour d'appel de Paris : « Considérant que la propriété acquise par » Laput était distincte de la propriété Feuillet au » moment de l'acquisition, et que la destination du » père de famille ne pouvait être invoquée, puisque » Bérujon devait être considéré comme n'ayant ja» mais été propriétaire de l'immeuble Feuillet, dont

» la vente avait été résolue, » lui donna gain de cause.

L'accomplissement de la condition résolutoire ayant pour effet de remettre les choses au même état que si la vente n'avait pas existé, l'acquéreur n'a jamais été propriétaire de l'immeuble qui est rentré dans les mains du vendeur et qui est présumé n'en être jamais sorti. Les deux fonds n'ont donc jamais été dans le même patrimoine, et les servitudes créées entre la vente et la résolution restant précaires, comme la vente même, disparaissent avec elle.

Telle est la règle générale ; mais, dans la pratique, un cas singulier peut se présenter.

Le propriétaire d'un jardin achète, sous condition résolutoire, une maison voisine, et s'empresse de donner à cette maison, qui est obscure, des vues sur le jardin. Avant que la condition s'accomplisse, il vend le jardin, et aucune réserve n'est insérée dans l'acte, au sujet des ouvertures qu'il a pratiquées. Plus tard, contre son attente, la condition se réalise, et la maison revient à son premier propriétaire. Qu'adviendra-t-il des ouvertures ? L'acquéreur du jardin les a vues au moment de son acquisition ; il a consenti à les supporter, et il a réglé son prix en conséquence. Il réalise un bénéfice, si on les ferme. D'un autre côté, le propriétaire rentré en possession de la maison fait un bénéfice s'il ne les ferme pas, car il n'a le droit de reprendre son immeuble que dans son ancien état. L'intermédiaire, qui a maladroitement opéré, et qui perd seul, ne peut demander indemnité à personne. En fin de compte, l'acquéreur du jardin profitera de l'*alea*. Il en serait évidemment ainsi au cas où la condition résolutoire aurait été signalée et prise en considération dans la fixation du prix du jardin, car alors la vente aurait été en partie aléatoire. Il en est encore de même quand les deux parties ont gardé le silence; car la condition résolutoire a été connue du vendeur, et cette connaissance le dépouille de tout droit? De son côté, l'ancien propriétaire de la maison n'a aucun moyen de conserver les ouvertures : n'ayant jamais cessé d'être propriétaire, il est censé les avoir pratiqués lui-même sans droit, et, dès lors, il doit les supprimer. Il n'y a pas destination.

Le cas inverse donnerait lieu, suivant les circonstances, à une indemnité, ou à la résolution de la vente. Si le propriétaire de la maison, après avoir acheté le jardin sous condition résolutoire et percé des fenêtres, vendait la maison, l'acquéreur, à moins qu'il eût été prévenu, aurait le droit de compter sur le maintien des ouvertures. Si donc le jardin revenait à son ancien maître, et si celui-ci, voulant le reprendre dans son ancien état, exigeait la suppression des servitudes, l'acquéreur de la maison, obligé de subir cette perte, cette éviction, aurait à examiner s'il doit demander une indemnité à son vendeur ou la résolution de la vente.

Au point de vue qui nous occupe, la condition résolutoire résultant de l'inexécution des conventions synallagmatiques ne diffère pas de celle qui a été stipulée. On peut seulement signaler, à l'avantage de la première, cette circonstance que l'*alea* est connu de tous, parce que nul n'est censé ignorer la loi.

169. — Les donations en avancement d'hoirie et les substitutions permises donnent aussi lieu à des rapports et à des restitutions qui ressemblent à de véritables résolutions. Celui qui aura tenu l'un des deux immeubles limitrophes, comme donataire en

avancement d'hoirie, sera dans cette condition singulière, qu'il pourra établir des servitudes par destination, s'il le vend avant l'ouverture de la succession, ou s'il le garde dans le partage, mais qu'il ne le pourra pas, s'il le rapporte, parce que, dans ce dernier cas, il sera censé n'en avoir jamais été propriétaire, tandis que, dans le premier, la propriété aura véritablement reposé sur sa tête. Le grevé de restitution est également soumis à une sorte de dépossession posthume : si les appelés lui survivent, il aura été chargé de conserver et de rendre, et il n'aura pas eu la libre disposition nécessaire pour fonder une destination.

170. — Le possesseur qui détient un immeuble en vertu d'un titre vicieux, et qui a besoin d'une prescription ou d'une déchéance pour la confirmation de son droit, ne fondera pas non plus des destinations utiles, si la prescription ou la déchéance ne s'accomplissent pas, et si son droit est résolu, à suite d'une action du véritable propriétaire.

Cette proposition, néanmoins, n'est vraie qu'en fin de compte, car, tant que dure la possession, les destinations doivent être conservées. Le possesseur est présumé propriétaire jusqu'au jour où un intervenant renverse son droit, et celui qui a traité avec lui n'est pas autorisé à se soustraire à ses obligations, sous le prétexte de la possibilité d'une action qui ne se produira peut-être pas. L'acquéreur d'un immeuble possédé, dans le cas de l'art. 694, et les copartageants de cet immeuble, dans le cas des art. 692 et 693, ne se soustrairont donc pas aux destinations établies par le vendeur ou le père de famille, tant que le véritable propriétaire ne mettra pas fin à la possession. Il y a là un état de choses qui peut n'être que provisoire, mais qui peut aussi être définitif, et pendant lequel les règles de la destination s'appliquent.

171. — L'envoi en possession provisoire des biens d'un absent donne également lieu à une administration intérimaire, avec cette différence que le détenteur n'est pas présumé propriétaire, et qu'il ne gère, en quelque sorte, qu'un dépôt salarié. Il est vrai qu'il aura géré ce dépôt pour son propre compte, si l'absent ne revient pas; mais cette circonstance ne change guère la nature de son droit. Si donc il crée des destinations pendant son administration provisoire, ces destinations seront provisoires aussi, et ne deviendront définitives que si l'avenir les confirme.

Il en serait tout autrement si l'absence durait trente ans depuis l'envoi provisoire et si les héritiers étaient saisis des biens par un envoi définitif : car, à partir de ce moment, ceux-ci administreraient comme véritables propriétaires, et ne devraient remettre les biens à l'absent, s'il reparaissait, que dans l'état où ils se trouveraient. Dès lors, toutes les destinations qui auraient été créées ou confirmées après l'envoi définitif seraient maintenues; il serait exact de dire qu'elles sont dues au véritable propriétaire.

172. — Le légataire universel envoyé en possession par une ordonnance du président du tribunal est dans une situation bien différente. Dès le premier jour, l'hérédité est censée lui appartenir; il en dispose en maître. Sans doute, le testament qui l'institue peut être annulé, et la succession dévolue à d'autres, mais ce n'est là qu'une condition résolutoire

ordinaire, qui laisse exister jusqu'à son accomplissement toutes les destination établies.

173. — En résumé, celui qui n'a qu'un droit résoluble, révocable ou annulable sur un immeuble, ne peut constituer que des destinations résolubles, révocables ou annulables comme son droit. La destination se mesure, en règle générale, sur la propriété, et sauf quelques rares exceptions justifiées par des situations exceptionnelles, comme celle de l'envoyé en possession définitive des biens d'un absent, la même résolution les atteint l'une et l'autre.

Il en serait de même des destinations acquises à cet immeuble au détriment d'un autre immeuble voisin appartenant à l'évincé. La résolution, la révocation ou l'annulation du droit de celui qui se croyait propriétaire du fonds dominant détruirait le fondement de toute destination, puisque son effet serait d'établir que les deux fonds n'ont jamais été dans la même main. Des complications de droits, néanmoins, pourraient naître, si l'évincé avait vendu son immeuble propre avant la résolution; mais ces difficultés se résoudraient d'après les règles générales du droit et ne touchent pas directement à la matière des destinations.

174. — Comment les choses devront-elles se régler *pendente conditione?* Qu'il s'agisse de la séparation de deux immeubles distincts ou de la division d'un immeuble unique, les choses resteront en l'état jusqu'à l'accomplissement de la condition. La clause résolutoire ne suspend ni n'entrave l'exécution des contrats; tant qu'elle n'est pas réalisée, on est autorisé à penser qu'elle ne se réalisera pas.

175. — Il est à peine besoin de faire remarquer combien la matière des anciennes destinations échappe aux règles générales relatives à l'acquisition des servitudes. Quand celui dont le droit est résoluble, par exemple, se trouve en présence d'un voisin, et stipule une servitude au profit du fonds qu'il détient provisoirement, on peut croire qu'il a stipulé pour le fonds lui-même, se souvenir qu'il est autorisé à faire la condition de ce fonds meilleure, et décider que la servitude doit être maintenue après la résolution. Plusieurs auteurs sont de cet avis. Mais, en matière de destinations, la question ne se pose même pas, car on ne peut admettre que l'évincé ait voulu stipuler au profit d'un étranger contre lui-même, et grever le fonds qui lui appartient en propre au bénéfice de celui qu'il perd.

176. — Dans ces derniers temps, la pratique s'est trouvée en présence d'un cas particulier que le morcellement du sol a fait naître. Des spéculateurs achètent les domaines en bloc pour les revendre en parcelles, se prêtent à des échanges de toutes sortes, et réunissent quelquefois passagèrement dans leurs mains des immeubles d'origines très diverses. En attendant les reventes, ils installent une sorte d'exploitation provisoire qui empêche les biens de se détériorer; mais la vente est leur seul but et l'exploitation une charge. Dans ces conditions, peut-on dire que deux fonds antérieurement étrangers l'un à l'autre, et réunis pendant quelques jours dans les mains d'un spéculateur, remplissent la première condition voulue pour donner naissance à des destinations? Oui, sans doute, car il ne faut qu'un instant au propriétaire des deux héritages pour créer des arrangements

nouveaux ou pour confirmer ceux qui auraient une date antérieure.

177. — Au reste, en dehors de toute spéculation, une personne peut acheter un fonds voisin d'un autre qu'il possède déjà, et revendre l'un des deux le lendemain ou quelques heures après. Ce court instant suffira pour donner ouverture à des destinations. L'intention du propriétaire des deux immeubles se prend au moment où il les sépare, et il importe peu qu'auparavant il les ait longtemps ou peu de temps possédés, pourvu que le signe apparent dénote une charge durable. La réunion de deux héritages dans les mains d'un spéculateur est donc suffisante pour motiver l'application des art. 692 et 694.

Le plus souvent la réunion s'effectuera sur la tête de l'ancien propriétaire, parce que l'acte sous seing privé de vente ne sera pas enregistré, et que l'ancien propriétaire comparaîtra, comme vendeur direct, dans les actes d'échange et de revente. Or ce propriétaire ne pouvant à chaque instant se déranger pour se rendre chez le notaire, on groupera les actes à certains jours, et souvent la réunion des deux fonds ne durera, d'après les actes, que quelques instants. En réalité, la durée de la réunion aura été plus longue ; mais, ne l'eût-elle pas été, les destinations n'en seraient pas moins acquises.

178. — Il y a mieux encore : la réunion des deux fonds s'opère quelquefois dans l'acte même qui les divise. On voit souvent des enfants sans préciput partager en même temps les succession de leur père et de leur mère confondues en une seule masse. Les lots se forment sans tenir compte de l'origine des biens ; les uns sont pris sur la succession paternelle ;

les autres sur la succession maternelle ; d'autres encore, en partie sur l'une et en partie sur l'autre. Or les destinations que les époux exploitant en commun avaient établies, et qui ne pouvaient durer après eux parce que les immeubles n'étaient pas sur la même tête, changent de nature dans les quelques minutes qui séparent la convention de ne former qu'une seule masse, du partage effectif, et il suffit de ces quelques minutes pour les valider.

179. — Nous venons de voir dans quels cas il est permis de dire que deux fonds ont anciennement appartenu au même maître. Il nous reste à indiquer dans quelle forme devra se faire la preuve de cette réunion des deux immeubles.

La première coutume de Paris et toutes celles qui furent rédigées vers la même époque gardèrent le silence sur ce point et ne prescrivirent aucun mode particulier de preuve. La destination du père de famille demeura sous ce rapport soumise au droit commun. La coutume réformée crut devoir exiger la preuve par écrit. Voulut-elle innover ? Non certainement. L'ordonnance de Moulins de 1566 avait été rendue dans l'intervalle, et comme elle prescrivait que de toutes choses excédant cent livres il fût dressé acte, la coutume réformée, venant ensuite, crut faire une exacte application du principe nouveau, en soumettant les destinations à la preuve écrite. Nous avons dit à quels débats et à quelles protestations cette mesure donna lieu. Aussi le code civil se garda-t-il de la consacrer. Le tribun Albisson déclara, au contraire, que le projet n'exigeait pas que la destination fût prouvée par écrit. La législation en est donc revenue au droit commun sur ce point ; elle est même allée plus loin, si nous en croyons le tribun Albisson, car, en renonçant à la preuve écrite, elle a implicitement admis la preuve testimoniale et résolu la question.

Il suffit, au surplus, de rappeler les principes généraux admis en matière de preuves, pour se convaincre de l'exactitude de cette solution. L'art. 1341 veut qu'il soit passé acte devant notaire, ou sous signature privée, de toutes choses excédant la somme ou valeur de cent cinquante francs; mais comme nul n'est tenu de faire l'impossible, l'art. 1348 introduit une exception pour le cas où le créancier n'aura pu se procurer une preuve littérale de l'obligation contractée envers lui. Or le propriétaire actuel de l'un des fonds, qui veut prouver que les deux ont anciennement appartenu au même maître, a-t-il pu se procurer un écrit pour constater cette réunion remontant peut-être à une époque éloignée? Il a ses titres de propriété, qui se rapportent à son immeuble, mais il n'a pas ceux qui concernent le fonds voisin. C'est justement son adversaire qui les possède. S'ils étaient produits, on remonterait, par les aliénations successives de l'un et de l'autre héritage, jusqu'à l'auteur commun, et la preuve par écrit de leur réunion serait ainsi rapportée; mais le défendeur, qui repousse la destination et la servitude, ne les représentera pas, et le demandeur n'aura aucun moyen de se les procurer, ou même de les connaître. La preuve littérale ne dépend pas de lui; c'est donc le cas de l'admettre à fournir des témoins.

Les témoignages laisseront peut-être assez souvent quelque chose à désirer, parce qu'ils se rapporteront beaucoup plus à la détention qu'à la propriété. Cette imperfection possible ne suffit pas néanmoins pour priver le demandeur de ses droits. Les tribunaux apprécieront dans quelle mesure la réunion des deux fonds sera démontrée; si cette démonstration leur paraît insuffisante, ils n'admettront pas la destination.

Quelques auteurs ont pensé qu'on n'avait pas besoin d'invoquer l'exception contenue dans l'art. 1348, et que la réunion des deux fonds, étant un simple fait, échappait aux prescriptions de l'art. 1341. Cette appréciation n'est peut-être pas exacte. Ce n'est pas une simple détention des deux fonds qu'on doit prouver ; il faut encore établir que le détenteur était propriétaire, et son droit de propriété n'est pas un simple fait. Que le demandeur s'abrite derrière l'art. 1348, et soutienne qu'il ne lui a pas été possible de se procurer la preuve littérale de ce droit qui ne le concerne pas, on le comprend ; qu'il lui suffise dès lors de démontrer ce droit par ses manifestations extérieures, par les faits dans lesquels il s'est traduit, on le comprend encore ; mais il faut s'arrêter là, ce nous semble, et ne pas voir un simple fait dans le droit de propriété.

Ce qui a pu induire en erreur à cet égard, c'est que la Cour de cassation a toujours décidé que la question de savoir si les deux fonds ont été antérieurement réunis sur la même tête est une question de fait échappant à son contrôle. Le point de vue n'est pourtant pas le même. La distinction entre un fait et un droit est tout autre que celle qui existe entre une question de fait et une question de droit. La constatation d'un droit par l'appréciation des titres ou de l'état des lieux est une question de fait quand elle s'effectue sans interprétation de la loi. C'est seulement dans cette interprétation qu'il faut voir la caractéristique des questions de droit. Or, au point de vue qui nous occupe, la réunion des deux fonds se demontre par l'appréciation des titres ou des enquêtes, sans qu'aucun texte de loi soit mis en discussion. Il ne faudra donc voir dans la décision rendue qu'une solution de fait échappant à la censure de la Cour suprême. On trouve, sur ce point, de nombreux arrêts. Qu'il nous suffise de citer celui de la Chambre des requêtes du 12 janvier 1869, confirmant la décision de la Cour d'Orléans que nous rapportons au numéro 225 (1).

(1) Dalloz, 69. 1, 224.

CHAPITRE VI.

DE L'ÉTABLISSEMENT DE LA CHARGE AVANT LA DIVISION OU LA SÉPARATION.

SOMMAIRE :

180. — Différence apparente entre les art. 693 et 694.
181. — Formule trop étroite de l'art. 693.
182. — Nécessité de l'élargir pour l'appliquer aux communs en biens et associés.
183. — Nécessité de la rectifier pour le cas où la servitude existait avant la réunion.
184. — Rédaction plus exacte de l'art. 694.
185. — Services fonciers créés pendant l'indivision.
186. — Il n'est question que des charges établies *perpetui usûs causâ.*
187. — Comment se prouve cette perpétuité ?
188. — Qui peut établir une destination ?
189. — Qui peut en profiter ?
190. — Responsabilité des détenteurs provisoires.
191. — Destinations successives.
192. — Preuve.

180. — L'art. 693, relatif à la destination du père de famille, veut que les choses aient été mises en l'état duquel résulte la servitude par le propriétaire des deux fonds actuellement divisés. L'art. 694, applicable à la destination de l'ancien propriétaire, se contente d'exiger un signe apparent de servitude entre

les deux héritages au moment de leur séparation et ne se préoccupe pas de savoir par qui ce signe a été établi. Nos législateurs ont-ils voulu mettre une différence entre ces deux dispositions ? Nous ne le pensons pas.

181. — L'art. 693 est demeuré trop exclusif, parce qu'il n'a considéré que le cas le plus fréquent, celui où des cohéritiers partagent entre eux une succession aussitôt après son ouverture. Les charges émanent alors du père de famille, et c'est à ce cas seul, le plus ordinaire à la vérité, que notre article se réfère. Si pourtant le partage ne s'effectue qu'après un délai plus ou moins long, si l'on attend la majorité d'un mineur, le retour d'un absent, etc., une administration provisoire sera nécessaire, et cette administration pourra être amenée à créer sur les biens de l'hérédité des arrangements qui deviendront plus tard des servitudes, s'ils se manifestent par des signes apparents au moment de la division. Ces circonstances sont exceptionnelles, sans doute, et la loi s'occupe surtout *de eo quod plerumque fit;* il n'en est pas moins vrai cependant que la formule du texte est trop étroite et laisse des espèces nombreuses en dehors de ses prévisions.

182. — D'un autre côté nous savons que les articles 692 et 693 concernent les divisions d'immeubles non seulement entre cohéritiers, mais encore entre communs en biens et associés. Or les personnes communes en biens ou associées n'ont pas eu d'auteur commun et ont presque toujours établi elles-mêmes les arrangements qui donnent lieu plus tard à des servitudes. Le plus souvent, en effet, les communistes et les associés ont eux-mêmes créé la situa-

tion et réuni les immeubles qu'ils partagent ensuite. Les rédacteurs de l'art. 693 n'ont pas songé à eux.

A la rigueur, on pourrait faire entrer le cas dont nous parlons dans la formule de l'art. 693. La communauté ou la société sont propriétaires des immeubles avant leur division ; quand elles établissent des charges, il est permis de dire que l'état de choses duquel on veut faire résulter la servitude a été établi par le propriétaire des deux fonds actuellement divisés. La communauté et la société prennent alors la place de l'ancien maître. Même dans les partages entre cohéritiers, on peut considérer qu'une sorte de communauté s'établit à partir du décès du père de famille et que cette communauté, ou son délégué, administre les biens communs jusqu'à leur division. Cette communauté de fait est encore le précédent propriétaire, qui tient les fonds réunis dans sa main, et qui donne lieu à des destinations, si des charges sont créées pendant sa gestion.

183. — Il est cependant un cas qui résiste au texte de l'art. 693 : celui où la charge existait avant la réunion des deux fonds et leur confusion en un seul. Deux maisons, par exemple, ont des ouvertures et des sorties sur une cour qui leur est commune, avant que le même propriétaire les réunisse et, par des réparations appropriées, les confonde en un seul immeuble. Ce propriétaire n'aura pas *mis* les lieux dans l'état duquel résulteront les servitudes et les termes de l'art. 693 seront en défunt. On n'en décidera pas moins que ces servitudes sont acquises et qu'il suffit que le maître des deux lots réunis ait *laissé* les choses en l'état. La question fut jugée par

la Cour de Bordeaux, le 21 février 1826, et ne fait plus doute aujourd'hui.

La destination du père de famille étant fondée sur un accord tacite des parties, sur une intention présumée d'après l'état des lieux au moment où l'on traite, il est évident que c'est à ce moment seulement que la servitude se manifeste d'une manière utile, parce que c'est à ce moment seulement que la convention expresse ou tacite se forme. Il suffit donc, comme le dit l'arrêt de Bordeaux, que les lieux aient été laissés, au moment de la division, dans l'état duquel résulte la servitude, pour que cette servitude soit conservée.

184. — L'art. 694 est plus exactement rédigé : il se borne à demander qu'un signe apparent du service foncier manifeste son existence au moment de la séparation des deux héritages, et il se trouve ainsi d'accord avec l'interprétation que la doctrine et la jurisprudence donnent à l'art. 693. Les deux destinations se fondent sur l'état apparent des lieux au moment de la division ou de la séparation, et sur les intentions que cet état des lieux fait présumer.

185. — Est-ce à dire néanmoins que les deux solutions soient identiques et que l'état des lieux existant au moment du partage ou de la vente engage également les copartageants et le vendeur?

A l'égard de ce dernier, l'obligation est assez étroite. Que le signe indicatif d'un service foncier soit le fait d'un fermier, d'un usufruitier, d'un mandataire, d'un métayer, etc., ou du vendeur lui-même, qu'importe? Les deux contractants l'ont vu et n'ont pu se méprendre sur le droit qu'il attestait. L'accord tacite sur la servitude s'établit au moment où la vente se consomme. Les arrangements sur les points accessoires n'ont pas une autre date que le contrat principal. Il suffit donc qu'un signe quelconque, remplissant les conditions voulues, parle au moment de la vente, pour que les deux contractants soient engagés. Mais en est-il toujours de même pour les copartageants?

Supposons qu'ils reçoivent un domaine au décès de l'auteur commun, et que, ne pouvant en effectuer immédiatement le partage, ils en confient l'administration provisoire et la culture à un voisin. Si celui-ci emploie ses attelages et ses charrettes pour exploiter le domaine, il renoncera aux passages anciens convergeant vers les bâtiments abandonnés de la ferme, et créera tout un système de voies nouvelles se dirigeant vers sa propre habitation. Des haies continues seront ouvertes, des ponceaux seront construits, des rampes d'accès seront établies, etc. Or, quand les cohéritiers viendront, plus tard, former des lots et les tirer au sort, entendront-ils conserver ces arrangements nouveaux, qui se manifesteront par des signes non équivoques au moment où ils traiteront? Non, évidemment. Ils savent tous, à n'en pas douter, que ces installations sont provisoires, comme l'administration qui les a créées. Les anciennes, actuellement supprimées, renaîtront-elles, et sera-t-il permis de dire que les copartageants ont entendu diviser les biens dans l'état où ils les ont reçus? C'est ici qu'apparaît la sagesse de l'art. 692 : les servitudes discontinues ne seront jamais conservées, même quand elles émaneront du père de famille. Dans tout agencement cultural, il y a des installations qui tirent de lui seul leur raison d'être et qui demeurent en quelque sorte toujours provisoires, l'agencement pouvant à chaque instant être changé. Il fallait donc distinguer la partie fixe de la partie mobile, et c'est ce que l'art. 692 a fait, en ne conservant que les charges continues, qui font corps avec l'immeuble et ne se séparent plus de lui.

Ce correctif sera-t-il dans tous les cas suffisant, et les copartageants se trouveront-ils ainsi toujours débarrassés des charges créées par des fermiers ou par des administrateurs provisoires ? On ne peut l'affirmer d'une manière absolue, car il est aussi facile de créer, d'éteindre ou de modifier des servitudes continues que des servitudes discontinues. Un colon déplace une rigole d'arrosage comme un sentier, et construit un barrage ou un aqueduc comme une rampe d'accès. Mais ces innovations ne sont pas généralement conçues dans le même esprit. Les servitudes continues demeurent indépendantes du fait de l'homme, et ne procèdent pas ordinairement de convenances personnelles ; on les établit ou on les supprime dans le seul intérêt de la propriété. Si un métayer ouvre ou ferme des fossés d'écoulement, change le cours des eaux, creuse ou comble des citernes, etc., il n'a en vue qu'un meilleur aménagement du domaine, et on ne voit pas comment sa commodité personnelle pourrait être intéressée dans ses innovations. N'ayant jamais à intervenir pour l'exercice de la servitude, il n'a pas pu avoir la pensée de rendre son intervention plus commode. Pour les charges discontinues, il en est tout autrement : le fait de l'homme est le signe qui les caractérise, et, dès lors, on comprend que le désir de rendre ce fait plus facile ou moins onéreux détermine un détenteur à modifier l'état de choses existant, dans son intérêt personnel. Un cultivateur dont l'habitation sera au nord, par rapport au domaine à exploiter, ne prendra pas ses entrées et ses passages du même côté qu'un autre dont l'habitation serait au midi. Les servitudes discontinues procèdent, pour une large part au moins, des convenances personnelles, et par là elles se distinguent des servitudes continues.

On ne tiendra donc aucun compte des premières dans les partages et divisions, parce qu'il est naturel qu'elles disparaissent avec les vues personnelles qui les ont créées; mais on conservera les secondes, parce qu'elles ont définitivement modifié la manière d'être du fonds, et que tous les intéressés ont implicitement accepté ces modifications. On peut douter du consentement quand il s'agit d'une charge discontinue, et en quelque sorte accidentelle; mais non en présence d'une servitude continue, qui affecte le fonds lui-même, s'incorpore à lui, et concourt à constituer sa manière d'être.

Il est donc vrai de dire, d'une manière générale, que dans les divisions, comme dans les séparations d'immeubles, il suffit que la charge à conserver soit manifestée par un signe apparent, au moment où les deux fonds se divisent ou se séparent. L'inconvénient qui résulterait des innovations introduites pendant l'indivision pour la commodité personnelle de l'exploitant se trouve écarté par la restriction de la destination du père de famille aux servitudes continues, et cette restriction puise à son tour dans le service qu'elle rend à cette occasion une sérieuse raison d'être.

186. — Que si, dans des cas exceptionnels, des

servitudes continues étaient créées par l'administrateur provisoire dans son intérêt personnel, et non en vue d'un meilleur agencement de la propriété, on les écarterait par cette considération, que les destinations ne s'appliquent qu'aux charges établies *perpetui usûs causâ*. Si de l'état des lieux, des caractères du signe, de la nature de la servitude ou des circonstances connues de sa création, il résultait qu'elle a eu pour cause la commodité, l'avantage d'un détenteur intérimaire, on la considérerait, avec raison, comme devant finir avec lui. Celui qui n'a qu'un droit temporaire ne crée que temporairement ce qui est pour lui seul.

Un arrêt de la Cour de Dijon du 11 juin 1869, que nous rapportons au nº 219, a ainsi écarté une servitude d'irrigation établie par un fermier : « Considérant, » dit-il, « que cet état de choses, créé par un fermier pour ses convenances particulières, ne peut avoir qu'un caractère temporaire, comme la jouissance qui en est l'origine ; que les caractères de permanence et de perpétuité nécessaires pour l'établissement d'une servitude par la destination du père de famille ne peuvent s'attacher qu'aux actes accomplis par le propriétaire dans son intérêt permanent, et non aux arrangements personnels pris par son fermier dans un intérêt accidentel... »

Au reste, ce ne sont pas seulement les charges établies par un gérant provisoire qui échappent à la loi des destinations, quand elles n'ont pas été créées *perpetui usûs causâ* : les innovations du propriétaire lui-même demeurent sans effet, s'il est démontré qu'elles n'ont eu pour cause que des fantaisies passagères. C'est un principe général, en matière de destinations, que, pour être converties en servitudes, les charges doivent avoir été établies d'une manière définitive.

187. — Comment prouve-t-on que le service foncier n'a pas été créé *perpetui usûs causâ?* Par l'état des lieux, par les circonstances extérieures qui accompagnent et caractérisent le signe révélateur. On aura rarement une manifestation écrite ou verbale de l'intention du propriétaire primitif; on aura plus rarement encore la preuve que cette intention a été connue des parties contractantes. Il faudra donc s'en tenir, à peu près toujours, au langage des signes. L'état des lieux indique si un accord tacite s'est formé pour le maintien de la charge : il indiquera de même si cette charge a été établie *perpetui usûs causâ.* Cette seconde indication sera, au surplus, un des éléments constitutifs de la première.

188. — Les commentateurs des art. 692, 693 et 694 se demandent qui peut établir une destination et qui peut en profiter; à ces deux questions ils donnent une même réponse : le propriétaire seul. Les développements dans lesquels nous sommes entrés permettent d'ajouter certaines précisions.

Si l'on veut dire que le propriétaire a pu seul créer l'innovation au moment où elle s'est produite, — et c'est bien ainsi que quelques-uns l'entendent, — on se trompe, car il importe peu que cette innovation soit le fait d'un détenteur temporaire, ou d'un propriétaire ancien, ou même d'un inconnu. La seule circonstance essentielle est que le propriétaire ait connu la charge au moment de la division ou de la séparation et ait eu l'intention de la maintenir. C'est en ce sens seulement que la réponse à la première question est exacte.

189. — Pareillement, si l'on n'accordait qu'au propriétaire du fonds dominant le droit de revendiquer la servitude, on s'enfermerait dans une formule trop étroite; tous ceux qui tiennent leur droit du propriétaire peuvent réclamer la servitude comme lui. Un usufruitier, par exemple, doit jouir de l'immeuble entier, servitudes comprises. Des créanciers poursuivant l'expropriation du fonds dominant exigeront, avec raison, que la servitude soit mise au nombre des accessoires à vendre. Le propriétaire ne renoncerait même pas valablement à cette servitude à leur détriment.

190. — Les détenteurs temporaires qui se permettent d'innover sur les immeubles à eux confiés et qui exposent le propriétaire à concéder à son insu des servitudes sur le fonds qu'il retient ne sont-ils soumis à aucune responsabilité ?

Vous possédez des immeubles éloignés que vos infirmités ou d'autres causes ne vous permettent pas de visiter. Vous vendez l'un de ces immeubles à un acquéreur de bonne foi, qui ignore comme vous qu'un service très onéreux pour vos fonds voisins, mais très avantageux pour lui, a été créé depuis peu de temps par votre fermier. La servitude est acquise, si toutes les conditions voulues sont remplies; vous n'avez pas à exciper de votre ignorance : l'acquéreur a droit à ce qu'il a vu. Le fermier, cependant, qui vous cause ainsi un préjudice, ne doit-il pas vous indemniser?

Il est hors de doute que s'il y avait eu collusion entre l'acquéreur et lui, le propriétaire exciperait de cette fraude, à charge par lui de la prouver.

Si même, sans se concerter avec l'acheteur, et à son insu, à raison seulement de l'intérêt qu'il lui porte, ou de la haine qu'il a vouée au vendeur, le fermier créait la charge en vue de la vente, il serait tenu d'indemniser le propriétaire dans la mesure de la perte qu'il lui aurait occasionnée.

Mais si le fermier est lui-même de bonne foi, s'il n'a eu aucune connaissance du projet d'aliénation, est-il responsable? Oui, ce nous semble, car il a commis une faute. Son bail ne lui donnait pas le droit de modifier la manière d'être des immeubles : il devait les conserver et les rendre dans l'état où il les avait reçus. Il avait, si l'on veut, l'intention de remettre les choses en cet état avant de se retirer ; mais il a commis tout au moins une imprudence, en ne prenant aucune précaution et en n'avertissant pas le propriétaire. Il n'a pu dépasser son droit qu'à ses risques et périls.

Il en serait tout autrement d'un mandataire agissant dans les limites de son mandat, qui aurait établi la charge dans l'intérêt plus ou moins bien entendu du mandant. Celui-ci aurait eu tort de vendre sans consulter son représentant, et sans s'informer de l'état des lieux. Le mandataire a le droit d'innover comme le propriétaire : le fermier ne l'a pas.

Ces exemples suffisent pour démontrer que les questions de responsabilité qui s'élèvent en cette matière se résolvent suivant les principes généraux du droit, et surtout suivant les dispositions des art. 1382 et suivants du code civil.

191. — On se trouve quelquefois en présence de deux destinations successives; si on a soin de ne pas les confondre, aucune difficulté n'est possible. Un

immeuble légué, par exemple, est vendu, peu de temps après l'ouverture de la succession, par le légataire, qui avait précédemment acquis du testateur un fonds limitrophe, et des charges ont été créées, éteintes ou modifiées, dans l'intervalle de ces diverses transmissions, comme avant la première. Il faut tenir compte des deux destinations superposées, et laisser produire tous ses effets à la première, avant de déterminer ceux de la seconde.

Dans l'exemple que nous venons de poser, les deux destinations successives se rapportent à l'art. 694. Si l'une procédait de cet article, et l'autre de l'art. 692, la situation serait la même : les deux destinations ne devraient pas être confondues. Un des deux immeubles contigus, par exemple, est vendu à plusieurs communistes, qui le partagent après l'avoir aménagé, ou à un acquéreur unique auquel succèdent plusieurs héritiers. Il faudra régler la première destination avant de s'occuper de la seconde, avec d'autant plus de raison, dans ce cas, que les deux ne produiront pas les mêmes effets. La première, qui aura pris naissance dans la vente d'un immeuble distinct, maintiendra les servitudes apparentes, tandis que la seconde, née de la division d'un immeuble unique, ne conservera que les charges continues. D'un autre côté, les deux destinations ne s'appliqueront pas aux mêmes servitudes, la première concernera celles de l'immeuble vendu au regard de l'autre immeuble voisin conservé par le vendeur, tandis que la seconde n'aura trait qu'aux services établis entre les divers lots de l'immeuble vendu.

192. — Nous avons déjà vu au n° 179 que la réunion de deux fonds sur la même tête se prouve par

témoins, à défaut de titres. En est-il autrement de l'établissement de la charge par le propriétaire des deux immeubles, ou plus exactement de l'existence de la charge au moment de leur division ou de leur séparation? Non certes : l'état apparent des lieux est un fait dont nul n'a le droit d'exiger la preuve écrite; la date des innovations opérées sur un immeuble ne peut se préciser que par témoins.

CHAPITRE VII.

DU SILENCE DU TITRE.

SOMMAIRE :

193. — La condition du silence du titre est commune aux deux destinations.
194. — Argumentation de ceux qui pensent que l'article 694 exige, non seulement le silence du titre, mais encore sa représentation.
195. — Réfutation. — 1° Ils ajoutent au texte, en méconnaissent l'esprit et sont en contradiction avec lui.
196. — 2° Ils mettent la preuve à la charge de celui qui se défend.
197. — 3° Il n'y a aucune corrélation entre le mal qu'ils signalent et le remède qu'ils préconisent.
198. — 4° Ils établissent entre les articles 692 et 694 une différence qui n'existe pas.
199. — La représentation du titre n'est pas exigée.
200. — Silence absolu. — Silence relatif.
201. — Clauses générales. — Clauses spéciales.
202. — Clauses de style.
203. — Réserves explicites. — Réserves implicites.
204. — Absence de titre.
205. — La prescription peut fonder des destinations.
206. — Prescription de dix et vingt ans.

193. — Nous ne devrions pas nous arrêter à cette troisième condition, tant il semble évident, à première vue, qu'elle ne peut faire doute. La doctrine

des destinations n'a d'autre but que de suppléer à l'absence ou au silence d'un acte, et de faire admettre, pour le remplacer ou pour le compléter, une convention tacite, un accord présumé. Si un titre explicite quelconque était produit, la destination du père de famille ou du propriétaire primitif n'aurait plus besoin d'en tenir lieu. C'est donc dans tous les cas, dans celui de l'art. 692 comme dans celui de l'art 694, que le contrat ne doit contenir aucune convention relative à la servitude.

194. — Cette vérité, à la fois si simple et si essentielle, n'a jamais été contestée ; mais on a voulu établir une différence fondamentale entre le cas où l'acte muet est représenté, et celui où il ne l'est pas, comme si la preuve du silence du titre avait des degrés, et comme si elle ne devait pas être également complète pour les deux destinations. Il faut donc insister, et tâcher de se rendre compte de l'erreur que l'on commet.

M. Demolombe pose la question en ces termes : « Les art. 692, 693 et 694 se rapportent tous les trois à la destination du père de famille ; seulement, cette destination a plus ou moins de puissance et d'effet, suivant le caractère de la servitude qu'il s'agit d'en faire résulter. Si l'état des héritages est tel qu'il constitue, au moment de la séparation, une servitude continue et apparente, cela suffit : la *destination du père de famille*, par elle-même, et par elle seule, vaut titre alors, sans qu'il soit besoin de représenter l'acte ; c'est le cas prévu par les art. 692 et 693. Si, au contraire, au moment de la séparation des héritages, il n'y avait entre eux qu'un signe apparent de servitude, cette destination ne suffit pas ; il faut, en outre, que le contrat ne contienne aucune convention relative à la servitude, et que, par conséquent, cet acte soit représenté, afin que l'induction que l'on déduit du signe apparent de la servitude soit *corroborée* et *confirmée* par le silence du titre à cet égard ; c'est le cas prévu par l'art. 694. »

Plusieurs arrêts reproduisent la même doctrine ; le dernier, que la Cour de cassation a rendu le 2 mai 1876, est ainsi conçu :

« Attendu qu'à la différence des art. 692 et 693 du code civil, qui disposent que la *destination du père de famille* vaut titre à l'égard des servitudes apparentes et continues, sous la seule condition de la preuve que les deux héritages ont appartenu au même propriétaire, et que c'est par lui que les choses ont été mises ou laissées dans l'état d'où résulte la servitude, l'art. 694, plus exigeant pour la servitude simplement apparente, ne l'admet qu'autant que l'acte qui a opéré la division ne contient pas de stipulation contraire ; qu'il suit de là que, dans l'hypothèse réglée par l'art. 694, celui qui revendique la servitude est tenu de représenter l'acte de séparation, à l'effet de justifier de son droit... rejette... »

195. — Cette argumentation pèche, ce nous semble, par quatre points principaux :

En premier lieu, elle ajoute à la loi une disposition nouvelle, sans paraître se douter qu'elle sort du texte et qu'elle en méconnaît l'esprit. L'art. 694, en effet, dit bien que le propriétaire des deux héritages devra disposer de l'un d'eux sans que le contrat contienne aucune convention relative à la servitude ; mais il ne parle pas de la représentation de ce contrat. Or il y a loin du silence d'une convention, qui peut être écrite ou verbale, à la représentation de l'écrit qui la constate. Que le silence soit la condition nécessaire de l'établissement de la servitude, on le comprend, car on ne supplée à un titre que lorsqu'il fait défaut, et il fait défaut, non seulement quand il est muet, mais encore quand il n'est pas représenté, ou quand il n'a pas été rédigé par écrit. Dans ces divers cas, le contrat écrit ou non écrit ne contient aucune convention relative à la servitude, et la présomption autorisée par l'art. 694 se trouve acquise. Aller au delà et imposer des conditions autres, notamment la représentation du titre, c'est, ce nous semble, ajouter à la loi et la fausser.

La loi dit : le contrat ne contiendra aucune clause relative à la servitude. Elle ne dit pas : il sera rédigé par écrit; encore moins : cet écrit sera représenté. La rédaction d'un écrit et la représentation de cet écrit sont deux conditions que l'on ajoute, puisque la seule condition que la loi pose est celle du silence du contrat et de l'absence d'une convention formelle sur la servitude.

Le rapport du tribun Albisson est plus explicite, à cet égard, que le texte de l'art. 694 : « Le propriétaire de deux héritages, » dit-il, « vient a disposer de l'un ou de l'autre, sans qu'il soit fait aucune mention de servitude dans l'acte d'aliénation. La servitude active ou passive continue-t-elle d'exister? Si la chose parle d'elle-même, c'est-à-dire, comme s'explique le projet, s'il existe entre les deux héritages un signe apparent de servitude, *le silence des contractants n'empêchera pas qu'elle continue d'exister* activement ou passivement en faveur du fonds aliéné ou sur le fonds aliéné. »

Il n'est question, comme on le voit, que du silence des contractants, du défaut de mention de la charge dans le contrat, et il n'est pas dit un mot de la représentation de l'acte. Cette représentation n'est donc pas une condition légale de la destination.

Au surplus, un mot d'Albisson, ce nous semble, résout la difficulté : le silence des contractants, dit-il, *n'empêchera pas* que la servitude continue d'exister. Ce n'est pas ainsi qu'on parle d'une obligation active. On n'a pas besoin de prouver ce qui n'empêche pas.

Dans notre ancien droit, le silence du titre constituait un empêchement, et les servitudes ne pouvaient être maintenues qu'à la condition d'être réservées par des clauses formelles. Cette doctrine était celle du droit romain; mais le code civil supprime cet empêchement, et enlève au silence de l'acte son ancien effet. C'est là tout ce qu'a voulu dire l'art. 694. Il suffit de relire la paraphrase d'Albisson, le discours de Gillet et l'exposé des motifs de Berlier, pour se convaincre que nos législateurs n'eurent jamais la pensée d'obliger celui qui revendiquerait la destination de cet article à la production du titre ou à la preuve préalable et directe de son silence.

On ne remarque pas que l'argumentation de M. Demolombe est en contradiction formelle avec les textes.

L'éminent professeur affecte l'art. 692 aux servitudes continues, et l'art. 694 aux servitudes discontinues, ces dernières ayant besoin que le signe toujours un peu équivoque de leur existence soit corroboré et confirmé par le silence du titre. La continuité est donc exclue de l'art. 694, et la discontinuité en est la raison. Mais le texte nous dit le contraire : il s'applique aux servitudes continues comme aux servitudes discontinues. L'apparence est la seule condition qu'il exige, et il ne dit pas un mot de la discontinuité, en vue de laquelle on l'aurait pourtant édicté. Si rien ne s'oppose, dans le texte, à ce que le signe apparent appartienne à une servitude continue, la doctrine de M. Demolombe est en contradiction avec l'art. 694.

Les travaux préparatoires du code civil ne distinguent pas plus que le texte de cet article entre les servitudes continues et les servitudes discontinues. La Cour de cassation elle-même applique la doctrine de M. Demolombe aux unes et aux autres, sans remarquer la contradiction.

M. Demolombe invoque, en outre, un argument d'analogie qui nous paraît se retourner contre sa thèse. « De la même manière que la servitude apparente existant au profit de l'héritage d'un tiers sur le fonds vendu devra être supportée par l'acquéreur sans aucun recours si l'acte est muet sur la garantie, de même la servitude discontinue, mais apparente, naîtra en faveur du fonds aliéné, ou sur le fonds aliéné, si le titre ne renferme aucune clause à cet égard. »

Les deux cas sont semblables, en effet : dans l'un et dans l'autre l'apparence de la servitude, concordant avec le silence du contrat, suffit pour la faire maintenir ou pour écarter tout recours en garantie; mais on n'a jamais songé, soit à restreindre l'art. 1638 aux servitudes discontinues, soit à imposer au vendeur l'obligation de produire un titre muet, pour contraindre l'acquéreur à supporter sans recours la servitude apparente du voisin. Or il ne s'agit ici que de cette production. Pourquoi résoudre différemment deux cas que l'on reconnaît identiques? Pourquoi exiger la représentation du titre dans l'un et non dans l'autre? Et si cette représentation n'est pas nécessaire d'après l'art. 1638, pourquoi le serait-elle d'après l'art. 694?

196. — En second lieu, la doctrine que nous examinons met la preuve à la charge de celui qui se défend.

Trois cas peuvent se présenter quand un titre existe :

Ou bien ce titre confirme expressément la servitude, et alors c'est à celui qui la réclame à le produire, car il doit prouver sa demande;

Ou bien il la supprime par une clause spéciale, et alors celui qui s'oppose à son maintien est tenu de représenter l'acte dont il excipe, car il répond à la demande de son adversaire par une exception tirée d'un écrit : il est demandeur dans son exception;

Ou bien le titre est muet, et en ce cas on ne voit pas quel intérêt il pourrait y avoir à le produire.

Toute l'argumentation contre laquelle nous nous élevons repose sur cette affirmation, que l'art. 694 aurait renversé les rôles dans le deuxième cas, et mis la preuve à la charge de celui qui se défend contre l'exception.

« Les parties, » écrit M. Demolombe, « qui traitent en présence du signe sans en rien dire, doivent être présumées avoir entendu le maintenir; mais encore faut-il qu'elles n'en aient rien dit, et, dès lors, c'est à celui qui prétend qu'une servitude discontinue est résultée de la destination du père de famille, à représenter l'acte, afin de prouver qu'il ne renferme aucune clause contraire au maintien du signe apparent qui l'annonçait. »

La question est posée dans les termes suivants : Tout héritage étant présumé libre, celui qui réclame une servitude est tenu de la prouver ; or, la destination de l'art. 694 exige deux éléments : 1° un signe apparent ; 2° le silence du titre ; donc il faut prouver ces deux éléments et représenter l'acte.

Le silence du titre n'est pas un élément de l'accord des parties. L'art. 694, comme l'art. 692, donne à une convention présumée la même force qu'à une convention formelle. Sur quoi s'appuie cette présomption ? Dans quels faits voit-on la preuve d'un accord ? Est-ce dans le silence du contrat ? Non certainement : le silence ne prouve pas une convention ; il prouverait plutôt le contraire. C'est dans le signe apparent qu'est la démonstration implicite du concours des deux volontés. C'est sur ce seul élément que l'accord repose.

Sans doute, le silence du titre sera nécessaire pour que cet accord devienne effectif ; mais la démonstration de ce silence sera faite par le silence des deux parties et par l'impossibilité dans laquelle elles se trouveront l'une et l'autre de produire une clause à l'appui de leurs prétentions. La représentation de l'acte ne prouvera rien de plus. Elle sera donc inutile.

M. Demolombe va trop loin, ce nous semble, quand il dit qu'on doit représenter l'acte « afin de prouver qu'il ne renferme aucune clause contraire à la servitude, » c'est-à-dire aucun accord formel détruisant la présomption de la loi. Obliger le demandeur à prouver que son adversaire n'a pas de titre à lui opposer, et accorder à ce dernier le bénéfice d'un pareil titre sans l'astreindre à le produire, c'est déplacer le fardeau de la preuve et renverser toutes les règles. Si le défendeur excipe d'un accord formel, il doit l'établir.

Le droit romain et nos coutumes voulaient que la servitude fût expressément réservée. Avec le temps, on admit que l'état des lieux valait titre et maintenait la charge, à moins que le contraire ne fût dit dans l'acte. Ce contraire écrit est donc une exception : celui qui l'invoque doit le prouver.

Le silence du titre n'empêche plus, comme autrefois, la servitude de subsister. Ce n'est plus le demandeur qui a besoin d'invoquer une clause de l'acte, c'est le défendeur. Le signe suffit pour faire présumer l'accord, sauf la preuve contraire. L'art. 694 exige que le contrat ne contienne aucune convention relative à la servitude, parce que cette convention empêcherait la présomption légale de se produire : il n'y a plus rien à présumer, en effet, quand le contrat parle; mais la seule conséquence que l'on puisse tirer de cette disposition, c'est que la servitude sera maintenue si le titre la maintient, et supprimée si le titre la supprime, sans que l'on ait, dans ces deux cas, à invoquer une destination. De même que le demandeur peut se passer de la destination, s'il a titre, de même le défendeur au principal peut exciper de son écrit pour la faire tomber, quand on l'invoque contre lui. Il n'est pas possible de trouver autre chose dans l'art. 694, et une dérogation aux règles fondamentales de la preuve ne peut pas aussi facilement se supposer.

Deux fonds voisins appartiennent au même maître, et un signe apparent de servitude existe entre eux;

l'un des deux fonds est vendu, sans que le contrat contienne aucune convention relative à la servitude, c'est-à-dire sans que le propriétaire du fonds dominant profite de la rédaction de l'acte pour se créer un titre, et sans que, de son côté, le propriétaire du fonds servant en stipule par écrit la suppression. Aucun des deux contractants ne pouvant invoquer une clause écrite, on aura recours à une présomption, et on supposera que si les parties n'ont rien dit, ni dans un sens, ni dans l'autre, c'est parce qu'elles ont voulu laisser les choses en l'état. — De ces données, on conclura que la présomption de l'art. 694 ne s'appliquera qu'à défaut de toute preuve écrite fournie soit par l'un des contractants, soit par l'autre. Chacun d'eux restera chargé, — c'est la règle, — du soin de produire sa clause, sa preuve, son titre, s'il en a un. Or, on change ces données, et on fait du silence du titre une condition dont le demandeur doit prouver l'accomplissement, sous peine de perdre le bénéfice de la destination.

Celui qui vend un immeuble ne doit, lui aussi, la garantie que s'il ne l'a pas supprimée par une clause formelle. Viendra-t-il néanmoins à la pensée de quelqu'un de soutenir que la garantie est conditionnelle, et que l'acquéreur n'aura le droit d'y recourir qu'à charge de produire l'acte et de prouver qu'il ne contient aucune clause contraire au maintien de la garantie? Sans doute, l'acte doit être muet; mais cette nécessité ne dispense pas celui qui croit pouvoir invoquer l'une de ses clauses de la produire. Parce que l'acquéreur sera demandeur principal en garantie, on ne l'obligera pas à prouver que son adversaire n'a aucune exception ou aucune défense à lui opposer.

Si celui-ci croit avoir des droits, qu'il les démontre. Telle est la règle à laquelle l'art. 694 n'a pas dérogé.

D'un autre côté, par quel motif se justifierait une dérogation aussi anormale ? On est en présence d'un signe éclatant, qui démontre le consentement des deux parties : le silence du défendeur ne suffit-il pas pour prouver le silence du titre? Pourquoi le défendre plus qu'il ne se défend lui-même, et obliger son adversaire à établir qu'il serait malvenu à proposer une exception qu'il ne propose pas, sans doute parce qu'il n'a pas les moyens de la justifier? Son abstention n'est-elle pas un aveu ?

197. — On répond que la présomption résultant de la destination ancienne est plus sûre en présence d'un contrat muet qu'en l'absence de tout contrat.

Sans doute, le juge, en règle générale, est plus satisfait s'il lui est démontré que le défendeur qu'il condamne n'a omis aucun moyen, aucune exception : on n'oblige pas néanmoins le demandeur à fournir cette preuve. Chacun assume la responsabilité de sa défense. L'art. 694 ne dit pas que, dans le cas qu'il prévoit, cette règle doive fléchir.

On répond encore : La servitude qui n'est pas continue est toujours plus ou moins équivoque; aussi faut-il, pour cette dernière, que le signe soit *corroboré* et *confirmé* par le silence du titre. De là découle pour le demandeur la nécessité de le produire.

Nous sommes loin de contester la différence que l'on signale entre les servitudes apparentes et continues et les servitudes simplement apparentes. Nous avons expliqué nous-même que la loi se montre, avec raison, plus exigeante pour ces dernières, et veut que le signe soit *corroboré* et *confirmé* par l'existence de deux immeubles distincts et par une sorte d'empreinte plus expressive sur une ligne divisoire. Dans ces conditions, le signe est plus probant; le fonds dominant et le fonds servant sont plus nettement déterminés et l'accord tacite est mieux démontré.

Que peut-on attendre, au contraire, de la production du titre au point de vue de la force probante de l'apparence? Le signe sera-t-il plus explicite, plus certain? La servitude sera-t-elle moins équivoque? La convention tacite sera-t-elle mieux prouvée? Il n'y a, ce nous semble, aucune corrélation entre le remède et le mal.

Le mal est dans la faiblesse, dans l'équivoque du signe, et pour rendre ce signe plus probant et plus sûr, on veut faire produire un papier muet. La demande sera plus difficile, parce que souvent on n'aura pas ce papier; le droit ne sera pas mieux assis. On verra moins de destinations; mais celles qui seront ainsi écartées seront peut-être les moins douteuses.

La représentation du titre n'a aucun rapport avec la force probante du signe.

198. — Enfin, on établit entre les art. 692 et 694 une différence qui n'existe pas.

L'un et l'autre partent de cette donnée, que le titre est muet, que les contractants ou le disposant n'ont pas exprimé leur intention, et qu'il y a nécessité de la présumer et de suppléer ainsi au silence du contrat. Telle est la raison d'être commune aux deux destinations : on ne rechercherait pas un accord tacite, si l'on avait un accord formel.

Si la preuve du silence du titre ne devient complète que par sa représentation, l'art. 692 doit l'exiger aussi bien que l'art. 694, car il ne saurait se contenter d'une preuve qui laisserait à désirer.

En remontant aux coutumes qui n'avaient pas condensé leur pensée dans la formule « destination du père de famille vaut titre, » nous voyons que le silence de l'acte est exigé dans des termes semblables à ceux de l'art. 694 : « Vues et égouts demeurent comme ils sont lors du partage, si par les lots et partage il n'est expressément dit du contraire. » A-t-on néanmoins jamais pensé, sous l'ancien droit, qu'il fallût représenter ces lots et partage pour se prévaloir de la destination de l'art. 692 ?

199. — En résumé, la doctrine que nous combattons ajoute au texte, prescrit la rédaction et la représentation d'un écrit que la loi n'exige pas, renverse les règles admises en matière de preuves, ne répond à aucun besoin, établit entre les art. 692 et 694 une différence qui n'existe pas, et se met en contradiction avec eux.

L'art. 694 dit que le contrat ne doit contenir aucune convention relative à la servitude; mais il ne prescrit pas de rédiger ce contrat par écrit, encore moins de le représenter.

On met, sans texte et sans motifs, à la charge de celui qui défend à une exception, la preuve que cette exception n'est pas fondée. Quant à celui qui excipe du titre, sa situation est bien commode; il n'a qu'à dire à son adversaire : Prouvez que je n'ai pas un écrit pour repousser la présomption légale sur laquelle vous appuyez votre demande.

En outre, la destination de l'art. 692 est fondée sur le silence du contrat, aussi bien que celle de l'art. 694. C'est toujours le même accord tacite présumé par la loi, parce qu'il n'y a pas eu d'accord formel. Si l'acte n'était pas muet dans le cas de l'art. 692, la destination du père de famille ne pourrait pas naître. C'est donc à tort que l'on veut établir une différence, sous ce rapport, entre les deux articles.

On ne voit pas ce que la représentation d'un titre que l'adversaire connaît peut ajouter de certitude ou de force probante au signe apparent sur lequel la loi fonde sa présomption. On n'a jamais donné une raison plausible de cette exigence.

Enfin, le texte ne borne pas l'art. 694 aux servitudes discontinues, comme le croit M. Demolombe.

Nous maintenons donc que le silence du titre est la condition des deux destinations, et que, ni dans le cas de l'art. 694, ni dans celui de l'art. 692, ce silence ne doit être prouvé d'une manière anormale. Si l'une des parties invoque un acte à l'appui de ses prétentions, elle le produira : c'est la règle générale; les art. 692, 693 et 694 ne l'ont pas modifiée.

200. — Quelle est la nature du silence que les contractants doivent garder pour donner naissance aux deux destinations? Faut-il qu'il soit absolu? Nous ne le pensons pas. La présomption légale d'un accord tacite se fonde sur l'absence d'une convention applicable à la servitude réclamée, et non sur le mutisme complet des contractants; qu'importe, dès lors, que les parties aient parlé de servitudes d'une manière générale, ou même de certaines servitudes spéciales, différentes de celle que l'on veut faire résulter de la destination? Ne suffit-il pas que cette dernière n'ait pas fait l'objet d'une convention et que l'acte se taise à son endroit? L'art. 694 le dit : « Sans que le

contrat contienne aucune convention relative à la servitude. »

La Cour de cassation l'a ainsi décidé, le 2 février 1825, dans une espèce où l'acte expliquait que l'une des deux maisons était vendue franche de toutes servitudes. « Attendu, » dit l'arrêt, « que ce n'est qu'à l'aide d'une stipulation qui ait trait à la servitude qu'on peut obtenir l'effet grave de changer l'état actuel et apparent des lieux; que la stipulation invoquée par le demandeur en cassation était conçue en termes généraux et n'était pas relative à la servitude réclamée; que, dans ces circonstances, en décidant que la servitude d'aqueduc avait continué d'exister, l'arrêt attaqué a donné à la stipulation une interprétation conforme à la lettre et à l'esprit de la loi..... rejette. »

201. — Il ne faudrait pourtant pas se méprendre sur la portée du principe qui sert de fondement à cet arrêt, et accepter sans réserves certaines expressions employées, soit par la décision de la Cour suprême, soit par celle de la Cour d'appel d'Aix qui lui était déférée, et qui était ainsi conçue : « Attendu qu'il résulte de la situation des lieux et du rapport des experts que la servitude réclamée est apparente et manifestée par des ouvrages extérieurs; que, dès lors, pour qu'elle eût cessé d'exister, il aurait fallu, aux termes de l'art. 694, que le contrat de vente en contînt l'abolition; qu'inutilement de Foresta excipe de la clause générale; que les termes généraux de cette clause ne peuvent suppléer à l'obligation particulière contenue dans l'art. 694, etc... »

Gordes père possédait deux maisons contiguës et une cour qui leur était commune. Les eaux des toits et des cuisines, jointes à celles d'un puits, s'écoulaient par cette cour et par un aqueduc creusé dans l'une des deux maisons. Cette maison, ainsi grevée d'une servitude d'aqueduc, fut vendue à de Foresta, en 1811, franche de toutes servitudes et hypothèques. En 1829, Diouloufet acquit la seconde, et il fut dit, dans son acte, que de Foresta était obligé « de recevoir les eaux pluviales, ainsi que celles du puits et de la cuisine, et de tenir l'aqueduc net et recuré, pour y laisser un libre cours aux eaux. » Que, dans ces conditions, la Cour d'appel d'Aix, interprétant l'acte de 1811 et se basant, soit sur la contexture de cet acte, soit sur l'état des lieux, ait décidé que la clause « franche de toutes servitudes » s'appliquait uniquement aux immeubles voisins possédés par des tiers, et que la Cour de cassation ait pensé que cette appréciation échappait à sa censure, on le comprend. Si les termes de l'acte se prêtaient à une semblable interprétation, si les contractants n'avaient pas eu l'intention d'appliquer la clause à l'aqueduc, dont ni l'un ni l'autre ne pouvaient se passer, la solution était à l'abri de tout reproche. A un autre point de vue, — et c'est à celui-là, croyons-nous, que la Cour de cassation et la Cour d'Aix se sont placées, — si l'aqueduc, nécessaire aux deux maisons, était commun entre elles, comme la cour qui lui transmettait les eaux, il ne constituait plus seulement une servitude, et la clause générale d'affranchissement ne le concernait pas. Mais les deux arrêts semblent aller plus loin. Celui de la Cour de cassation nous dit que la clause, conçue en termes généraux, n'était pas relative à la servitude d'aqueduc; celui de la Cour d'Aix affirme qu'il aurait fallu, pour l'extinction de la servitude, que le contrat de vente en contînt l'abolition.

Quand un acquéreur met dans son acte que l'immeuble acquis est libre de toute servitude, on ne peut lui en imposer aucune. La clause générale d'affranchissement est licite, valable, obligatoire pour le vendeur, et aucune servitude n'est possible quand elle existe. Les anciennes destinations conservent les servitudes apparentes quand le contrat ne contient aucune convention relative à ces servitudes, mais non quand une clause formelle les exclut en même temps que toutes autres. La convention qui condamne toutes les servitudes, sans en excepter aucune, ne laisse place ni pour un accord tacite contraire spécial à l'une d'elles, ni pour une présomption quelconque.

Pour la Cour d'Aix, la présomption qui naît des anciennes destinations est tellement puissante que le titre lui-même ne la détruit pas, s'il ne va pas jusqu'à l'abolition la plus explicite et la plus spéciale. En ce sens, on aurait raison de dire qu'une clause générale d'affranchissement ne contient pas une abolition suffisante. Mais telle n'est pas la véritable doctrine de l'art. 694. La présomption qui naît du signe apparent demeure fragile, et l'atteinte la plus légère la compromet. Que le signe soit seulement douteux ou contredit par une circonstance quelconque, la présomption ne peut plus se former. A plus forte raison en sera-t-il ainsi quand l'acte contiendra, même sous la forme d'une clause générale, une manifestation contraire de l'intention des contractants.

Nous croyons donc qu'à moins de circonstances particulières, qui peuvent varier à l'infini, la clause générale d'affranchissement de toute servitude s'oppose à l'application des art. 692, 693 et 694.

202. — Les notaires emploient souvent des formules qui favorisent les destinations, au lieu de les contrarier. Si une maison, par exemple, est vendue ou léguée telle qu'elle se poursuit et comporte, avec ses servitudes actives et passives, sans exceptions ni réserves, le vendeur pourra d'autant moins se soustraire à l'obligation de supporter une charge ancienne, qu'il sera lié, non seulement par la présomption résultant de l'état apparent des lieux, mais encore par une clause de l'acte. Il est vrai qu'à la rigueur la charge dont il s'agit n'est pas une servitude avant la vente, puisque l'ancien propriétaire n'avait pas de servitude sur son fonds ; mais c'est surtout en vue de l'avenir que les parties traitent, et, dans leur intention, les charges anciennes sont comprises au nombre des servitudes actives et passives que l'acte mentionne.

203. — Certaines clauses particulières, sans être directement afférentes à une servitude donnée, réagissent sur elle, et s'opposent à son maintien. Si le vendeur, par exemple, accorde en termes exprès un passage au nord pour l'exploitation du fonds vendu, l'acquéreur ne conservera aucun droit sur le passage qui existait du côté du midi au moment de la séparation, quelque apparents et quelque démonstratifs que soient les signes de ce passage. Les parties n'ont pas entendu établir deux voies d'accès, et si elles ont dit que l'entrée serait au nord, elles ont par cela même implicitement déclaré qu'elle ne serait plus au midi. Il en serait de même si l'acte autorisait l'acquéreur à conserver une fenêtre sur la cour du vendeur

pour éclairer une cuisine. L'exception faite ainsi au profit de cette seule fenêtre prouverait que les parties ont été d'accord pour la fermeture des autres.

Il faut reconnaître qu'en ces matières tout est soumis à l'appréciation des tribunaux. L'intention du disposant ou des contractants, qui doit faire loi, dépend à la fois, d'un côté, de l'état apparent des lieux et des circonstances qui le caractérisent, et, d'un autre côté, des clauses générales ou particulières, explicites ou implicites, directes ou indirectes, que l'acte contient. De ces divers éléments rapprochés, et interprétés les uns par les autres, sortira la preuve de la volonté, de l'accord tacite des parties. Si l'acte constate suffisamment une convention relative à la servitude contestée, la présomption des art. 692 et 694 n'aura plus de raison d'être, car le titre ne sera pas muet. Si, au contraire, les termes de l'acte laissent entière la question de la servitude, les anciennes destinations rempliront leur office.

204. — Le question de l'absence de tout titre se place naturellement à côté de celle que nous venons d'examiner.

Quand aucun écrit n'existe, il semble au premier abord que, le silence des contractants ne faisant plus doute, les art. 692, 693 et 694 doivent s'appliquer sans conteste. En y regardant de plus près, néanmoins, on ne tarde pas à se convaincre que l'accord tacite, sur lequel se fonde la théorie des anciennes destinations, n'est pas toujours démontré, quand le titre est absent.

Sans doute, si la propriété a été transmise par un contrat verbal, et si ce contrat est avoué, ou prouvé par témoins, sur commencement de preuve par écrit, les parties seront au même état que si un acte avait été dressé, car la doctrine s'appuie sur une convention, et non sur un écrit. Sans doute encore la perte du titre, par suite d'un cas fortuit ou d'une force majeure, ne nuira pas à celui qui aura été victime d'un accident. L'accord tacite peut être admis, en effet, toutes les fois que les parties se sont accordées, et qu'un traité écrit ou verbal a été conclu entre elles. Mais quand un usurpateur se présente armé de la prescription de trente ans, a-t-il le droit d'invoquer un accord quelconque? Et, d'une manière générale, celui qui n'a que la prescription pour tout titre peut-il se prévaloir des anciennes destinations?

205. — La difficulté vient de la double raison d'être, et en quelque sorte du double rôle de la prescription. Si, d'un côté, elle prémunit le propriétaire contre la perte de son écrit, que mille accidents menacent, d'un autre côté elle tend à l'annuler dans ses mains, lorsqu'il n'est pas accompagné d'une possession conforme. Tantôt elle remplace un titre perdu, tantôt elle supprime un titre existant et représenté. Or si l'on comprend, dans le premier cas, qu'un accord tacite ait pu se former, puisqu'il y a eu traité, on se demande comment un semblable accord serait possible, quand les parties sont toujours demeurées étrangères l'une à l'autre, et quand le possesseur dépouille le propriétaire.

La question ne se réduit même pas à des termes aussi simples, car on ignore le plus souvent si l'on se trouve en présence d'un usurpateur ou du véritable maître de la chose.

S'il était démontré que le possesseur est le maître ancien et légitime de l'immeuble, et que la prescription n'est pour lui qu'un moyen de suppléer à un titre adiré, on n'aurait aucune raison pour écarter les art. 692 et 694. Aucune clause relative à la servitude contestée n'étant invoquée par les contractants ou par leurs ayants cause, les lieux parleraient à la place du titre, et leur langage serait entendu, s'il était formel et précis. Il en serait, après trente ans de possession, comme il en est pendant cette période, quand la propriété est démontrée ou incontestée.

S'il était prouvé, au contraire, que le possesseur est un usurpateur, qui profite d'une négligence du propriétaire pour s'emparer de son bien, une distinction s'imposerait peut-être, entre les charges à la fois apparentes et continues, et les charges simplement apparentes. Les premières, susceptibles de possession et de prescription, seraient acquises à l'usurpateur au même titre que le fonds; les secondes résisteraient à toute acquisition. D'un côté, en effet, elles n'auraient pas été prescrites, et, d'un autre côté, elles n'auraient pas fait l'objet d'un accord tacite, et ne pourraient pas bénéficier des anciennes destinations.

Légalement, néanmoins, ce n'est pas ainsi que la question se pose, car au moment où la prescription est acquise, il ne peut plus y avoir usurpation démontrée. Le véritable fondement de la prescription se trouve dans un acquiescement présumé, qui vaut au besoin transmission tacite. L'usurpateur est dès lors l'ayant droit de l'ancien maître de la chose, puisque c'est de son consentement qu'il l'occupe. Bigot-Préameneu expliquait et justifiait ainsi cette doctrine dans son exposé de motifs : « Lorsque la loi, protectrice de la propriété, voit, d'une part, le possesseur, qui paisiblement et publiquement a joui pendant un long temps de toutes les prérogatives qui sont attachées à ce droit, et que, d'une autre part, on invoque un titre de propriété resté sans aucun effet pendant le même temps, un doute s'élève à la fois, et contre le possesseur qui ne produit pas de titre, et contre celui qui représente un titre dont on ne saurait présumer qu'il n'eût fait aucun usage, s'il n'y eût pas été dérogé, ou s'il n'eût pas consenti que le possesseur actuel lui succédât. — Comment la justice pourra-t-elle lever ce doute? Le fait de la possession n'est pas moins positif que le titre; le titre sans la possession ne présente plus le même degré de certitude; la possession démentie par le titre perd une partie de sa force; ces deux genres de preuves rentrent dans la classe des présomptions. Mais la présomption favorable au possesseur s'accroît par le temps, en raison de ce que la présomption qui naît du titre diminue. Cette considération fournit le seul moyen de décider que la raison et l'équité puissent avouer : ce moyen consiste à n'admettre la présomption qui résulte de la possession, que quand elle a reçu du temps un force suffisante pour que la présomption qui naît du titre ne puisse plus la balancer. Alors la loi elle-même peut présumer que celui qui a le titre a voulu perdre ou aliéner ce qu'il a laissé prescrire. » Cujas disait plus énergiquement : « *Taciturnitas et patientia consensum imitantur* (1). »

On aperçoit tout de suite la conséquence qui découle de cette appréciation : s'il y a dans la prescription aliénation tacite, acquiescement présumé,

(1) Sur la loi 6, D., *De acq. possess.*

les destinations anciennes ont été comprises dans cette aliénation, et sont entrées dans l'accord tacite, comme le fonds lui-même. Les art. 692, 693 et 694 s'appliquent dès lors à l'acquisition d'un fonds ou d'une partie d'un fonds par la prescription, comme à son acquisition par un contrat ou par une libéralité.

Ce n'est pas tout, car en matière de destinations anciennes, il ne suffit pas d'établir que l'on est acquéreur ou légataire : il faut encore et surtout démontrer que les deux fonds engagés dans le débat ont appartenu en même temps à celui dont on est l'ayant droit. Or, c'est là le point difficile, quand on n'a pas d'autre titre que la prescription.

Qu'un usurpateur, placé nettement en face de l'ancien propriétaire nanti de son acte, puisse affirmer, en invoquant cet acte même, que son adversaire était maître des deux fonds, on le comprend ; mais si les deux contendants étaient également privés de titres, s'ils ne s'appuyaient l'un et l'autre que sur des faits de possession, si le propriétaire actuel était le propriétaire ancien, et s'il n'y avait place pour aucun acquiescement, pour aucune transmission tacite, les destinations n'auraient plus de raison d'être. Je possède, par exemple, une maison voisine de la vôtre. Sur la limite, se trouve une petite construction que nous nous disputons, et qui déverse d'une manière très apparente les eaux de son évier chez vous. Si vous avez un titre, et si je l'annule dans vos mains, en fournissant la preuve d'une possession de trente années, je conserverai la servitude, parce que vous serez présumé avoir consenti à m'abandonner la petite construction en l'état où elle se trouvait, et aussi parce qu'il sera démontré que vous étiez, avant ma mainmise, propriétaire à la fois du fonds dominant et du fonds servant. Mais si vous êtes aussi dépourvu de titre que moi, et si nous ne nous appuyons l'un et l'autre que sur des faits de possession, la question de la propriété ancienne ne se séparera pas de celle de la propriété actuelle. Si je suis déclaré propriétaire aujourd'hui, je serai présumé l'avoir toujours été, et dès lors les deux fonds n'ayant jamais appartenu au même maître, les destinations n'auront pu se former. D'un autre côté, la servitude d'évier, étant discontinue, n'aura pas été prescrite, et je devrai la supprimer.

Il en serait tout autrement si, avant de venir dans nos mains, nos deux maisons avaient été réunies sur la tête d'un maître unique, et si les lieux avaient été mis par celui-ci dans l'état duquel résulte la servitude. En ce cas l'évier serait conservé, conformément aux prescriptions de l'art. 694, si les deux maisons, de tout temps distinctes, avaient été séparées ; il serait supprimé, au contraire, par application des art. 692 et 693, si les bâtiments n'en avaient formé qu'un seul avant la division.

206. — Ces considérations s'appliquent à la prescription de trente ans. Est-il permis de les étendre à la prescription de dix et vingt ans? Oui, sans doute, en principe, puisque les deux prescriptions reposent sur le même fondement et ne diffèrent l'une de l'autre que par le temps nécessaire pour faire présumer l'acquiescement du véritable propriétaire. Une particularité néanmoins doit être signalée.

Si j'ai acquis de bonne foi un immeuble *a non domino quem dominum esse credebam,* je deviendrai propriétaire de cet immeuble par dix ans ou vingt ans de possession ; mais sera-ce à l'encontre de mon vendeur ou à l'encontre du véritable propriétaire que je revendiquerai les anciennes destinations? Quel est celui des deux qui devra avoir réuni antérieurement sur sa tête le fonds dominant et le fonds servant?

Est-ce le véritable propriétaire? Il n'a jamais été engagé vis-à-vis de moi, aucun accord ne s'est formé entre nous ; mais il est présumé m'avoir fait tacitement l'abandon de ses droits. En ma qualité d'acquéreur de bonne foi, je ne soupçonne même pas, au début, l'existence de ces droits ; mais je puis les connaître dans la suite, et le propriétaire que j'écarte ne les ignore pas. La prescription de dix et vingt ans ne diffère pas, sous ce rapport, de la prescription trentenaire.

En serait-il autrement des charges établies entre le fonds vendu et un autre fonds limitrophe appartenant au vendeur? L'acquéreur qui est de bonne foi, qui croit au droit de celui avec lequel il contracte, est autorisé à compter sur ces destinations, car, pour lui, les deux fonds sont dans les mains de la même personne. L'accord tacite ne sera pas contesté ; mais il sera sans cause, ou sur une fausse cause, et il y aura erreur.

En résumé, et sans pousser plus loin l'analyse de situations qui varient à l'infini, il est permis de dire que l'acquisition d'un immeuble par la prescription de dix ans, de vingt ans ou de trente ans donne lieu à l'application de l'art. 694 toutes les fois qu'il est démontré que les deux fonds se sont trouvés réunis dans la même main.

CHAPITRE VIII.

DU SIGNE APPARENT.

SOMMAIRE.

207. — Au point de vue du signe, les articles 692 et 694 sont identiques.
208. — Le signe doit remplir trois conditions.
209. — 1re *condition* : le signe doit être visible pour toutes les parties intéressées.
210. — Signes placés dans la maison retenue par le vendeur.
211. — Signes cachés par les constructions vendues.
212. — Signes visibles dans la maison vendue.
213. — Signes à découvert dans les champs.
214. — Ouvrages cachés sous terre.
215. — Tout signe visible pour les deux parties est présumé avoir été vu.
216. — On peut prouver que le signe visible pour l'une des parties seulement a été vu par l'autre.
217. — Comment se fait cette preuve.
218. — 2e *condition :* le signe doit être démonstratif du consentement des parties.
219. — *Quid* de l'intention du propriétaire primitif?
220. — Cas où le propriétaire primitif est partie contractante.
221. — Signes équivoques.
222. — Signes trop faibles.
223. — Il n'est pas nécessaire que le signe consiste en ouvrages d'art.
224. — Circonstances extérieures qui caractérisent ou corroborent le signe.
225. — Cas où elles le remplacent et en tiennent lieu.
226. — Les signes équivoques s'interprètent-ils contre le vendeur ?

207. — La question du signe apparent est l'une des plus importantes de la théorie des anciennes destinations.

Constatons d'abord qu'il n'existe aucune différence à cet égard entre les art. 693 et 694, bien qu'ils ne s'expriment pas dans les mêmes termes. Le premier déclare les règles de la destination du père de famille applicables aux servitudes apparentes; le second maintient les servitudes manifestées par un signe apparent. L'art. 689 nous enseigne que ces deux locutions ont le même sens, et que les servitudes apparentes sont celles qui s'annoncent par des ouvrages ou des signes extérieurs.

208. — Les explications dans lesquelles il importe d'entrer se rapportent à trois ordres d'idées : l'intention des parties contractantes, la nature de la servitude et le degré d'apparence auquel il faut s'arrêter. Nous établirons, en conséquence, que le signe doit remplir trois conditions et être à la fois : 1° visible pour toutes les parties intéressées; 2° démonstratif de leur consentement; 3° caractéristique de la servitude revendiquée.

209. — *Première condition :* Le signe doit être *visible pour toutes les parties intéressées.*

Nous avons démontré que les art. 692, 693 et 694 sont des exceptions apportées à ce principe général, que notre ancien droit avait si souvent formulé, et que notre législation moderne a sous-entendu : point de servitude sans titre. Pothier le constate, et l'histoire de la destination du père de famille le démontre. Or, il est dans la nature des exceptions de ne pouvoir s'étendre au delà des limites que la loi leur a fixées. Il importe, en conséquence, de préciser exactement ces limites et de prendre les précautions nécessaires pour ne pas les dépasser.

La loi nous dit que l'ancienne destination vaut titre, et que l'accord démontré par l'état des lieux produit les mêmes effets qu'une clause formelle. Mais un titre ne vaut que par le consentement des parties contractantes, et dès lors les lieux devront parler pour toutes les parties en présence, et non point seulement pour l'une d'elles. Le concours de toutes les volontés étant nécessaire pour justifier l'application des art. 692, 693 et 694, le signe chargé de manifester ces volontés devra d'abord avoir été connu de tous les intéressés. Celui qui n'aurait pas pu le voir ne serait pas engagé. La Cour de Toulouse l'a décidé dans l'espèce suivante :

Daray était propriétaire de deux maisons contiguës. Une ancienne cuisine de la première avait autrefois déversé les eaux de son évier sur la cour dépendante de la seconde, qui fut vendue à Lortic en 1851; mais le tribunal de Saint-Gaudens constatait, après enquête et expertise, que cette cuisine avait perdu son affectation et s'était transformée en volière ou décharge, que la saillie de l'évier dans la cour avait été supprimée, et que, vu de ce côté, le mur ne présentait plus qu'un trou, dont la destination demeurait incertaine. Le tribunal ajoutait qu'au moment de la séparation des deux maisons, en 1851, une loge à porcs, construite dans la cour, — cachait la bouche de l'évier, et que, par suite, Lortic n'avait pas aperçu le signe de la servitude, soit parce que la loge à porcs l'en avait empêché, soit parce que l'ouverture pratiquée dans le mur n'avait rien qui la signalât comme destinée à laisser passer des eaux.

« Attendu, » disait le jugement, « que la saillie de l'évier a été supprimée ; que l'ancienne cuisine de la maison Daray paraît avoir perdu depuis longtemps sa destination ; que Daray y tenait ses poules ; que l'évier était enfermé dans une loge à porcs, alors établie dans la cour, et démolie trois ou quatre ans après la vente de 1851 ; qu'en conséquence, l'apparence exigée par la loi n'est pas suffisamment établie, démet, etc. »

Le 13 juin 1883, la Cour de Toulouse, appréciant d'une manière toute différente les faits de la cause, trouva dans le rapport et dans l'enquête que l'évier avait toujours fonctionné, que ses eaux s'étaient constamment déversées dans la cour, que la loge à porcs ne l'avait jamais masqué, et que, par suite, le signe de la servitude avait été apparent pour les deux parties.

« Attendu, » dit l'arrêt, « que, dans l'espèce, l'évier se manifestait par une ouverture qui affleurait au mur de la cour et projetait les eaux dans cette direction ; que cette ouverture extérieure avait une apparence qui ne laissait aucun doute sur l'existence et la destination de l'évier ; que non seulement les témoins attestent l'existence permanente de l'évier, mais qu'ils précisent qu'ils ont vu toujours l'eau s'écouler par l'ouverture de l'évier dans la cour... infirme, etc. »

210. — Dans l'espèce que nous venons de rapporter, le signe est tantôt affirmé, tantôt nié, et, suivant

qu'il a été ou n'a pas été visible pour l'acquéreur, la servitude a été maintenue ou supprimée. Que faudrait-il décider si une circonstance quelconque avait seulement éveillé des doutes dans l'esprit de l'acquéreur?

Si la bouche de l'évier, par exemple, au lieu de ressembler de tous points à un trou ordinaire, avait affecté une forme telle, ou avait présenté dans sa construction des caractères tels qu'un écoulement d'eaux fût possible, ou même probable, sans être néanmoins démontré, l'acquéreur aurait-il eu tort de négliger ces indices, et de ne pas se livrer à une vérification approfondie, même en se transportant dans la maison du vendeur? Nous ne le pensons pas, car si l'acquéreur a eu le tort de négliger cet avertissement, le vendeur a eu le tort plus grand de ne pas s'expliquer. Les deux parties ont également vu que la servitude ne se manifestait pas par un signe non équivoque du côté de la maison aliénée, et le vendeur a su, en outre, qu'il était nécessaire d'entrer dans sa maison pour connaître le véritable état des choses. Si donc il n'a pas utilisé cette connaissance qu'il avait seul, s'il n'a pas invité l'acquéreur à voir l'évier de son côté, ou s'il n'a pas réservé la servitude dans le contrat pour suppléer à l'insuffisance du signe, il sera présumé n'avoir pas voulu conserver la charge, et il ne pourra s'en prendre qu'à lui-même de sa négligence. Qu'importe que les lieux aient parlé clairement pour lui, si son adversaire n'a pas été mis en mesure d'entendre leur affirmation? On n'a même pas besoin de recourir à la règle qui veut que tout ce qui est obscur ou ambigu s'interprète contre le vendeur : il suffit de constater que l'ignorance dans laquelle l'acquéreur a été laissé n'a pas permis à un accord tacite, mais certain, de se former entre les parties.

Si cependant le signe aperçu par l'acquéreur ne laissait presque plus de doute sur l'existence de la charge, et si, par exemple, les traces d'un écoulement fréquent ou abondant frappaient les yeux, pourrait-on reprocher à l'acquéreur de n'avoir pas demandé à visiter la maison du vendeur pour lever ses dernières hésitations? Nous ne le croyons pas. Le vendeur connaît aussi bien que l'acquéreur le degré d'incertitude du signe. S'il ne prend aucune précaution supplémentaire, il sera jugé sur l'état de choses que l'acquéreur aura connu, et il ne conservera sa servitude que si le signe, pris du côté de la maison vendue seulement, comme l'a déclaré l'arrêt de la Cour de Toulouse, est reconnu suffisamment explicite par les tribunaux.

En résumé, l'acquéreur n'ayant le droit de visiter que son immeuble, au moment de son acquisition, n'est engagé que par ce qu'il voit, et demeure étranger à tout ce que le vendeur ne lui montre pas dans l'immeuble qu'il conserve.

211. — Dans un autre sens, le signe pleinement démonstratif de l'existence d'un évier cessera-t-il d'être visible parce qu'il ne se manifestera que dans l'intérieur d'une loge à porcs? Si cette loge est comprise dans la vente, si l'acquéreur a dû la visiter comme la cour, qu'importe que le signe soit dans la cour ou dans la loge? Dans les deux cas, l'état des lieux a été connu, et l'accord tacite s'est formé.

212. — Renversons les rôles et supposons que la maison vendue est celle qui contient l'évier. L'acqué-

reur aura-t-il la servitude? Oui, sans doute, puisqu'il aura traité sur la foi d'un signe incontestable, c'est-à-dire de l'évier, et de l'ouverture pratiquée dans le mur pour l'écoulement des eaux. Il importera peu qu'il y ait eu dans l'autre immeuble des signes contraires ou douteux : l'accord se fait sur ce que les deux parties ont vu dans l'immeuble qu'elles ont visité ensemble, c'est-à-dire dans l'immeuble vendu, et certainement le tribunal de Saint-Gaudens aurait maintenu la servitude, comme la Cour de Toulouse, si Daray avait vendu à Lortic la maison qui contenait l'évier.

213. — Nous avons parlé jusqu'ici de maisons closes et d'arrangements opérés dans leur intérieur. La décision serait toute différente si l'on était en rase campagne, et si l'acquéreur avait pu voir sur le fonds de son adversaire aussi bien que sur le sien propre; car ce qui forme la loi des parties, c'est ce que l'une et l'autre ont vu au moment du contrat. La Cour de cassation l'a décidé, le 2 avril 1854, dans une espèce où il s'agissait de deux prés situés sur les bords d'un même cours d'eau : le pré de la Couture en amont, le pré de l'Abbaye en aval. Un barrage dit des Quatre-Pales avait été construit sur l'un au profit de l'autre, à 140 mètres de la ligne divisoire; mais on l'apercevait et on se rendait compte de son existence, sans quitter le fonds dominant. Dans ces conditions, l'accord tacite n'était pas douteux et la Cour de cassation ne pouvait le méconnaître. « Attendu, » disait-elle, « qu'il est constaté par l'arrêt attaqué que le barrage des Quatre-Pales a une existence très ancienne et remonte à une époque où les deux prairies, appartenant aujourd'hui aux parties litigantes, étaient

réunies dans les mains d'un même propriétaire; que le barrage litigieux est un signe apparent de servitude; et que dès lors l'arrêt a pu, sans violer l'art. 694, décider que Laurent n'était pas fondé à demander la suppression du barrage de Huet, rejette, etc. »

S'il était constaté qu'à raison de l'éloignement et de divers accidents de terrain le barrage n'a pas été aperçu, au moment de la visite du fonds dominant, la solution ne serait-elle pas modifiée? Sans doute, la servitude n'aurait aucune raison d'être si l'acquéreur n'avait pas même soupçonné l'existence du barrage; mais il en sera difficilement ainsi. Les irrigations veulent, non seulement des barrages qui peuvent être éloignés, mais encore des canaux et des rigoles qui aboutissent au pré arrosé. Or, il suffira que l'acquéreur ait vu ces rigoles pour que l'existence d'un barrage se soit imposée à son esprit. Le vendeur pourra d'autant moins se plaindre, qu'il n'aura lui-même rien ignoré. La prise d'eau fût-elle soustraite à tous les regards et enfermée, par exemple, dans les murs d'une usine, les canaux d'irrigation la manifesteraient d'une manière suffisante, et l'acquéreur aurait droit à l'arrosage dont il aurait vu les signes certains.

214. — Les ouvrages destinés à établir une servitude peuvent être dissimulés en tout ou en partie, soit dans la terre, soit dans l'épaisseur d'un mur. La décision dépendra, dans tous les cas, des circonstances; l'accord ne portera que sur ce que les contractants auront vu l'un et l'autre.

Supposons, par exemple, que sur le champ aliéné naisse une source, qu'un bassin reçoive les eaux qui ne découlent, que le fonds du bassin soit formé d'une couche épaisse de sable et de gravier recouverte de dépôts ou de végétations, que sous ce filtre se dissimule un aqueduc souterrain amenant les eaux dans le champ retenu, et que sur ce champ la bouche de l'aqueduc soit apparente : la servitude de prise d'eau sera-t-elle réservée au vendeur? Non, ce nous semble, à moins qu'il ne prouve que son adversaire a connu les constructions souterraines.

En sens inverse, un filet d'eau sort de terre sur un point du champ vendu, et a toutes les apparences d'une source, tandis qu'en réalité c'est un canal recouvert qui l'amène du fonds retenu. Le vendeur le sait, mais l'acquéreur ne le voit pas. La servitude est-elle acquise par l'ancienne destination? Nous ne le pensons pas, car un accord tacite n'a pu se former sur une charge dont l'acquéreur ne soupçonnait même pas l'existence ; mais le vendeur, qui a trompé son adversaire, en lui donnant lieu de croire à une source, devra la garantie et sera repoussé par la maxime : *Quem de evictione tenet actio, eumdem agentem repellit exceptio.*

215. — Faut-il que l'acquéreur ait vu, ou suffit-il qu'il ait pu voir pour être engagé? Il est certain que l'on ne peut obliger le vendeur à prouver que l'acquéreur a vu ce qui frappait tous les yeux. La loi demande que le signe soit apparent et présume que l'acquéreur l'a vu quand il remplit cette condition. Il suffit donc que la connaissance du signe soit démontrée par son apparence.

216. — Que si, cependant, cette apparence n'était démontrée par l'état des lieux qu'au regard de l'un des deux contractants, il ne faudrait pas lui refuser le droit de prouver que son adversaire l'a connue

aussi. Dans le cas dont nous avons parlé au n° 209, par exemple, le vendeur qui aurait pris soin d'amener l'acquéreur dans sa cuisine et de lui montrer l'évier, n'aurait qu'à prouver cette circonstance pour se prévaloir d'un accord tacite et du concours des deux volontés. De même, lorsque les signes de la servitude sont plus ou moins dissimulés, le vendeur peut avoir intérêt à prouver que l'acquéreur les a connus.

217. — Comment se fera cette preuve? Par écrit, s'il s'agit de conventions; par témoins, s'il s'agit de faits. Cette distinction s'impose, en effet. D'un côté, toute observation, toute réserve de nature à influer sur le lien contractuel fait partie de la convention, et il n'est reçu aucune preuve par témoins contre et outre le contenu aux actes, ni sur ce qui serait allégué avoir été dit avant, lors ou depuis. D'un autre côté, le fait de s'être transporté, au moment des accords, sur un point donné de la propriété de l'adversaire, n'est pas susceptible d'une preuve écrite et peut se prouver par témoins.

218. — 2° *Condition :* Le signe doit être *démonstratif du consentement des deux parties.*

Les anciennes destinations tirant toute leur valeur juridique de l'accord tacite qu'elles font présumer, cet accord, ce concours de toutes les volontés ne sera certain qu'autant que le signe destiné à le manifester ne laissera de doutes dans l'esprit de personne. La jurisprudence n'a jamais varié sur ce point. Nous ne citerons que deux exemples :

Dubois, devenu propriétaire de diverses parcelles de terrain situées sur la rive droite de la Canche, prétendit avoir le droit de passer sur des terrains de l'autre rive, occupés par une maison d'habitation et par des bâtiments d'exploitation, sous le prétexte que ses immeubles avaient autrefois dépendu d'un grand domaine dont ces bâtiments formaient le centre, et qu'un pont reliait les deux berges opposées. La Cour de Douai, saisie de la contestation, refusa de voir dans le pont un signe certain de la destination de l'ancien propriétaire et de l'intention des parties intéressées d'assujettir les fonds d'une rive à ceux de l'autre. L'arrêt qu'elle rendit, le 8 avril 1875, est ainsi motivé : « Attendu qu'en admettant que l'art. 694 du code civil fût applicable dans l'espèce, le signe apparent qui existe entre les deux propriétés n'impliquerait pas nécessairement l'existence de la servitude revendiquée; — qu'en effet, le pont sur la Canche, indiqué comme signe apparent de cette servitude, démontre bien que l'ancien propriétaire des deux héritages a voulu, pour ses facilités particulières et pour une exploitation plus commode des pièces de terre sises sur la rive droite, relier ces pièces par un pont avec la maison d'habitation et les bâtiments d'exploitation; mais qu'il ne prouve point l'intention de créer pour lesdites pièces de terre, au cas où elles seraient détachées de l'ensemble, une servitude de passage sur l'emplacement même des constructions et à travers les bâtiments de la ferme; — que toutes les vraisemblances protestent contre l'établissement d'une servitude aussi onéreuse; — qu'elle ne pourrait être admise que sur des indices d'une signification irrécusable, non sur des signes d'une portée incertaine ou équivoque; — que, loin qu'elle soit commandée par des nécessités impérieuses d'exploitation, il est certain que les terres de la rive droite sont pourvues de chemins qui en permettent l'accès et la culture, sans qu'il soit besoin d'emprunter le passage par le pont; — qu'il appert, au surplus, des titres produits, que le pont est placé sans réserve dans le lot auquel appartiennent les bâtiments, ce qui tend encore à l'exclusion de la servitude réclamée; — attendu, dès lors, qu'en fait, la destination du père de famille n'est pas démontrée..., etc. »

Comme on le voit, plusieurs circonstances se réunissaient pour établir que ni l'ancien ni les nouveaux propriétaires n'avaient eu l'intention d'assujettir les terrains de la rive gauche à une servitude de passage au profit de ceux de la rive droite. A l'origine, le pont avait été construit dans l'intérêt des bâtiments; l'état des lieux le prouvait encore. Les terres de Dubois n'avaient aucun besoin de la servitude réclamée, puisqu'elles étaient desservies par des chemins; et cette issue à travers les bâtiments de la ferme était si onéreuse, qu'il n'était pas admissible qu'on eût voulu la réserver sans nécessité.

Un pont est certainement le signe d'un passage : on le construit avec l'intention de le traverser; mais cette intention, dans la matière des anciennes destinations, doit s'appliquer spécialement au passage revendiqué. Dans l'espèce, le pont établi sur la Canche indiquait bien que l'ancien propriétaire avait eu le désir d'exploiter plus commodément ses terres de la rive droite et de les rapprocher de ses bâtiments; mais il ne démontrait pas qu'il eût consenti à imposer aux bâtiments de la ferme la charge demandée. Il ne prouvait pas davantage que les divers intéressés qui avaient pris part au partage ou à la vente eussent eu cette même intention. La destination, dès lors, n'était pas certaine. Le signe qui devait la rendre manifeste demeurait équivoque et douteux : la servitude n'était pas acquise.

C'est ce que décida la Cour de cassation sur le pourvoi de Dubois, le 7 mars 1876 : « Attendu que l'arrêt a pu écarter, comme incertain et équivoque, le signe apparent invoqué par Dubois, en déclarant que le pont, au lieu d'être établi entre les deux héritages, au profit de chacun d'eux, n'avait été construit que comme moyen de sortie sur la rive droite, au profit de la parcelle couverte de bâtiments, et non comme moyen d'entrée au profit des terres du côté opposé..., rejette. »

La Cour d'appel de Toulouse a rendu récemment une décision semblable.

La forge de la Prade, bâtie au bord d'un ruisseau, dans une gorge assez étroite de la commune de Vic-Dessos (Ariège), avait été démolie après les traités de commerce qui avaient rendu impossible le traitement des minerais de fer par le charbon de bois dans les fourneaux à la Catalane. Au temps de sa prospérité, elle avait possédé deux chemins, qui se rencontraient sous un angle assez aigu, à l'entrée de la cour. L'un descendait la rive gauche du ruisseau, jusqu'au village de Guilles, où il rencontrait un chemin vicinal; l'autre grimpait sur le flanc du coteau et aboutissait à un point plus élevé de la même ligne vicinale. Le premier, à voie large et empierrée, servait au transport avec charrettes des minerais et des fontes. Son établissement avait été coûteux; on avait dû, sur un point, le tailler à vif dans le roc. Le second, ouvert sans frais par le fait seul du passage, et beaucoup plus étroit, amenait à l'usine, à dos de mulet, les charbons qui descendaient de la montagne. Après la démolition de la forge, les terrains qui en dépendaient et qui avaient formé de tout temps deux immeubles distincts, séparés par un petit canal, passèrent aux mains de deux propriétaires différents : Ruffié eut le labourable supérieur, bordé par la voie vicinale, et le petit chemin des charbons, et Cazes, le pré inférieur, traversé par le grand chemin des minerais. La séparation s'était opérée sans qu'il fût question de servitudes dans les actes. Ruffié prétendit puiser dans l'art. 694 le droit de passer sur le pré de Cazes pour la culture de son champ ; mais le tribunal de Foix refusa de voir, dans l'ancien grand chemin de la forge, le signe non équivoque d'une intention en rapport avec la servitude réclamée. « Attendu, » disait le jugement, « que du travail de l'expert, de l'état des lieux, et de tous les documents produits, il résulte que l'ancien chemin qui traverse la propriété de Cazes avait été établi uniquement pour faciliter les communications et les transports entre la forge et le chemin vicinal de Vic-Dessos à Suc ; — que les frais très considérables dont la construction du chemin de la Prade a été l'occasion, que la largeur qui lui a été donnée, que toutes les conditions enfin qui le caractérisent excluent nécessairement la pensée que le propriétaire de la forge ait pu l'établir pour assurer ou faciliter l'exploitation des terrains, puisque, d'une part, les dépenses occasionnées par sa construction dépassaient la valeur de ces terrains, et que, d'autre part, ces terrains eux-mêmes pouvaient être et avaient toujours été exploités au moyen des chemins existants, et spécialement au moyen du chemin public de Vic-Dessos à Suc ; — attendu que si l'ancien propriétaire de la forge se servait du chemin dont s'agit pour l'exploitation des parcelles contiguës, ces faits de passage, quelque anciens et répétés qu'ils aient été, ne sauraient modifier le caractère de ce chemin et la destination que le père de famille lui avait attribuée..., démet. »

Par arrêt du 11 mai 1883, la Cour de Toulouse, adoptant les motifs des premiers magistrats, confirma le jugement.

Il importe de remarquer que ces décisions ne sont pas complètes.

Sans doute, il est bon de remonter à l'origine et de rechercher dans quel but l'ancien propriétaire établit le pont ou le chemin, afin de mesurer exactement la valeur et la portée du signe apparent ; mais l'intention des parties entre lesquelles s'est effectuée la division ou la séparation des immeubles n'en reste pas moins l'élément essentiel, et les décisions que nous venons de rapporter ne s'occupent pas de cette intention. Alors même que le propriétaire primitif n'aurait construit le chemin que pour la forge, si l'état des lieux, au moment de la vente, avait autorisé Ruffié à croire à l'existence du droit revendiqué, ce droit aurait pu être acquis. C'est la volonté de l'acquéreur qui, d'accord avec celle du vendeur, fonde la servitude, et non celle du propriétaire originaire. La loi ne demande à ce dernier que la mise ou le maintien en l'état.

Dans l'espèce, la démonstration de l'absence de toute volonté semblable chez les contractants était facile ; elle résultait des circonstances signalées au regard de l'ancien maître de la forge : l'importance du chemin, sa largeur, son empierrement, l'absence de toute enclave, la commodité avec laquelle l'immeuble de Ruffié s'exploitait au moyen de la voie vicinale qui le bordait sur sa plus grande longueur, etc., etc., étaient autant d'indications particulières qui ne permettaient pas de croire à un accord tacite. A bon droit, dès lors, la prétention de Ruffié avait été repoussée.

Le signe invoqué doit donc démontrer d'une manière certaine, non seulement l'intention du propriétaire primitif au moment où les lieux furent mis ou ou laissés par lui en l'état duquel résulte la servitude, mais encore et surtout l'accord des contractants ou des copartageants au moment où ils ont opéré la division ou la séparation des immeubles.

219. — Une précision est même nécessaire, au point de vue de l'intention que l'on exige du propriétaire primitif. Si ce propriétaire s'est dessaisi, ou a été dessaisi de ses deux fonds à la fois ; si ses héritiers, par exemple, les ont partagés entre eux, la seule intention que l'on exigera de lui sera celle qui aura donné à la charge un caractère définitif.

Un arrêt de la Cour de Dijon, du 11 juin 1869, le déclare en ces termes : « Considérant que, de 1813 à » 1856, les deux prés ont appartenu au même pro- » priétaire, le baron Rogniat ; que jusqu'en 1846 les » eaux provenant du pré de la Baïsse n'ont jamais » servi à l'irrigation du pré Chenaud ; qu'à cette épo- » que, il est vrai, Angagneur, fermier de Rogniat, a » prolongé l'une des rigoles d'irrigation du pré de la » Baïsse jusqu'au chemin qui sépare les deux prés ; » puis, recueillant les eaux qui tombaient ainsi sur la » voie publique, les a dirigées sur le pré Chenaud au

» moyen d'une petite levée de terre qui existait déjà » à dix mètres plus bas, en travers du chemin ; — » mais considérant que cet état de choses, créé par un » fermier pour ses convenances particulières, ne peut » avoir qu'un caractère temporaire, comme la jouis- » sance qui en est l'origine ; que les caractères de » permanence et de perpétuité nécessaires pour l'éta- » blissement d'une servitude par la destination du » père de famille ne peuvent s'attacher qu'aux actes » accomplis par le propriétaire agissant soit par lui- » même, soit par son mandataire, et non aux arran- » gements personnels pris par son fermier dans un » intérêt accidentel..., confirme. »

On ne saurait affirmer avec plus de netteté que l'ancien propriétaire doit avoir eu l'intention d'établir à titre permanent la charge destinée à devenir une servitude. L'arrêt néanmoins laisse à désirer, ce nous semble, sur un point important.

La pensée du propriétaire primitif n'est presque jamais connue d'une manière directe : on l'induit, le plus souvent, des circonstances de la cause et de l'état des lieux. Or, le propriétaire qui laisse les choses en l'état, lorsqu'il rentre en possession de son immeuble, et consacre ainsi la charge créée par le fermier, autorise son acquéreur à croire que la charge existe de son consentement. Si le baron Rogniat, reprenant le pré de la Baïsse et le pré Chenaud des mains de son fermier Angagneur, avait vendu le dernier de ces immeubles sans rien changer à l'état des lieux, consacrant ainsi implicitement les arrangements introduits par le fermier, qu'aurait-il manqué à son intention ? Il ne suffisait donc pas de constater dans l'arrêt que la prise d'eau était l'œuvre d'un fermier pour en conclure qu'elle était temporaire comme le bail. Il fallait suivre les deux immeubles à leur rentrée dans les mains du propriétaire, rechercher ce qui s'était passé entre la fin du bail et la vente, et se baser sur les faits personnels du maître pour décider si le service avait été établi à titre perpétuel ou à titre temporaire. Même au cas où le baron Rogniat aurait vendu le pré Chenaud pendant la durée du bail, la servitude aurait pu être acquise. L'acquéreur ignorait dans quelles conditions la prise d'eau avait été établie. Son titre était dans le signe apparent contre lequel le vendeur ne protestait pas. Les faits anciens restaient sans valeur : c'était sur la foi du signe qu'on avait traité, et, sous ce rapport, la Cour de Dijon s'est laissé peut-être égarer par une considération secondaire.

A tout prendre, néanmoins, l'arrêt se justifiait probablement par un motif qu'il ne mentionne pas. La rigole qui traversait le chemin, et qui constituait le seul signe visible de la servitude revendiquée, n'était formée que par une petite levée de terre. Encore cette levée remontait-elle à une époque antérieure et n'avait-elle pas été construite pour la prise d'eau, qui l'avait trouvée établie et l'avait utilisée. Or, un cordon de terre sans consistance, que le passage d'un troupeau ou d'une charrette détruit, et qu'il faut rétablir en tout ou en partie quand on veut arroser, ne constitue pas un ouvrage permanent, démonstratif d'un état de choses durable, comme le serait un aqueduc en maçonnerie, et l'on comprend que ce cordon n'ait pas été considéré comme le signe d'une charge à titre perpétuel. C'est parce qu'il n'avait rien de durable en lui-même, et non parce qu'il avait été construit ou utilisé par un fermier, qu'il demeurait insuffisant. Une gondole pavée ou un aqueduc bâti en travers du chemin auraient fait un tout autre sort à la servitude ; on ne se serait pas demandé à quelles mains on les devait.

Ainsi en est-il toutes les fois que le propriétaire primitif n'est pris qu'en cette qualité, et n'a eu aucune part aux conventions qui ont divisé ou séparé les héritages.

220. — Que si ce propriétaire a retenu l'un des fonds et ne s'est dessaisi que de l'autre, la situation n'est plus la même. Non seulement il faut retrouver chez lui, comme ancien propriétaire, l'intention d'établir la charge à titre perpétuel, mais encore il doit avoir eu, comme vendeur ou comme donateur, l'intention de maintenir la servitude au moment de l'aliénation. Il réunit en quelque sorte deux qualités en lui, et on doit lui demander compte de deux intentions. Le signe apparent devra, soit par lui-même, soit par les circonstances extérieures qui l'accompagneront, refléter une double volonté.

221. — Dans les deux premières espèces, il y avait entre le signe apparent et la servitude revendiquée une disproportion telle, qu'il n'était pas possible d'en induire un accord tacite ; dans la troisième, la rigole établie en travers du chemin était l'œuvre d'un fermier et ne présentait aucune consistance. Examinons le cas où le signe est trop équivoque ou trop faible pour démontrer le consentement des parties.

La Cour de Bourges rendit, le 13 décembre 1825, un arrêt ainsi conçu : « Considérant que l'appelante prétend qu'au moment où elle a vendu une des deux maisons à Bernery, les eaux pluviales de la maison d'habitation et du jardin qu'elle a conservés s'écoulaient par une rigole, qui venait aboutir à un mur en pierres sèches fermant la cour de la maison vendue, et qu'il existait à ce mur une ouverture par où les eaux pluviales entraient dans la cour de cette dernière maison ; qu'ainsi il existait, au moment de la vente, un signe apparent de servitude ; mais que l'existence de la rigole et de l'ouverture dans le mur en pierres sèches n'est pas suffisamment établie par les enquêtes ; que la plupart des témoins signalent cette rigole sous le nom de sentier ; que lorsque la loi a parlé d'un signe apparent, elle a voulu que le signe de la servitude fût tel que l'acquéreur ne pût avoir aucun doute sur l'existence de cette servitude, ce qui n'existe pas dans l'espèce, etc., etc. »

La difficulté venait de ce que la rigole, que la plupart des témoins appelaient un sentier, n'était pas nettement caractérisée. L'acquéreur avait pu se tromper sur la signification de cet indice équivoque, son consentement n'était pas certain et dès lors la servitude n'était pas acquise.

222. — La même Cour de Bourges a décidé, le 24 novembre 1830, par application des mêmes principes, que des ornières ne constituaient pas un signe suffisant d'une servitude de passage. « Considérant, » dit l'arrêt, « que la Cour ne peut regarder comme un signe apparent de servitude l'existence d'ornières plus ou moins profondes sur un terrain inculte, et soumis depuis longues années à la vaine pâture ; qu'un propriétaire peut, dans son utilité particulière, traverser tel de ses héritages qu'il lui convient de parcourir pour arriver dans un autre lui appartenant, sans qu'il puisse résulter de là un indice de servitude, tant qu'il n'y a pas, par des ouvrages d'art,

établi un chemin susceptible d'être distingué comme tel du surplus de son terrain. »

Dans ce cas, ce n'est pas parce que le signe est équivoque qu'on l'écarte : c'est parce qu'il est trop faible pour caractériser une servitude établie *perpetui usûs causâ*, et qu'il ne démontre, en réalité, que des faits de passage accidentels. Tout est question de mesure en cette matière; les tribunaux ont à tenir compte d'une foule de circonstances que l'on ne saurait d'avance prévoir. La seule règle, à ce sujet, c'est que le consentement doit être nettement démontré par le signe invoqué.

223. — Il n'est pas cependant nécessaire, comme on l'a quelquefois prétendu, et comme semble l'exiger l'arrêt précédent, que des ouvrages d'art aient été construits. La même Cour de Bourges l'a dit formellement dans un arrêt postérieur du 13 décembre 1825 : « Considérant, » dit cet arrêt, « qu'il s'agit seulement de savoir si, au temps de la vente, il existait un signe apparent de servitude, et que le cours du ruisseau ne permet aucun doute à cet égard; qu'en vain on oppose que ces signes apparents doivent s'entendre d'un ouvrage d'art, d'un travail fait de main d'homme; que la loi ne dit rien de tout cela, etc. »

Les signes apparents de servitude, il faut le reconnaître, seront le plus souvent des travaux faits de main d'homme, car c'est généralement par des modifications apportées à l'état naturel des lieux que les services fonciers s'établissent et se manifestent; néanmoins la nature et le temps exercent souvent une action prépondérante, comme le démontrent les arrêts que nous venons de rapporter. La loi n'a, sous ce rapport, qu'une seule exigence : elle veut que le signe soit démonstratif du consentement des deux parties, soit par lui-même, soit par les circonstances extérieures qui concourent à lui donner sa signification.

224. — Ces circonstances extérieures sont souvent d'un grand secours pour caractériser le signe sur lequel on veut fonder une destination. Le pont sur la Canche (n° 218), par exemple, tirait sa signification des bâtiments de la ferme établis sur la rive gauche et de l'état des chemins de la rive opposée. Cette signification aurait été tout autre, s'il n'avait existé aucune voie praticable sur la rive droite, si à la place des bâtisses qui ne permettaient pas de présumer le passage, s'était rencontré un sentier conduisant du pont à une voie publique, et si la servitude revendiquée avait été à la fois nécessaire et facile, nécessaire surtout, ou du moins utile, car on ne songe pas à acquérir ce que l'on n'a aucun intérêt à posséder. De même, dans l'arrêt de la Cour de Toulouse relatif au chemin de la forge de la Prade, les circonstances extérieures indiquaient que ni l'ancien, ni les nouveaux propriétaires n'avaient pu avoir la pensée de créer une servitude pour la desserte du champ supérieur, qui confrontait à une route vicinale, et qui ne valait pas la dépense que l'ouverture du chemin réclamé avait nécessitée. Ainsi, presque toujours, l'état des lieux environnants et les particularités de la cause éclaireront le débat et seront des éléments essentiels de la décision.

225. Il peut même se présenter des cas où aucun signe proprement dit n'existe, et où l'état général des lieux suffit pour démontrer l'accord tacite. L'arrêt suivant de la Cour d'Orléans (1) nous en fournit un

(1) 15 fév. 1868. — Dalloz, 68. 2. 157.

exemple : « Considérant qu'au moment de la vente de brumaire an V, le moulin et le canal étaient entre les mains du même propriétaire : l'Etat ; qu'il n'est pas dénié qu'à ce moment, comme sous le précédent propriétaire, — le duc d'Orléans, dont les biens avaient été confisqués, — l'exploitation avait lieu par la levée, laquelle conduisait à un terre-plein qui y faisait suite ; que sur ce terre-plein ouvrait une porte du moulin, auprès de laquelle, dans l'intérieur, se trouvait l'appareil pour monter les sacs ; que l'existence de cette porte, ainsi que le passage par la levée, pour y accéder, s'expliquent par les difficultés que présentaient, pour arriver d'un autre côté au moulin, des prairies marécageuses, et un gué d'un passage difficile ; que cette porte constitue un signe apparent de servitude, attestant la destination du père de famille, que dès lors Lemesle est fondé dans le droit de servitude qu'il réclame sur la rive droite (du canal de Loing), entre son moulin et le pont de Toury. »

« En ce qui touche le droit de passage avec chevaux, voitures et bestiaux sur la levée de la rive gauche, allant de la maison éclusière de Toury au pont de Toury : considérant que cette levée était, en l'an V, comme antérieurement, et dès l'établissement du canal, la seule voie de communication possible entre les dépendances du moulin et ledit moulin, et que, sans cette voie, l'acquéreur se serait trouvé privé de tout accès à ses communs, et même enclavé, puisqu'il lui était interdit par l'acte de l'an V, de circuler avec des charrettes sur la levée entre Brisebarre et la porte du garde de Toury; qu'en l'an V, et aux termes d'un bail du 24 janvier 1787 consenti par le duc d'Orléans au fermier du moulin, c'était déjà ainsi que s'exploitaient les bâtiments; — Considérant que, jusqu'en 1864, aucun obstacle n'avait été apporté au passage du fermier, et que si une barrière avait été placée, en l'an V, sur la levée de Brisebarre, afin d'en défendre l'accès, rien de semblable n'avait eu lieu pour les deux levées en question, qui étaient restées ouvertes à la circulation nécessitée par l'exploitation du moulin, etc. »

Comme on le voit, le pouvoir d'appréciation des tribunaux est aussi étendu que possible et porte sur toutes les circonstances qui sont de nature à donner une signification à l'état des lieux. Il faudra donc rechercher avec soin et apprécier avec exactitude ces circonstances de fait, qui caractérisent le signe, et servent de fondement à la destination.

226. — Cette recherche et cette appréciation seront quelquefois d'autant plus difficiles et d'autant plus délicates que la loi ne fait pas à tous les contractants un sort égal.

Au cas de vente, par exemple, les situations du vendeur et de l'acquéreur ne sont pas légalement identiques. Leur volonté devra-t-elle néanmoins revêtir le même caractère de certitude et d'évidence? N'y aura-t-il pas des faveurs pour l'un, des rigueurs pour l'autre? Quand un acte a été dressé, nous savons que tout pacte obscur ou ambiguë s'interprète contre le vendeur : la convention tacite sur laquelle s'appuie la théorie des anciennes destinations ne doit-elle pas jouir des mêmes privilèges que la convention écrite, et l'acquéreur ne doit-il pas, au moins dans une certaine mesure, bénéficier de l'obscurité ou de l'ambiguïté du signe qui traduit le consentement de son vendeur?

Ferrière le pensait, car il écrivait sur l'art. 215 de la coutume de Paris : « Celui qui vend une maison en laquelle il y a une servitude visible sur une autre qu'il retient, il est à croire qu'une telle servitude doit demeurer, quoique cet article porte qu'il faut que le vendeur déclare quelles servitudes il constitue sur son héritage; mais il ne peut être excusé de l'avoir ignoré, puisqu'elle est visible, qu'elle est nécessaire, et augmente le prix de la maison, et, de plus, que, si la chose est douteuse, le vendeur a cause perdue, autrement la règle serait fausse, que lorsqu'il y a quelque clause obscure en un contrat, elle doit être expliquée à l'avantage de l'acquéreur. »

On ne saurait contester, en effet, que la situation de l'acquéreur ne soit, dans tous les cas, plus favorable, et cette faveur peut aller jusqu'à lui faire accorder des servitudes que l'on refuserait à son vendeur, si les rôles étaient renversés. On se contentera quelquefois, à son égard, d'une moindre certitude.

Il ne faudrait pourtant pas pousser trop loin cette assimilation d'une convention tacite à une convention expresse. Quand les contractants ont revêtu leur volonté d'une formule écrite, on peut se livrer à l'interprétation de cette formule, éclairer ce qui est obscur, préciser ce qui est ambigu, sans sortir du contrat et sans se substituer aux parties pour traiter à leur place; mais quand il s'agit de l'existence ou de la non-existence d'un accord que l'on présume, une grande réserve est de rigueur, car on arriverait à imposer aux intéressés des obligations qu'ils n'auraient ni acceptées, ni prévues. Une clause obscure doit s'interpréter contre le vendeur, et peut l'être sans danger, parce que son existence est certaine; tandis qu'un signe obscur met en question la convention elle-même. Quand on interprète une clause ambiguë, son contexte est connu : on n'est pas exposé à créer un accord qui n'existerait pas; quand on se trouve, au contraire, en présence d'une convention tacite manifestée par un signe douteux, la preuve de l'existence de cette convention n'est pas faite, et on ne peut pas s'exposer à créer par voie d'interprétation ce qui n'est pas certain. Appliquer, en pareil cas, d'une manière large, la règle qui veut que les obscurités et les ambiguïtés s'interprètent contre le vendeur, ce serait grever le fonds de celui-ci ou dégrever le fonds de son adversaire, sans son consentement. Il ne saurait en être ainsi : le signe doit être assez explicite pour rendre certaine l'intention des deux parties, et si parfois on engage la responsabilité du vendeur à raison de l'obscurité ou de l'ambiguïté du signe, il ne faut pas que cette obscurité ou cette ambiguïté aient pu donner des doutes à l'acquéreur sur l'intention qu'avait le vendeur de s'obliger.

227. — 3° *Condition :* Le signe doit être *caractéristique de la servitude à établir.*

Il est nécessaire que le signe indique, non une servitude vague et indéterminée, ou même une servitude d'un certain genre, mais spécialement celle que l'on veut établir. L'accord des parties n'existe qu'à cette condition, car cet accord ne peut s'induire, d'une manière sûre, que d'un signe sur le sens et la portée duquel les contractants n'auront pu se tromper. C'est ce qu'a décidé la Cour de cassation, le 6 décembre 1869, dans l'espèce suivante : Une maison et une grange avaient appartenu au même propriétaire, et une porte avait été pratiquée par lui dans le mur de séparation. Les deux bâtiments étant passés aux mains de deux acquéreurs, celui de la maison mura la porte. Blanchard, propriétaire de la grange, protesta, et voulut conserver l'ouverture, prétendant qu'elle lui était nécessaire pour avoir du jour et de l'air, et pour expulser des poussières. La Cour de Douai, saisie du litige, répondit : « Attendu que, pour qu'il y ait lieu à l'application de l'art. 694, il faut qu'il y ait signe apparent de la servitude dont le maintien est réclamé, et que cette servitude soit certaine, déterminée, et en rapport avec la destination pour laquelle elle a été créée; qu'il n'existe aucun signe apparent qu'une porte; que pareil signe ne se rattache qu'à une servitude d'accès ou à un droit de passage; — que Blanchard ne prétend pas droit à une servitude d'accès et de passage; qu'il soutient que, la porte lui donnant pour sa grange des facilités d'éclairage, d'aérage, même d'expulsion des poussières, il lui appartient, de ces derniers chefs, de la conserver; que ces prétentions se réfèrent à des servitudes qui ne s'attestent qu'au moyen de fenêtres ou de signes autres qu'une porte pleine; qu'en l'espèce, les servitudes invoquées ne s'attestant par aucun signe apparent non équivoque, il ne saurait y avoir lieu d'invoquer à leur appui l'art. 694 » (23 janvier 1869).

La Chambre des requêtes adopta, le 6 décembre 1869, la doctrine de la Cour de Douai, rejeta le pourvoi de Blanchard, et motiva ainsi sa décision : « Attendu qu'il est constaté souverainement, en fait, que la porte pleine, seul signe apparent existant dans la cause, avait été créée pour faciliter au défendeur la communication de sa maison avec sa grange, quand l'une et l'autre étaient réunies dans son patrimoine, communication devenue inutile par le fait même de la vente; que le demandeur ne prétend pas à une servitude de passage et ne réclame l'usage de cette porte que pour éclairer et aérer sa grange, et en expulser la poussière; que ces diverses utilités ne s'attestant par aucun signe apparent, et la porte pleine ne pouvant être prise pour ce signe, le défendeur avait le droit d'exiger la suppression de cette porte, en l'absence de toute stipulation contraire... rejette. »

Il n'existait, en effet, aucune corrélation entre le signe apparent et la servitude réclamée. Le signe n'était pas caractéristique de la servitude à établir.

228. — C'est en vertu du même principe qu'on mesure l'étendue de la servitude sur les indications fournies par le signe apparent et par les circonstances qui l'entourent, ainsi que l'enseigne l'arrêt suivant de la Cour de cassation, du 31 décembre 1878 : « Attendu que l'étendue d'une servitude constituée par destination du père de famille se détermine d'après l'intention de celui-ci, appréciée eu égard aux circonstances dans lesquelles la charge a été créée; — attendu que l'arrêt attaqué constate que, sur la propriété autrefois possédée par Jean Novello, et que ses enfants se sont partagée après sa mort, il existait et il existe encore un sentier qui, établi par lui et disposé pour recevoir les eaux pluviales de cette propriété, a été barré, sur sa partie inférieure, par le père de famille au moyen d'un cordon en

pierre placé transversalement, dans le but de jeter les eaux descendant du chemin dans le puits appartenant aujourd'hui à Fortuné Novello; que tel était l'état des choses au moment du décès de l'auteur commun et du partage de sa succession ; — attendu qu'en se fondant sur ces circonstances pour décider que la servitude continue et apparente réclamée par Fortuné Novello, et dont l'étendue est seule contestestée par le pourvoi, n'était pas restreinte aux eaux pluviales tombant directement sur le sentier, l'arrêt attaqué s'est livré à une appréciation de fait et d'intention qui échappe au contrôle de la Cour de cassation... rejette. »

On déciderait de même que l'acquéreur d'une maison et d'une cour, qui aurait vu une ouverture à la base du mur de séparation et une rigole correspondant à cette ouverture, avec des traces d'écoulement récent, serait tenu de recevoir les eaux ordinaires, mais non des eaux corrompues ou chargées de mauvaises odeurs, puisque l'état des lieux ne lui aurait pas signalé cette aggravation.

229. — S'il l'avait connue pourtant et si, au moment où il visitait l'immeuble avant de l'acheter, un écoulement de cette nature s'était produit sous ses yeux, le vendeur serait admis à prouver ce fait par témoins pour conserver à sa servitude toute son étendue.

Et ainsi reviennent, à propos de la troisième condition, les précisions par lesquelles nous avons terminé l'étude de la première : la preuve testimoniale, qui sert quelquefois à constater ce que les parties ont vu, sert au même titre pour établir les faits sur lesquels se fonde la détermination des caractères et de l'étendue de la servitude. Le signe lui-même se prouve par témoins, quand il a disparu ; il n'en est pas autrement des circonstances extérieures qui concourent à lui donner sa signification.

CHAPITRE IX.

DE LA CONTINUITÉ.

SOMMAIRE :

230. — Rôle de la continuité dans la matière des destinations.
231. — Origines de la continuité.
232. — *Causa perpetua* du droit romain.
233. — *Usus perpetuus* des romanistes.
234. — La continuité se sépare de la perpétuité.
235. — De la continuité dans la doctrine de Bartole.
236. — De la continuité dans les coutumes.
237. — De la continuité dans le code civil.
238. — Elle démontre l'intention du père de famille d'établir la charge à perpétuité, et la volonté des copartageants de la maintenir.
239. — Cette règle est sûre, mais trop étroite.
240. — La nécessité devrait être mise sur la même ligne que la continuité.
241. — Faut-il renoncer à la continuité?
242. — Faut-il remplacer la continuité par la nécessité?
243. — Faut-il ajouter des restrictions à l'art. 694?

230. — La question de la continuité des servitudes ne joue, dans la matière qui nous occupe, qu'un rôle effacé, et ne présente, au point de vue de la pratique judiciaire, qu'un bien faible intérêt. Un débat s'élèvera rarement sur cette condition spéciale de

l'art. 692. Les recueils d'arrêts n'en mentionnent aucun, et la doctrine se borne à constater que la restriction de la destination du père de famille aux servitudes continues s'impose.

Nous avons essayé d'aller plus loin, et de donner la raison de cette exigence, à laquelle l'art. 694 a renoncé. Nous avons ainsi établi que dans notre ancien droit, où la destination de l'art. 692 était seule connue, on avait éprouvé comme un besoin de restreindre cette destination aux cas les plus favorables. Toute nouvelle théorie est timide à ses débuts ; ce n'est qu'avec le temps qu'elle se débarrasse de ses premières entraves.

231. — Les jurisconsultes romains avaient à peine posé quelques exceptions au principe général de la confusion des servitudes par la réunion du fonds dominant et du fonds servant dans le même patrimoine. Bartole, dans sa puissante synthèse, dégagea le fondement juridique de ces exceptions étendues à de nouveaux cas par les glossateurs, et posa, non seulement le principe de l'accord présumé d'après l'état des lieux, mais encore celui de la continuité des servitudes, comme condition de leur maintien par cette présomption. A la vérité, ce jurisconsulte ne parle que de la *causa perpetua*, seule continuité que le droit romain connût, et cette *causa*, autour de laquelle tant d'obscurités ont été accumulées de nos jours, et qui, d'après un texte de Paul, devait être *naturalis* en même temps que *perpetua*, ne ressemble guère pour quelques-uns à notre continuité moderne. Mais c'est là, croyons-nous, une erreur qu'il importe de réfuter, car, en réalité, le droit français a pris, sur ce point, la suite des idées romaines en

même temps que des idées coutumières, et il est permis d'affirmer que si Bartole conservait encore dans son langage les expressions romaines, il entendait comme nous la continuité.

232. — A l'origine, les Romains n'avaient considéré comme véritables servitudes que celles qui reposaient sur une *causa perpetua : Omnes servitutes prædiorum*, disaient-ils, *perpetuas causas habere debent*. Qu'était-ce que cette *causa* qui devait être perpétuelle? C'était l'objet même de la servitude, la chose ou l'utilité à raison de laquelle elle avait été constituée. *Causa est*, disait Pothier, *id cujus causâ servitus constituitur, ut in servitute aquæductus, aqua*. Aussi les textes ajoutaient-ils : *Et ideo neque ex lacu, neque ex stagno concedi aquæductus potest*, car l'eau d'un étang qui n'est pas alimenté par des sources, ou l'eau d'une mare ne sauraient avoir un écoulement perpétuel. Ils disaient de même : *Servitus aquæ ducendæ, vel hauriendæ, nisi ex capite, vel ex fonte, constitui non potest*, pour bien démontrer que les servitudes d'aqueduc et de puisage s'établissaient sur les sources permanentes, et non sur les eaux qui pouvaient tarir.

Cette base était pourtant trop étroite, et une première extension devint nécessaire. La *causa perpetua*, tout en demeurant restreinte aux situations permanentes, ne tint plus compte des intermittences. Sa caractéristique fut, non plus, comme autrefois, la perpétuité ininterrompue d'un état de choses donné, mais la perpétuité naturelle, c'est-à-dire cette perpétuité que la nature assure, même avec des interruptions, sans que la main de l'homme ait à intervenir. Le jurisconsulte Paul nous signale ce nouveau point de vue dans le passage suivant : *Foramen in imo pa-*

riete conclavis vel triclinii, quod esset proluendi pavimenti causâ, id neque flumen esse, neque tempore acquiri placuit. Hoc ita verum est, si in eum locum nihil ex cœlo aquæ veniat; neque enim perpetuam causam habet quod manu fit. At quod ex cœlo cadit, etsi non assidue fit, ex naturali tamen causâ fit, et ideo perpetuò fieri existimatur (1). L'ouverture qui est pratiquée au pied de mon mur, et par laquelle s'écoulent les eaux de lavage du pavé ou des dalles de ma cour, ne constitue pas la servitude ordinaire *fluminis avertendi*, qui m'autoriserait à jeter ces eaux sur le fonds voisin, et qui s'acquiert d'ordinaire par l'effet du temps. La raison en est que ce qui a pour cause le fait de l'homme n'est pas perpétuel, et que les eaux qui s'écoulent, dans l'espèce, ne sont autres que celles que verse ma main. Il en serait autrement s'il s'agissait d'eaux pluviales, car ces eaux, tombant naturellement sans l'intervention de l'homme et devant tomber toujours de temps à autre, sont considérées comme perpétuelles, malgré les interruptions.

Ce ne fut pas tout. Un jour vint où il fallut reconnaître une existence légale aux servitudes importantes et nombreuses dont l'objet était discontinu. Un rescrit de l'empereur Antonin, que le jurisconsulte Ulpien rapporte en ces termes, réalisa ce progrès : *De aquâ per rotam tollendâ ex flumine, aut hauriendâ, vel si quis servitutem castello imposuerit, quidam dubitaverunt ne hæ servitutes non essent, sed rescripto imperatoris Antonini ad Tullianum adjicitur : licet servitus jure non valuit, si tamen hac lege comparavit, seu alio quocumque legitimo modo sibi hoc jus ac-*

(1) D., *De servit.*, 28.

quisivit, tuendum esse eum qui hoc jus possedit (1).

Il y eut, dès lors, dans le droit romain, des servitudes proprement dites, dont la *causa* était *perpetua*, et des quasi-servitudes dont la *causa* ne présentait pas ce caractère, mais qui néanmoins étaient protégées et maintenues lorsqu'elles avaient été acquises ou réservées.

233. — Quand, après un long sommeil, le droit romain rentra dans les écoles du douzième, du treizième et du quatorzième siècle, des idées différentes et plus conformes au nouvel ordre de choses avaient pris cours en matière de servitudes. A la perpétuité peu concluante et quelquefois trompeuse de la cause, qui ne s'appliquait qu'à l'objet sur lequel reposait le droit, on avait substitué la perpétuité plus large et plus sûre du droit lui-même, c'est-à-dire de la servitude considérée dans son ensemble, aussi bien au point de vue des conditions de son exercice qu'au point de vue des conditions de son existence. L'*usus* remplaça ainsi la *causa*; et comme celle-ci ne valait que par les caractères qu'elle imprimait à l'*usus*, la perpétuité ancienne se trouva comprise pour la portion utile dans la perpétuité nouvelle. On ne devait plus parler désormais que de l'*usus perpetuus*.

234. — D'un autre côté, la continuité s'était séparée de la perpétuité; et c'était encore justice, car une servitude peut être perpétuelle sans être continue, ou continue sans être perpétuelle. Le droit romain s'était servi des intermittences naturelles pour rompre le cercle trop étroit de la *causa perpetua*, sans remarquer que les intermittences appartiennent à la

(1) D., *Comm. præd.*, 2.

théorie de la continuité, et avait ainsi confondu deux qualités qui se rapportent l'une et l'autre à la durée des servitudes, mais qui se distinguent néanmoins en ce sens, que l'une considère la durée au point de vue de sa fin, et l'autre au point de vue de sa marche, de son *processus*. De là ces deux règles, qui sont désormais acquises à la science du droit : 1° Toute servitude doit être établie *perpetui usûs causâ*; 2° il y a des servitudes continues et des servitudes discontinues.

235. — Bartole, ainsi que les jurisconsultes de son temps, en était là comme doctrine; mais il parlait de droit romain en langue romaine, et la terminologie latine s'imposait. Aussi revient-il à chaque instant sur les servitudes *quæ habent causam perpetuam*. On remarque toutefois qu'il modifie souvent cette formule et qu'il remplace, au besoin, *perpetuam* par *continuam*. Dans son commentaire de la loi *qui duas tabernas*, par exemple, où il crée la théorie des anciennes destinations, il conserve les mots *quæ habent causam*, et il paraît ainsi s'incliner devant la *causa* romaine, mais il n'ajoute pas une seule fois l'expression *perpetuam* : il emploie exclusivement les qualificatifs *continuam, discontinuam, permanentem, momentaneam*, qui ne se rapportent qu'à la continuité, et ne reflètent, en réalité, que les idées modernes.

236. — Quand viennent les praticiens du droit coutumier, la distinction entre les servitudes continues et les servitudes discontinues s'embarrasse dans des détails sans fin, et la destination du père de famille s'établit en dehors d'elle, sans lui demander une précision qu'elle ne peut pas lui donner. La jurisprudence néanmoins s'applique à suppléer aux textes

et à suivre les enseignements de Bartole, qui restreignent la destination aux servitudes continues. Basnage, nous l'avons dit, est très explicite à cet égard. Cette question, à la vérité, devient secondaire et demeure dans l'ombre : la lutte importante s'établit sur le terrain de la seconde destination, que les plus grands efforts ne peuvent légitimer. Un travail s'opéra cependant sur la continuité, et les discussions auxquelles elle donna lieu ne doivent pas être perdues pour nous. Deux points surtout nous intéressent.

En premier lieu, la distinction que le droit romain avait établie entre les servitudes intermittentes, suivant que la main de l'homme intervenait ou n'intervenait pas dans leur exercice, fut conservée, et on eut des servitudes de trois sortes : 1° des servitudes continues, dont l'exercice n'était jamais interrompu; 2° des servitudes quasi-continues, qui s'interrompaient et se rétablissaient d'elles-mêmes, comme l'égout des toits, par l'effet permanent de causes naturelles; 3° des servitudes discontinues, qui avaient besoin du fait actuel de l'homme pour se produire temporairement.

En second lieu, on se demanda si toute servitude manifestée par un signe permanent ne devait pas être considérée comme continue. Nombre de praticiens le pensèrent, et Lalaure fut de leur avis. A certains égards ils n'avaient peut-être pas grand tort : ils substituaient la continuité du signe à celle de l'exercice; l'équité n'aurait peut-être pas perdu à cette substitution, en matière de prescription surtout. Cette tentative néanmoins demeura infructueuse. Nos servitudes sont aujourd'hui apparentes ou non apparentes, continues ou discontinues, et l'apparence est différente de la continuité.

237. — Quel est le rôle attribué par nos législateurs à la continuité, dans la théorie de la destination du père de famille? Elle marque d'une manière suffisamment certaine l'intention du disposant ou des contractants de laisser les choses en l'état, quand un immeuble se divise.

Il s'agit d'asseoir un contrat sur des présomptions : la continuité intervient pour rendre ces présomptions assez graves, et pour démontrer à suffire le consentement des parties.

Plusieurs intentions doivent se manifester : il faut à chacune d'elles sa preuve.

238. — Le père de famille a-t-il établi la charge à titre définitif, *perpetui usûs causâ*, et les copartageants lui ont-ils ensuite reconnu ce caractère? Première question, que l'état des lieux, l'importance du signe et la nature de la servitude aident à résoudre. A ce point de vue, la continuité emporte démonstration complète, car elle écarte toute idée de précarité; mais elle ne constitue pas une condition nécessaire, car les servitudes continues ne sont pas les seules qui puissent être établies à perpétuité.

Les copartageants doivent avoir, en outre, l'intention de conserver les charges telles qu'elles existent au moment de la division. Sous ce rapport, étant donnée l'apparence, notre loi n'admet pas d'autre preuve que la continuité : c'est la condition essentielle du consentement; tout service discontinu, quelque apparent qu'il soit, laisse subsister des doutes qui s'opposent à son maintien.

239. — Le code civil ne se trompe certainement pas en admettant les servitudes continues à jouir du bénéfice de la destination : elles portent avec elles la preuve certaine de l'intention du père de famille et du consentement des parties; mais n'est-il pas trop sévère ? N'exclut-il pas quelquefois des charges que les copartageants ont voulu conserver?

Les lots d'une succession, par exemple, sont établis de telle manière que la partie de maison échue à l'un des cohéritiers a sa porte, ses fenêtres et ses tuyaux de conduite sur une portion de cour attribuée à un autre. D'après notre législation, les fenêtres et les tuyaux des eaux pluviales seront maintenus, parce qu'ils constituent des servitudes continues; tandis que la porte et le conduit des eaux ménagères seront supprimés, à cause de la discontinuité du passage et de l'écoulement. Résultat bizarre, car les charges éteintes peuvent être les plus nécessaires. L'essentiel pour le propriétaire d'une maison est de pouvoir y entrer par la porte existante, quand il ne lui est pas possible de trouver un accès ailleurs. Est-il admissible que les copartageants n'aient pas été d'accord sur ce point?

240. — La règle de l'art. 692 est donc trop étroite; nous espérons qu'un progrès prochain mettra la nécessité sur la même ligne que la continuité. La destination du père de famille vaudra titre pour les servitudes continues et pour les servitudes nécessaires.

Nous avons déjà constaté que, dans notre ancien droit, la nécessité jouait un rôle important. Ferrière disait, dans le passage rapporté au n° 68 : « Le vendeur ne peut être excusé, puisque la servitude est visible, qu'elle est nécessaire et augmente le prix de la maison ; » et, dans un autre passage cité au n° 75 : « C'est une servitude nécessaire, pour l'établissement de laquelle il ne faut point d'écrit, et l'acheteur ne pourrait pas agir contre son vendeur, vu que ce sont des servitudes nécessaires, visibles, etc. » Troplong le savait bien, quand il préparait l'arrêt du 24 février 1840 (n° 119) ; s'il interprétait mal la pensée des coutumes, en la restreignant aux nécessités qui créent légalement des droits, il n'en rendait pas moins hommage à leur clairvoyance et à l'exactitude de leurs appréciations.

Nous verrons bientôt que l'Angleterre nous a devancés dans cette voie, et qu'elle n'a jamais perdu de vue cet élément essentiel du consentement tacite qu'elle a trouvé dans notre ancien droit.

241. — Faudra-t-il aller plus loin et renoncer complètement à la garantie trop étroite de la continuité pour s'en tenir à l'apparence ? Nous ne le croyons pas. Notre ancien droit souffrait de l'absence de cette condition, et c'est après une longue expérience que les éminents rédacteurs de nos codes l'introduisirent dans l'art. 692. L'Italie l'a supprimée, ne la comprenant pas ; nous doutons qu'elle ait à se féliciter de son initiative. Un avenir prochain le dira.

Sans doute, le signe d'une servitude discontinue sera quelquefois plus énergique et plus probant que celui d'une servitude continue. Une porte, par exemple, avertira mieux qu'une ouverture à peine perceptible donnant passage aux eaux d'une toiture. Mais il ne suffit pas que le propriétaire du fonds servant ait été averti : il faut, en outre et surtout, que cet avertissement ait été suivi d'un consentement certain. Or, l'ouverture existant au pied d'un mur ne vous laissera aucun doute sur l'assujettissement imposé pour toujours à votre lot, et vous mettra dans la nécessité de l'accepter ou de protester; la porte, au contraire, n'aura peut-être plus son emploi si la portion n'est pas habitée comme l'était l'ensemble. D'autres besoins peuvent amener d'autres dispositions; l'intention de maintenir l'accès existant ne sera certaine que s'il est nécessaire. Aussi nos lois seront-elles obligées de joindre les servitudes de nécessité aux servitudes continues dans l'art. 692. En dehors de ces deux circonstances, le propriétaire du fonds servant conservera des doutes; l'alternative de consentir ou de protester ne s'imposera pas; on ne pourra rien conclure de son silence, et son adversaire, qui sait comment il veut habiter son lot, aura eu tort de ne pas prendre ses précautions.

Il n'est donc pas probable que la loi française renonce à la continuité pour s'en tenir à l'apparence.

242. — Remplacera-t-elle tout au moins la continuité par la nécessité, à l'exemple des lois de la Grande-Bretagne? Nul ne saurait le dire aujourd'hui: la pratique seule résoudra la question. Nous sommes néanmoins porté à croire que le législateur ne renoncera pas facilement à un criterium aussi précis et aussi certain que la continuité, pour s'en remettre uniquement aux appréciations variables auxquelles la question de nécessité donnera lieu. La nécessité ne doit intervenir, ce nous semble, que pour élargir, en quelque sorte, le cercle trop étroit mais précieux de la continuité.

243. — Nous venons de parler de l'art. 692. Que faut-il penser de l'art. 694 ? On ne se plaindra pas, à son sujet, de restrictions gênantes : le signe apparent est la seule condition du maintien des services antérieurs. On se demanderait plutôt s'il ne convient pas d'en introduire quelques-unes et d'écarter, par exemple, les services de convenance, à l'exemple du droit anglais.

Notre jurisprudence refuse de maintenir les charges créées pour la commodité personnelle de l'ancien propriétaire, parce qu'il ne les a pas établies *perpetui usûs causâ*. Il serait peut-être plus exact de dire que le consentement des parties contractantes n'est pas démontré pour la conservation de ces charges inutiles ou peu utiles, et que le propriétaire du fonds servant, étant donné le silence de son adversaire, n'a pas dû croire nécessairement que ces servitudes seraient revendiquées. Mieux vaudrait, dès lors, les écarter à raison de leur inutilité même, et restreindre l'art. 694 aux servitudes utiles, laissant à la jurisprudence le soin de fixer le degré de cette utilité.

Reculer, comme les Anglais, jusqu'aux services de nécessité, ce serait peut-être aller trop loin ; la condition de l'utilité suffirait pour maintenir l'art. 694 dans de justes limites, et pour débarrasser notre jurisprudence d'un motif qui passe à côté de la vérité.

En attendant que la nécessité et l'utilité entrent dans les textes, la jurisprudence, qui toujours indique les progrès à réaliser, les range en première ligne parmi les circonstances extérieures dont nous avons parlé au n° 224, et qui corroborent, caractérisent, ou même remplacent le signe sur lequel les destinations se fondent. Ainsi, par une voie détournée, l'utilité et la nécessité sont restées dans notre droit et y gardent malaisément une place que le législateur doit leur rendre un jour.

CHAPITRE X.

LÉGISLATIONS ÉTRANGÈRES.

SOMMAIRE :

244. — Comparaison entre la législation française et les législations étrangères.
245. — Législations qui ont copié le code civil : Sardaigne, canton de Vaud, Hollande, etc.
246. — Législations qui ont adopté nos principes en matière de destinations et de prescriptions : Deux-Siciles, canton de Fribourg, Iles Ioniennes, Louisiane, etc.
247. — Législations qui ont adopté notre code civil dans son ensemble : Belgique, canton de Genève, Amérique du Sud, etc.
248. — Législations qui n'admettent pas la destination du père de famille : Allemagne, Bavière, Espagne, Portugal, etc.
249. — Législations muettes : Suède, Norwège, Danemark, Islande, Russie, etc.
250. — Code du canton de Berne.
251. — Lois autrichiennes.
252. — Loi prussienne.
253. — Lois de la Grande-Bretagne.
254. — Ile de Malte : statut municipal de Rohan.
255. — Code italien.
256. — Conclusion.

244. — La théorie des anciennes destinations n'a aucun éclaircissement à recevoir des législations étrangères. Un grand nombre d'entre elles lui ont em-

prunté ses principes et son texte même : aucune n'est en mesure de lui prêter le secours de ses investigations et de ses études. La destination du père de famille demeure une institution française : nous l'avons créée, développée, réglementée, et les nations qui l'ont admise l'ont acceptée telle qu'elle est sortie de nos mains. L'Angleterre s'est frayé une voie qui lui est propre : sa destination, comme la nôtre, prend sa source dans notre ancien droit; mais pendant que nous nous attachions à la continuité des servitudes, elle donnait la préférence à leur nécessité.

245. — Le code sarde avait copié nos art. 692, 693 et 694 dans ses art. 650, 651 et 652. Le canton de Vaud en a fait ses art. 682, 683 et 684; la Hollande, ses art. 747 et 748.

246. — D'autres ont pris en même temps nos principes en matière de destination et en matière de prescription. Le royaume des Deux-Siciles, par exemple, avait mis nos art. 690 à 696 dans ses art. 611 à 617; le canton de Fribourg en a tiré ses art. 627 à 632; les îles Ioniennes, leurs art. 571 à 577; la Louisiane, ses art. 761 à 766.

247. — On retrouve également notre législation dans les pays qui l'ont acceptée dans son ensemble, comme la Belgique et Genève, et dans l'Amérique du Sud, qui s'en est inspirée.

248. — En revanche, la destination du père de famille est à peu près inconnue chez les peuples qui ne tiennent pas de nous leurs lois civiles, et qui les ont tirées soit du droit romain, soit de leur propre fonds.

Dans le droit commun allemand, par exemple,

les principes des compilations de Justinien ont prévalu : les servitudes s'éteignent par confusion quand les fonds se réunissent, et ne renaissent pas lors d'une nouvelle séparation. La Bavière, la Saxe et la plupart des peuples de l'ancienne Germanie vivent sous des lois analogues. L'Espagne et le Portugal restent également tributaires du droit romain.

249. — Dans un autre groupe, les législations de la Suède, de la Norwège, du Danemark, de l'Islande, de la Russie, etc., sont absolument muettes.

250. — La loi de Berne est dure pour les servitudes : non seulement elle les éteint sans retour, quand le fonds dominant et le fonds servant se réunissent, mais encore elle supprime toute prescription pour l'avenir.

251. — Les lois autrichiennes veulent que les servitudes soient inscrites, comme les hypothèques, sur des registres publics. On n'a donc pas à se préoccuper des anciennes destinations, qui demeurent inefficaces tant qu'une inscription ne les a pas consacrées. C'est ce que décide l'art. 526, qui est à peu près ainsi conçu : « Si la propriété de deux fonds est réunie dans la même main, la servitude cesse ; mais elle renaît, si l'un des fonds est revendu avant que la servitude ne soit éteinte par la mainlevée de l'inscription sur les registres publics. »

L'Autriche a pris, comme nous, dans le droit romain, le principe de la confusion des servitudes par la réunion du fonds dominant et du fonds servant dans le même patrimoine, et elle a placé ce principe en tête de l'art. 526 ; mais l'institution des registres publics l'a dispensée de chercher comme nous, dans des signes extérieurs, la manifestation d'une volonté que les contractants n'ont pas exprimée. S'il n'est rien dit dans l'acte d'aliénation et si la servitude n'est pas inscrite, elle n'existe pas, quelle que soit son apparence, sa continuité, sa nécessité.

L'inscription est précieuse, sans doute, au point de vue de la certitude qu'elle donne au droit; mais elle enferme les destinations dans des limites bien étroites. Les seules servitudes, en effet, qui puissent être inscrites au moment où deux fonds se séparent sont celles qui existaient avant leur réunion; pendant cette réunion, le propriétaire des deux immeubles n'a pu faire inscrire des servitudes sur sa chose. Le texte le reconnaît, puisqu'il ne parle que des servitudes qui renaîtront quand elles n'auront pas été éteintes par une mainlevée. Ce ne sera jamais le propriétaire des deux héritages qui aura mis les lieux dans l'état duquel résultera la servitude. Nous ne sommes pas très éloignés de la doctrine romaine, qui voulait que toute servitude fût expressément réservée. Il semble même que l'art. 526 a moins en vue la constatation d'un accord tacite que la défense des acquéreurs de bonne foi contre les surprises auxquelles les registres publics les exposeraient.

Le code autrichien ne contient donc qu'un premier germe de la destination du père de famille; il est permis de penser que les jurisconsultes en constateront bientôt l'insuffisance, car il ne vise que le cas le plus rare et laisse des situations vraiment dignes d'intérêt en dehors de ses prévisions.

252. — La Prusse, qui inscrit, elle aussi, les servitudes sur des *Grundbücher* faisant foi des mentions qu'ils renferment, éteint également les charges foncières qu'une inscription n'a pas conservées; mais

elle ne s'en tient pas, comme l'Autriche, à cette seule disposition : elle fait un pas de plus et maintient les services marqués par des indices extérieurs. « Les servitudes s'éteignent, » disent les art. 52 à 54 du titre XXII, « par la réunion des deux fonds dans la même main ; mais si celui qui les possède n'en a pas fait disparaître les indices extérieurs ou s'il ne les a pas fait rayer sur les registres publics, elles renaîtront lors de la séparation nouvelle des héritages. »

Il ne s'agit encore que des servitudes qui ont précédé la réunion : le propriétaire qui veut les éteindre doit non seulement les faire rayer sur les registres, mais en même temps faire disparaître les signes extérieurs qui pourraient tromper celui avec lequel il contracte.

Le progrès n'est pas très sensible, si on le considère au point de vue des résultats immédiats qu'il peut produire ; mais il présente l'avantage considérable d'introduire dans le droit un principe qui le transformera. Le langage des signes apparents, après avoir confirmé les servitudes antérieures à la réunion, prêtera son concours à celles que le père de famille aura créées, et la théorie des anciennes destinations entrera dans la législation prussienne. On se demande même si ce résultat ne peut pas être obtenu par voie d'interprétation.

253. — L'art. 405 du *Codex legum anglicanarum* de Blaxland est à peu près ainsi conçu : « Si le propriétaire de deux héritages contigus a établi un passage ou autre service de l'un sur l'autre, et s'il vend ensuite l'un des deux, le passage ou service de convenance qui existait cesse de subsister, à moins que

le contraire ne soit expressément stipulé, comme par ces mots : « avec les servitudes et dépendances, telles qu'elles sont en usage. » Il ne suffirait pas de dire : « telles qu'elles lui appartiennent. »

Les auteurs affirment qu'on ne trouve dans les lois anglaises aucune autre disposition pouvant se rapporter à la destination du père de famille; ils proclament, d'une voix unanime, que cette destination n'est pas admise en Angleterre. On se trompe, croyons-nous, dans l'interprétation de cet art. 405, qui ne contient pas une négation complète des servitudes. Un mot corrige l'absolu de cette disposition et la réduit à des proportions plus modestes : elle ne vise que les services *de convenance*, et laisse en dehors de son action les services essentiels. Dans ces limites, l'art. 405 s'accorde avec notre législation, et lui prête même, chose remarquable, l'appui de son autorité, car il répond aux préoccupations qui ont fait restreindre chez nous la destination du père de famille aux servitudes continues.

Une pareille prohibition frappant seulement les passages et autres services de convenance ne se comprendrait pas, s'il n'y avait dans l'ensemble du droit anglais, soit d'autres dispositions spéciales, soit des principes généraux, qui permettent de maintenir les services étrangers à l'art. 405. Et si des services sont conservés pendant que d'autres sont éteints, nous avons la preuve d'une théorie plus ou moins latente des anciennes destinations, qu'il importe de dégager pour la comparer avec la nôtre.

Le fondement de la doctrine française se trouve dans la confusion qui éteint les servitudes, quand le fonds dominant et le fonds servant entrent dans le même patrimoine. Or, en étudiant les règles de la confusion dans le Code de Blaxland, traduit et complété par Amyot, on ne tarde pas à s'apercevoir qu'elles subissent une exception formelle pour les servitudes de nécessité, quand deux héritages réunis se séparent. Les lois anglaises distinguent donc entre les servitudes de nécessité et les servitudes de convenance, pour conserver les premières et laisser tomber les secondes. Ce n'est pas une négation des anciennes destinations qu'elles contiennent, c'est un ensemble de doctrines qui maintient les unes et non les autres, suivant une classification qui, au point de vue de l'exactitude et de l'utilité pratique, peut supporter la comparaison avec celle de notre code civil.

Ceux qui soutiennent que la Grande-Bretagne n'a pas admis la destination du père de famille n'ont pas opéré ce rapprochement entre deux dispositions qui ne devraient pas être séparées, puisqu'elles forment les deux moitiés d'une même théorie; il faut reconnaître que l'inextricable labyrinthe des lois anglaises, toujours prolixes et confuses, se prête mal à un travail de ce genre. L'attorney Blaxland essaya de les classer, en 1839, suivant l'ordre de notre code civil; mais comme la destination du père de famille n'a pas, au delà de la Manche, la même importance que chez nous, et n'existe même pas à l'état de théorie particulière, portant un nom spécial, Blaxland a séparé les deux parties dont elle se compose. De l'une, il a fait une exception au principe de la confusion des servitudes par la réunion des deux fonds dans le même patrimoine; de l'autre, il a formé un appendice aux règles relatives à l'établissement des servitudes par convention. Cette dernière partie, considérée seule, a donné lieu de croire que la destination du père de famille n'existait pas en Angleterre. Ainsi s'explique cette méprise.

D'un autre côté, les lois de la Grande-Bretagne ont conservé, non seulement leurs vieilles formules, mais aussi le cachet de la conquête féodale. La propriété foncière connaît encore le domaine direct et le domaine utile. Pour effectuer un partage d'immeubles, il faut obtenir une commission de la Cour de chancellerie. Cette commission dirige les experts nommés pour le mesurage et la formation des lots. Elle se renseigne, de toute manière, sur la nature et la valeur des biens. Elle fixe enfin les parts, et les attribue aux copartageants. Dans ces conditions, la destination du père de famille entre copartageants ne se comprendrait pas ; les lois anglaises ne pouvaient s'occuper que de celle qui, chez nous, est venue la seconde, et qui se rapporte aux séparations d'immeubles. Il suffit de lire les textes pour se convaincre qu'il en a été ainsi.

Cette dernière destination est réduite elle-même à des cas assez rares par les principes admis en matière de vente et de garantie.

D'abord, tout contrat de vente relatif à des choses immobilières doit être rédigé par écrit. Si cette condition n'a pas été remplie, aucune action n'est recevable.

La vente, en outre, n'est point parfaite au moment du contrat; elle ne le devient qu'après l'exécution des conventions, ce qui ne permet guère aux parties de négliger les détails et les accessoires. Sans doute, les Cours d'équité maintiennent le contrat, quand l'une des parties refuse de l'exécuter de bonne foi ; mais cette exception même est la confirmation de la règle.

Enfin, la garantie légale imposée au vendeur est assez restreinte, et l'usage s'est établi d'insérer dans les contrats les clauses de garantie les plus détaillées.

Toutes ces circonstances expliquent le rôle restreint des anciennes destinations dans le droit anglais. Elles se réduisent à quelques séparations d'immeubles, et les lois ont pu se borner à poser cette distinction : Les services de nécessité seront maintenus, les services de convenance seront supprimés.

Nous disions, dans le chapitre précédent, que nous serions peut-être amenés à tenir compte un jour de la nécessité. Les lois de la Grande-Bretagne nous ont devancés dans cette voie.

254. — En parcourant les législations étrangères, on rencontre un texte qui ne présente peut-être pas une bien grande importance, au point de vue de la théorie des anciennes destinations, mais qui ne manque pas d'intérêt au point de vue de leur histoire, et qui présente en outre un certain cachet d'originalité.

Le droit romain est le droit commun de l'île de Malte : on l'applique à tous les cas qui n'ont pas été réglés par un statut municipal, édicté sous le grand-maître Emmanuel de Rohan, en 1784, et demeuré en vigueur. Or l'art. 36, chap. XI, liv. III, de ce statut est ainsi conçu : « Lorsqu'il y aura lieu à partage de deux maisons appartenant à un seul propriétaire, dans lesquelles il se trouvera des fenêtres constituant des servitudes, ces fenêtres devront être fermées, et alors celui en faveur de qui la servitude était établie aura droit à des dommages-intérêts, d'après une estimation faite par experts. »

Quel assemblage étrange des principes du droit romain et des idées reçues dans notre ancien droit français !

Le droit romain l'emporte : la servitude n'est pas conservée ; mais le droit qui vient de France la transforme en une indemnité.

On se souvient de cette loi du Digeste qui, après avoir posé le principe absolu : *Non dubium est quin hæres possit altiùs tollendo obscurare lumina legatarum ædium*, admettait ce tempérament : *conceditur ut non penitùs lumen recludatur, sed tantum reliquatur quantùm sufficit.* Le droit municipal de Rohan consacre cette doctrine, et supprime les fenêtres pour la complète satisfaction des principes admis en matière de confusion. D'un autre côté, un tempérament, une concession ne suffisent pas à l'acquéreur du fonds dominant : son droit entier est reconnu comme dans notre ancien droit français. La servitude lui est acquise au regard de son vendeur, parce qu'elle était apparente au moment de la séparation ; et ainsi deux droits égaux et contraires se trouvent en présence : l'un venant du droit romain, l'autre du droit français. Une seule conciliation était possible : le moins fort, le dernier venu devait se résoudre en une indemnité. Le vendeur est responsable, non seulement des obscurités et des ambiguïtés de l'acte, mais encore de son silence.

On aperçoit aisément l'empreinte de notre ancien droit dans l'art. 36. La mention des partages et l'exclusion apparente des aliénations rappelle la distinction que l'on établissait entre les deux destinations, et se conforme à la doctrine alors en vigueur, qui n'en admettait qu'une pour les partages et divisions. C'était la seule raison que le grand-maître Emmanuel de Rohan pût avoir pour ne parler que des partages, alors surtout que la disposition qu'il édictait se rapportait principalement aux aliénations.

En outre, le droit de l'acquéreur du fonds dominant était entier, comme dans le droit français, puisque les fenêtres constituaient des servitudes et que ces servitudes étaient établies au profit du dépossédé : d'où naissait un droit à des dommages-intérêts à fixer par experts.

L'empreinte du droit romain était plus profonde encore, puisque le fonds servant demeurait affranchi de toute charge.

255. — Il nous reste à parler du code italien.

Les anciens Etats entre lesquels la péninsule était divisée avaient reçu de nos mains le code civil, et l'avaient conservé. Nous avons constaté que le code sarde et le code des Deux-Siciles, par exemple, avaient copié nos art. 692, 693 et 694. Il arriva, pour les Italiens comme pour nous, que la tradition se perdit, que la théorie des anciennes destinations ne fut plus comprise et que les art. 692 et 694 parurent inconciliables. Nous n'eûmes même pas une jurisprudence acceptable à leur offrir. Aussi s'empressèrent-ils de modifier ces dispositions quand ils dressèrent un code nouveau pour l'Italie unifiée.

La destination du père de famille tient aujourd'hui en deux articles ainsi conçus :

Art. 632. — La destination du père de famille a lieu lorsqu'il est établi, par tout genre de preuve, que deux fonds actuellement divisés ont été possédés par le même propriétaire et que celui-ci a mis ou laissé les choses dans l'état duquel résulte la servitude.

Art. 633. — Si les deux fonds cessent d'appartenir au même propriétaire, sans aucune disposition relative à la servitude, celle-ci est réputée maintenue activement et passivement, en faveur et à la charge des fonds séparés.

On aperçoit tout de suite les différences qui se sont établies entre la législation italienne et la législation française.

Il n'existe plus, au delà des Alpes, qu'une seule destination composée d'éléments disparates, insuffisamment fondus. On parle tantôt de fonds divisés, tantôt de fonds séparés ; puis, quand il faudrait trouver une formule qui contînt les uns et les autres, on ne mentionne plus que deux fonds qui cessent d'appartenir au même propriétaire et qui se séparent. Les fonds divisés entrent seuls dans la définition de l'art. 632, et les fonds séparés font seuls l'objet de la disposition de l'art. 633. La matière est mal fouillée, mal analysée, mal comprise.

L'appellation originaire est conservée pour désigner la seule destination restante. Dans l'intention des rédacteurs du nouveau code, la destination du père de famille comprend aujourd'hui les deux anciennes destinations.

Il n'est plus question d'apparence ni de continuité.

L'apparence reste la condition essentielle, malgré le silence du texte, et méritait une mention. Le signe apparent est, en fin de compte, la raison d'être de la servitude ; c'est sur son témoignage que repose l'accord tacite : pourquoi ne pas l'indiquer? L'art. 632 parle, à la vérité, d'un état de choses duquel résulte la servitude, ce qui rattache la servitude à la configuration des lieux, comme sous notre ancien droit; mais la loi reste bien en arrière, et laisse beaucoup à faire aux tribunaux, quand elle pourrait, non seulement déterminer le rôle du signe, mais encore préciser les conditions de son efficacité. Ce n'est plus une marche en avant, c'est un retour en arrière. L'Italie a échangé notre code civil contre notre ancien droit.

Il en est de même en ce qui concerne la continuité. Condition incomprise, elle a été supprimée; sous ce rapport encore, l'Italie en est revenue à nos anciennes coutumes.

Ces diverses suppressions ayant débarrassé le texte des dispositions que l'on ne comprenait plus, on a pu se laisser aller à l'illusion de croire que les difficultés seraient levées. Des embarras plus graves surgiront bientôt, car on ne peut songer à conserver toutes les servitudes qu'un signe manifestera, même ces passages et ces services de convenance que le droit anglais a prohibés, comme le nôtre, et qui ne sont, le plus souvent, d'aucune utilité pour l'acquéreur ou le copartageant.

256. — En résumé, notre législation française sur les anciennes destinations est encore la plus complète et la mieux réglée. Le code italien qui, sur tant d'autres points est en progrès, a fait ici un pas en arrière. L'Angleterre seule nous indique une amélioration possible, par sa distinction entre les servitudes de convenance et les servitudes de nécessité; encore l'a-t-elle prise dans notre ancien droit.

Nous avons créé la destination du père de famille, nous l'avons donnée à des législations nombreuses : l'explication des art. 692 et 694 nous incombe.

TABLE

PREMIÈRE PARTIE

ORIGINE ET HISTOIRE

CHAPITRE PREMIER.

CHAPITRE II.

CHAPITRE III.

SECONDE PARTIE

THÉORIE ET PRATIQUE

CHAPITRE IV.

CHAPITRE V.

CHAPITRE VI.

CHAPITRE VII.

CHAPITRE VIII.

CHAPITRE IX.

CHAPITRE X.

TOULOUSE. — IMP. A. CHAUVIN ET FILS, RUE DES SALENQUES, 28.

A LA MÊME LIBRAIRIE

RIVIÈRE, FAUSTIN-HÉLIE ET PAUL PONT. — *Codes français et Lois usuelles*, décrets, ordonnances et avis du Conseil d'Etat qui les complètent ou les modifient, conformes aux textes officiels, avec une conférence des articles basée principalement sur la jurisprudence et annotés des arrêts de la Cour de cassation et des circulaires ministérielles. Un très fort volume gr. in-8 jésus. Prix : broché, 25 fr.; relié en un volume, 28 fr.: relié en deux volumes. 31 »

Les mêmes, suivis des textes de l'ancien Droit mis en rapport avec la législation en vigueur. Un très fort volume in-32 colombier. Prix : broché, 6 fr.; relié en un volume, 7 fr. 50; relié en deux volumes. 9 »

FABREGUETTES. — *Traité des infractions de la parole, de l'écriture et de la presse*, renfermant, avec le dernier état de la jurisprudence, le commentaire général et complet des lois du 29 juillet 1881, 2 août 1882; du projet de loi voté en première lecture le 16 février 1884, ainsi que tous les textes du Code pénal se rattachant aux délits et contraventions de la parole, de l'écriture et de la presse. Deux beaux volumes in-8°. 18 »

CRÉPON. — *Code annoté de l'expropriation* pour cause d'utilité publique. — France, Algérie et colonies, loi du 3 mai 1841, lois diverses, ordonnances et décrets. Un beau volume in-8°. 10 »

RIVIÈRE (H.-F.). — *Répétitions écrites sur le Code de commerce*, contenant l'exposé des principes généraux, leurs motifs, l'analyse des opinions de plusieurs professeurs ou auteurs, et de la jurisprudence sur les questions controversées, la solution de ces questions, l'explication des lois qui complètent ou modifient le Code, l'exposé de la législation sur le timbre et l'enregistrement en matière commerciale, un résumé à la fin de chaque titre, 8e édition, revue, corrigée, augmentée et suivie d'un formulaire. Un fort volume in-8°. 12 50

LAURENT. — *Principes de droit civil français.* 3e édition. 33 vol. in-8°. 297 »

— *Cours élémentaire de droit civil.* 4 vol. in-8°. 36 »

— *Le droit civil international.* 8 vol. in-8°. 72 »

MOURLON. — *Répétitions écrites sur l'organisation judiciaire, la compétence et la procédure civile*, contenant l'exposé des principes généraux, leurs motifs, la solution des questions théoriques. Suivies d'un formulaire, 5e édition (matières de l'examen), entièrement refondue, complétée et mise au courant jusqu'à ce jour, par M. E. Naquet, procureur général près la Cour d'appel d'Aix. 1 fort vol. in-8° cavalier. 12 50

AUBERTIN (Emile), ancien président du Tribunal de Castellane, conseiller à la Cour d'Aix. — *Des honoraires et frais d'actes des notaires*, et spécialement du règlement amiable, — de la taxe, — de l'exécutoire, de la prescription. — du tarif général et uniforme (Art. 51 de la loi du 25 ventôse an XI; 172 du décret du 16 février 1807; 1, 2 et 3 de la loi du 5 août 1881 et loi allemande du 26 décembre 1873, concernant le notariat en Alsace-Lorraine). — Du principe de la non-déduction des dettes dans les déclarations pour le paiement des droits de mutation par décès. — Des instances en matières d'impôts publics. 1885. 1 beau vol. in-8°. 8 »

CABANTOUS et LIÉGEOIS. — *Répétitions écrites sur le droit administratif*, contenant l'exposé des principes généraux, leurs motifs et la solution des questions théoriques, par MM. L. Cabantous, professeur de droit administratif à la Faculté d'Aix, doyen de la même Faculté, et J. Liégeois, professeur de droit administratif à la Faculté de Nancy, président de l'Académie de Stanislas. 6e édit., revue, augmentée et mise au courant de la législation. 1882. 1 fort vol. in-8°. 14 »

FREMONT (Robert). — *Traité pratique du divorce* et de la séparation de corps, contenant l'analyse complète de la jurisprudence française et étrangère relative à cette matière. Un beau vol. in-8°. 8 »

DEJEAN (Oscar). — *Traité théorique et pratique des expertises en matières civiles, administratives et commerciales, manuel des experts*, 2e édit. (nouveau tirage), revue, augmentée et mise au courant de la jurisprudence. 1 gros volume in-8°. 9 »

www.ingramcontent.com/pod-product-compliance
Ingram Content Group UK Ltd.
Pitfield, Milton Keynes, MK11 3LW, UK
UKHW021100220726
13924UKWH00005B/2172

9 782019 28267